제2판 (2015년판)

# 세무입문과 절세

김종웅

pnc
publishing and culture
피앤씨미디어

# 제 2 판 머리말

이 책은 일상적인 생활을 하면서 겪게 되는 세무에 관한 기본적인 내용을 담고 있습니다. 주된 내용은 생활세무라고 할 수 있는 세금의 부과, 징수 및 권리구제 절차 등과 각종 세금을 소득이 부과되는 세원을 중심으로 나누어서 다루고 있습니다.

살펴보게 되는 세금으로는 먼저 소득이 있는 사람은 누구나 해당되는 종합소득세, 사업과 관련된 부가가치세, 부동산과 관련된 세금은 취득단계, 보유단계, 양도단계로 나누어서 취득세, 재산세, 양도소득세가 있으며 자산의 상속 및 증여와 관계된 상속세와 증여세, 그리고 법인단계에서 내게 되는 법인세 등이 있습니다.

각각의 세금을 알아보는 방법으로는 세금의 과세대상, 과세표준의 계산, 적용세율, 절세방법 등과 같은 내용과 아울러 세무관련 자격증의 취득과 관련된 문제들을 제시하고 있습니다.

이 책의 특징은 기존의 관련 서적들이 공인회계사나 세무사 시험 중심으로 너무 많은 내용과 어려운 문제들로 구성이 되어 있어서 세무관련 기본적인 자격증이라고 할 수 있는 전산회계, 전산세무, 세무회계 등의 자격증 취득과 관련해서는 부족했던 부분을 보다 기본적인 내용과 문제들로 보완하였다는 점입니다. 또한 세금에 관한 이론들만 수록하고 있어서 자격증 취득관련 내용 및 문제들이 부족했던 관련 교양서적들에 비해서는 관련 내용 및 실전 문제들을 보완함으로써 세무에 관련된 기본적인 내용뿐만 아니라 자격증 취득에 대비할 수 있도록 했습니다. 마지막으로 일상생활에서 접할 수 있는 세금과 관련된 다양한 사례와 예제를 통해 학습한 이론을 실제 생활에 적용할 수 있도록 절세전략을 제시했습니다.

관련 과목을 강의하면서 부족했던 부분과 세법개정에 따른 사항을 보완하려고 노력했으나 부족한 부분이 있을 수 있으므로 강의 및 학습과정에서 발견되는 부족한 부분을 지적해주시면 개정과정에 반영하도록 하겠습니다. 끝으로 이 책의 기획과 출간 및 세법개정으로 거의 매년 이루어지는 수정판 발간에 있어 많은 도움과 지원을 아끼지 않으신 피앤씨미디어의 관계자분들을 비롯해 초판 발행시에 자료의 수집 및 교정을 도와준 조경환, 박동철, 최주영 학생에게 감사의 마음을 전합니다.

2015년 2월

김종웅

# 차 례


## 제 1 장 세금의 이해

제1절 세금의 의의 …… 11
제2절 세금의 부과 목적과 세금의 기능 …… 12
제3절 세금의 분류 …… 15
제4절 세금의 기본 용어 …… 21
➡ 연습문제 / 25

## 제 2 장 과세의 요건

제1절 과세물건 …… 31
제2절 납세의무자 …… 32
제3절 과세표준 …… 34
제4절 세율 …… 34
➡ 연습문제 / 38

## 제 3 장 세금관련제도와 조세의 원칙

제1절 세금 부과제도 …… 43
제2절 세금 징수제도와 지원제도 …… 48
제3절 조세 불복제도 …… 53
제4절 조세의 원칙 …… 57
➡ 연습문제 / 60

## 제 4 장 소득세와 절세

제1절 소득세의 의의와 특징 ········ 65
제2절 소득의 종류와 과세방법 ········ 68
제3절 소득세의 납세의무 ········ 71
제4절 소득세의 계산절차 ········ 76
제5절 소득세의 신고와 납부 ········ 94
제6절 소득세와 절세전략 ········ 100
➡ 연습문제 / 107

## 제 5 장 근로소득과 세금 및 절세

제1절 근로소득의 구분 및 수입시기 ········ 115
제2절 근로소득의 과세방법 ········ 120
제3절 근로소득금액과 과세표준의 계산 ········ 125
제4절 근로소득의 퇴직금과 세금 ········ 128
제5절 근로소득과 절세전략 ········ 132
➡ 연습문제 / 138

## 제 6 장 사업소득과 세금 및 절세

제1절 사업소득의 범위와 수입시기 ········ 145
제2절 사업소득금액의 계산 ········ 148
제3절 추계에 의한 소득금액계산 ········ 153
제4절 총수입금액 계산 특례: 간주임대료 ········ 156
제5절 사업소득의 과세방법과 세금의 신고 ········ 157
제6절 사업소득과 절세전략 ········ 162
➡ 연습문제 / 166

## 제 7 장 자산소득과 세금 및 절세


제1절 이자소득 ······ 171
제2절 배당소득 ······ 174
제3절 자산소득과 절세전략 ······ 177
➡ 연습문제 / 179


## 제 8 장 기타소득 및 연금소득과 세금 및 절세


제1절 기타소득 ······ 183
제2절 연금소득 ······ 189
제3절 기타소득과 절세전략 ······ 191
➡ 연습문제 / 194


## 제 9 장 부가가치세와 절세


제1절 부가가치세의 기초 ······ 199
제2절 과세거래 및 공급시기 ······ 212
제3절 영세율 제도와 면세 ······ 220
제4절 세금계산서 ······ 225
제5절 과세표준과 납부세액 ······ 232
제6절 부가가치세와 절세전략 ······ 244
➡ 연습문제 / 248


## 제 10 장 부동산의 취득 및 보유와 세금 및 절세


제1절 부동산의 취득과 세금 ······ 253
제2절 종합부동산세 ······ 259
제3절 재산세 ······ 264
➡ 연습문제 / 269

## 제 11 장 부동산 양도와 세금 및 절세


제1절 양도소득세의 의의와 과세대상 ······ 275
제2절 비과세되는 양도소득 ······ 277
제3절 고가주택 및 양도소득세 중과세 ······ 282
제4절 양도소득세의 계산방법 ······ 287
제5절 양도소득세의 절세전략 ······ 297
➡ 연습문제 / 304


## 제 12 장 상속세 및 증여세와 절세


제1절 상속과 세금 ······ 311
제2절 재산증여와 세금 ······ 334
제3절 상속세와 증여세의 절세전략 ······ 343
➡ 연습문제 / 347


## 제 13 장 법인세와 절세


제1절 법인세의 개요 ······ 353
제2절 각 사업연도 소득금액 계산구조 ······ 360
제3절 세무조정 ······ 371
제4절 기부금 조정 ······ 391
제5절 과세표준 및 세액의 계산 ······ 397
제6절 과세표준의 신고와 납부 ······ 401
제7절 법인세 절세전략 ······ 403
➡ 연습문제 / 407

◆ 찾아보기 / 411

1
CHAPTER

# 세금의 이해

제1절 세금의 의의
제2절 세금의 부과 목적과 세금의 기능
제3절 세금의 분류
제4절 세금의 기본 용어

## 제1절 세금의 의의

개인생활이나 가정생활을 영위하기 위해서 자금이 필요하듯이 국가나 지방자치단체도 국민의 생활과 재산을 보호하고 국가경제를 발전시키기 위해서는 재정 수입이 있어야 한다. 그 재정수입의 대부분은 조세수입에서 충족된다고 말할 수 있다. 이에 국민은 국가나 지방자치단체로부터 안정된 생활과 재산을 보호받기 위해서 그에 대한 보상으로 세금을 내고 있는 것이다.

세금이란 국가 또는 지방자치단체가 재정수입 조달 또는 경제정책상의 목적으로 법률에 규정된 과세요건을 충족하는 자(납세의무가 있는 자)에게 개별적인 반대급부 없이 강제적으로 부과하는 금전적인 가치를 말한다. 즉, 세금은 국가나 지방자치단체가 조세의 명목으로 징수하는 돈을 의미한다.

위의 정의를 통해 세금에 대한 몇 가지 특징을 발견할 수 있다.

첫째, 세금은 국가나 지방자치단체가 국방 및 치안을 유지하는 등 국민생활을 편리하게 해주기 위해 살림에 필요한 재원을 조달하기 위한 목적을 가지고 있다.

둘째, 과세요건을 충족하는 모든 자에게 일방적, 강제적으로 부과 및 징수한다.

셋째, 세금은 직접적인 반대급부가 없다. 이러한 측면에서 볼 때 재화의 취득이나 서비스를 기대하고 지출하는 비용과는 그 성격이 다른 것이다. 예를 들어 고속도로 사용료는 세금이 아니다. 그것은 고속도로의 사용에 대한 직접적인 반대급부인 것이다. 그러나 세금 납부로 인해 국가가 존재하게 되고 이에 의해 국방, 치안유지, 도로 개설, 기타 공공 서비스 등이 이루어진다. 이러한 것은 세금 납부에 대한 직접적인 반대급부는 없으나 간접적인 반대급부는 존재한다는 것을 보여주는 사례들인 것이다.

넷째, 세금은 원칙적으로 금전(돈)으로 납부하여야 한다. 그러나 특별한 경우에는 예외적으로 토지, 주식, 곡물 등의 물품으로 납부하는 것(물납제도)을 인정하기도 한다.

# 제2절 세금의 부과 목적과 세금의 기능

세금의 부과 목적은 그 기능별 특성을 강조하는 견지에서 국고적 기능과 비국고적 기능으로 구분할 수 있다. 국고적 기능은 재정수입의 기능으로, 세금의 부과 목적을 국가 운영에 필요한 예산의 충당에 두는 것을 의미한다. 비국고적 기능은 경제·사회 정책 상의 기능으로서 세금의 부과 목적을 자원배분 기능, 소득재분배 기능, 경제안정과 성장 기능 등 국가의 당면한 과제 해결에 필요한 제 정책의 실행 수단에 두는 것을 의미한다.

세금 부과의 목적을 기능별로 분류하는 이유는 과거 보다 질적, 양적으로 크게 성장한 각 경제단위체들의 복잡하고 다양한 제반활동들에 관한 조정, 통제의 필요성이 커지면서 이에 요구되는 기능이 중시되기 때문이다. 또한 근래에 이르러서는 세금의 국고적 기능보다 비국고적 기능이 강조되고 있는데 이 역시 각 경제단위체들의 경제활동에 대한 정책적 조정과 통제의 필요성이 커지고 있기 때문이다.

## 1 국고적 기능

국고적 기능이란 세금을 통해서 국가 재정에 필요한 자금을 조달하는 기능을 말한다. 국정 수행에 필요한 자금은 대부분 조세수입에 의존하게 된다. 따라서 국고적 기능은 과세의 가장 중요한 첫 번째의 기능인 것이며 이를 세금의 제 1기능이라고 하는 것이다.

## 2 비국고적 기능

비국고적 기능이란 정부당국이 세금을 통해서 사회 또는 경제 정책 수행을 통제, 조정하는 기능을 의미한다. 예를 들어 개별소비세를 통해서 과소비를 억제한다든지, 특정 산업의 활성화를 위해서 세금을 감면한다든지 하는 등 세금을 통하여 수행되는 정책 조정 기능을 말하는 것이다. 비국고적 기능은 자원배분기능, 소득재분배기능, 경제안정과 성장기능으로 분류하여 아래와 같이 설명할 수 있다.

## (1) 자원배분기능

세금은 자원을 필요에 따라 효율적으로 배분하는 기능을 수행한다. 시장경제의 기능이 어느 정도 자원을 효율적으로 배분한다고 하지만 특별한 경우에는 그렇지 않은 경우가 비일비재한데 이러한 경우 세금에 의하여 자원을 효율적으로 배분할 수 있다. 이러한 특별한 경우의 예로는 ① 비경합성 또는 비배제성과 ② 외부성(외부경제성 또는 외부불경제성) 등의 특성을 들 수 있다.

### ① 비경합성 또는 비배제성

비경합성이란 내가 소비한 것을 추가 비용 없이 다른 사람도 소비할 수 있는 특성을 말한다. 즉, 집 앞의 가로등과 같은 공공재는 나뿐만 아니라 다른 사람도 그 빛을 똑같이 이용할 수 있다. 국방, 치안, 법률, 국도 등과 같은 공공재 역시 비경합성의 특성을 갖고 있다. 비배제성이란 다른 사람을 소비에서 배제시킬 수 없는 특성을 의미함으로 결과적으로 비경합성과 같은 의미를 나타낸다. 대개의 공공재들은 비경합성, 비배제성의 특성을 지니고 있어 일반적으로 돈을 내지 않고 그 재화를 이용가능하다. 따라서 어느 누구도 그 비용을 지출하려 하지 않을 가능성이 매우 높다. 이러한 경우 아무도 비용을 지출하지 않으면 공공재는 존재 할 수가 없게 된다. 이때 공공재의 존속을 위해 세금에 의한 강제적 자원배분이 이루어 질 수 있는 것이다.

### ② 외부성(외부경제성 또는 외부불경제성)

외부성이란 어떤 개인의 자신을 위한 행위가 예기치 않게 다른 사람들에게 경제적 이익 또는 불이익을 주게 되는 현상을 말한다. 이때 다른 사람들에게 좋은 영향을 주는 것을 외부경제라 하고 나쁜 영향을 주는 경우를 외부불경제라고 하는데, 타인에게 좋은 영향을 주는 경우 세금을 감면하여 장려할 수 있고 나쁜 영향을 주는 경우는 세금을 더욱 많이 부과하여 억제할 수 있는 것이다.

외부경제의 예로 어떤 개인이 본인의 집을 아름답고 예쁘게 장식하여 지나가는 사람들의 기분이 좋아지게 만든 경우를 들 수 있는데 이러한 것이 바로 외부경제인 것이다. 외부불경제의 예로는 어떤 개인이 공해물질을 방출하여 주변에 피해를 주는 경우를 들 수 있겠다. 이러한 외부성은 그 문제가 발생하였을 때 그에 따른 비용을 지불하거나 대가를 받지 못할 수 있는 경우가 많다. 예를 들어 공해를 방출하는 공장을 운영할 경우 타인에게 좋지 않은 외부불경제 효과를 가져 오나 그 피해에 대해 보상을 하지 않은 경우가 발생할 가능성이 큰 것이다. 반대로 남에게 이로운 행위를 하고도 그 대가를 받지 못할 가능성도 매우 많다. 따라서 외부성에 의해 발생할 수 있는 제 문제를 해결하기 위해서는 세금의 비국고적인 기능이 필요한 것이다.

따라서 세금의 자원배분기능이란 위의 예와 같이 시장에서 원만하게 자원이 배분되지 않을 경우 세금으로 이러한 배분의 문제를 해결하게 하는 비국고적 기능을 말하는 것이다.

## (2) 소득재분배 기능

고소득자와 저소득자 사이에서 야기되는 빈부의 격차는 사회적으로 많은 문제를 발생시킨다. 따라서 이렇게 문제를 해결할 수 있는 적절한 정책 수행이 필요하다. 세금에서도 이러한 소득의 격차를 해소하기 위한 여러 가지 세제를 시행하여 소득 재분배기능을 수행한다. 자본주의 시장경제체제에서 소득의 격차는 완전하게 없어질 수는 없다. 그러나 세금을 통해서 소득의 격차를 어느 정도 조정할 필요성이 있다. 소득재분배를 위하여 세금에서 실시하는 세제의 예를 든다면 소득세의 누진세율 적용, 저소득자에 대한 면세 혜택, 부동산투기 소득에 대한 높은 세율 적용, 상속세 실시 등이다.

## (3) 경제안정과 성장 기능

세금에는 경제를 안정시키고 성장을 촉진하는 기능이 있다. 경제상황이 불황으로 경기가 침체된 경우에는 세금을 면제해주거나, 손비처리의 범위를 넓혀주기도하여 자금의 여유를 유도하여 안정과 성장을 꾀하게 하기도 하고 투자하는 자금에 대해서는 세금을 매기지 않는 투자세액공제를 실시하여 투자를 촉진하기도 한다. 그런가 하면 경기가 과열되면 세율을 올리거나 세금공제 등을 줄여서 투자나 소비를 억제하여 다시 안정을 꾀하는 기능을 수행하기도 한다. 가령 소득세에서 누진세율을 적용하면 경기변동을 좀 더 안정적으로 완만하게 조정할 수 있다. 예를 들어 경기가 활황이 되어 소득이 늘면 누진세율에 의해 소득세는 상대적으로 더 많아 지게 된다. 반대로 경기가 나빠져서 소득이 줄면 소득세는 누진세율에 영향으로 더욱 많이 줄어들기 때문에 세금은 상대적으로 적어진다. 누진세율은 이와 같이 가처분소득의 변동 폭을 줄여주는 효과가 있다. 그밖에 국내산업보호를 통해 경제 발전을 도모하고자 하는 목적으로 수입관세제도를 실시하기도 하는데 이러한 것들도 세금의 경제안정 및 성장을 도모하는 세제의 예가 될 수 있을 것이다.

## 제3절 세금의 분류

세금은 세금의 성격이나 특성에 따라 다음 표와 같이 분류할 수 있다. 이러한 세금의 분류는 세금구조의 특징 파악, 조세정책 효과 분석 등에 유용하게 이용될 수 있다.

| 세금 성격 | 세금 분류 |
|---|---|
| 1) 과세주체기준 | - 국세와 지방세 |
| 2) 국내거래와 외국과의 무역거래 | - 내국세와 관세 |
| 3) 조세부담의 전가유무기준 | - 직접세와 간접세 |
| 4) 납세자의 인적사항 고려 유무기준 | - 인세와 물세 |
| 5) 단일세율 적용 유무기준 | - 비례세와 누진세 |
| 6) 과세물건 측정단위 기준 | - 종가세와 종량세 |
| 7) 사용용도제한 유무기준 | - 보통세와 목적세 |
| 8) 독립성 유무기준 | - 독립세와 부가세 |

# 1 국세와 지방세

국가에서 부과·징수하는 세금을 국세라 하고 지방자치단체가 부과·징수하는 세금을 지방세라고 한다. 우리나라의 경우 국세는 국가가 주로 담세자의 소득과 소비에 대하여 세금을 부과하고 있으며, 지방세는 지방자치단체가 주로 담세자의 재산에 관련하여 세금을 부과하고 있다.

2012년을 기준으로 우리나라의 국세비율은 79.0%로 2007년 기준 OECD 평균 77.4%와 비슷하고, OECD 회원국 30개 국가 중 15번째로 높게 나타났다. 우리나라의 국세비율을 주요 선진국과 비교해 보면 미국, 일본이 각각 56.1%, 56.6%로 우리나라에 비해 낮지만 프랑스, 이탈리아의 경우 각각 75.5%, 76.6%로 비슷하고 영국은 94.2%로 월등히 높게 나타났다[1]. 우리나라의 국세와 지방세의 비중은 다음 표와 같다.

**연도별 국세 · 지방세 비율**

| 연 도 | 국 세 | 지방세 |
|---|---|---|
| 2004 | 77.5% | 22.5% |
| 2006 | 77.0% | 23.0% |
| 2008 | 78.6% | 21.4% |
| 2010 | 78.3% | 21.7% |
| 2012 | 79.0% | 21.0% |

※ 출처: 국세청, 「국세통계연보」, 2013.

우리나라 등 많은 나라에서 나타나는 문제점으로는 국세가 지방세에 비해 절대적으로 큰 비중을 차지하고 있는 경우가 많다는 것이다. 이렇게 국세와 지방세의 균형이 맞지 않을 경우 지방자치단체의 독립성이 약해질 가능성이 커져 지방자치제의 본래 취지가 많이 희석될 수 있는 여지가 큰 것이다.

1) OECD Revenue Statistics 1965-2008, 기획재정부.

## 2 내국세와 관세

국세는 내국세와 관세로 분류한다. 내국세는 국내에서 발생하는 과세물건에 대하여 부과하는 세금으로서 국세청에서 부과·징수한다. 이에 반하여 관세는 외국으로부터 수입한 재화에 대하여 부과하는 세금으로 관세청에서 부과·징수한다. 즉, 관세는 외국과의 무역거래에 관련하여 발생하는 세금인 것이다. 따라서 모든 외국과의 수입 거래에 관세가 부과된다. 그러나 특수한 경우로서 북한과의 거래는 국내거래로 인정되어서 관세가 부과되지 않는다.

## 3 직접세와 간접세

세금을 법적으로 납부할 의무가 있는 납세의무자와 법적인 의무와 상관없이 실제로 세금을 부담하는 담세자가 동일한 경우의 세금을 직접세라 하며 납세의무자와 담세자가 동일인이 아닌 경우의 세금을 간접세라 한다. 직접세의 예로는 소득세, 법인세, 상속세 등을 들 수 있으며 간접세의 예로는 부가가치세, 주세 등 각종 소비세를 들 수 있다.

직접세는 주로 과세물건의 소득가액 크기에 따라 누진세율을 적용하여 세금을 부과하는 세목이므로 소득재분배 기능 수행에 유리하다. 즉, 과세물건의 소득 가액이 크면 높은 세율을 적용하여 세액을 부과하고 적으면 낮은 세율을 적용하여 세액을 부과함으로 담세자의 소득을 조정하는 기능을 수행한다. 그리고 거둬들인 세금을 이용하여 저소득자에 대한 경제 지원을 수행하는 활동을 행할 수도 있다. 직접세는 이러한 제 활동을 통하여 소득재분배 기능을 수행할 수 있는 것이다. 반면 간접세는 담세자의 소득은 고려하지 않고 오직 과세물건 별로 동일한 세율을 적용한다. 따라서 간접세는 세율의 역진성을 내포하고 있어 저소득자에게는 불리한 세제이다. 또한 간접세의 경우 세금이 소비품목의 가격에 포함되어 있어 담세자들이 세금을 내면서도 물품대금의 지불은 느끼나 세금납부 사실을 잘 느끼지 못하는 특징을 지니고 있다. 이에 따라 간접세는 납세자의 저항이 작아 세금의 징수가 용이한 경우가 많고, 가격을 올려 소비를 억제할 필요가 있는 경우 적용하기에 알맞은 세제이다.

## 2 인세(人稅)와 물세(物稅)

인세(人稅)는 담세자 개개인의 인적 사정을 고려한 세금이다. 즉, 납세자 개개인을 중심으로 한 조세이다. 대표적인 인세의 예로 소득세를 들 수 있는데 소득세에서 각종 인적공제, 보험료공제, 특별공제, 소득공제 등은 개개인의 인적사정을 고려하기 위하여 제정된 것이다. 인세는 인적공제나 부양가족 공제 등과 더불어 누진과세 등을 이용하며 개인의 세금부담능력을 조정, 통제할 수 있고, 아울러 공평한 조세의 실현 도모에도 일조 할 수 있는 세목이다.

물세(物稅)는 담세자 개개인의 인적 사정을 전혀 고려하지 않는다. 즉, 물세는 사람중심이 아니라 과세물건이 중심이다. 예를 들어 부동산이나 기타 재산 등의 보유에 의한 재산세는 그 소유자의 개인적 사정이나 능력을 고려하지 않고 과세물건 자체에 의해서만 과세한다. 대부분 소득을 과세물건으로 삼는 세목들은 인세개념이 도입되어 있고 소비나 보유를 과세물건으로 삼는 세목들은 물세개념이 도입되어 있는 경향이 많다.

## 5 비례세와 누진세

비례세는 비례세율을 적용하여 세액을 산출하는 세금을 말하는 것이고 누진세는 누진세율을 적용하여 세액을 산출하는 세금을 말하는 것이다. 그러므로 비례세는 과세표준의 크기와 상관없이 균일한 일정세율이 적용된다. 따라서 비례세에서는 세액과 과세표준 간에 항상 일정한 비례관계를 유지하게 된다. 누진세는 과세표준 크기가 커짐에 따라 세율이 누진적으로 점점 높아지고 이에 따라 세액도 점점 커지는 세금이다. 누진세의 예로서는 소득세를 들 수 있다. 이러한 누진세는 조세의 수직적 형평성을 실현하는데 유리한 세제라고 볼 수 있다.

비례세와 누진세를 비교해 볼 때 비례세는 단일세율을 적용함으로써 세금을 부과·징수하는데 있어 매우 간편한 세제이나 소득재분배기능이 부족한 세제이고 반면 누진세는 과세표준금액에 따라 세율이 변동함으로 복잡한 세제이나 소득재분배기능을 수행 할 수 있는 세제이다. 비례세는 소득의 분배가 어느 정도 공평하게 이루어지고 있는 국가에 적합한 세제라고 할 수 있으며 그렇지 않은 국가에는 누진세가 적합한 세제가 될 것이다.

## 6 종가세(終價稅)와 종량세(終量稅)

세금 부과의 대상이 되는 과세 물건은 대부분 화폐가치로 측정되나 간혹 인원수, 중량, 용량(리터 등), 건수(골프장 입장) 등으로 측정되는 경우도 있다. 과세물건이 화폐가치로 측정되거나 인원수 등으로 측정되었을 때 이러한 측정치를 과세표준이라 한다. 그리고 이때 화폐가치로 측정된 과세표준을 이용하여 세액이 산출되는 세금을 종가세라 하고, 인원수 등으로 측정된 과세표준을 이용하여 세액이 산출되는 세금을 종량세라 한다.

우리나라 대부분의 세금은 종가세이다. 종량세에 해당하는 세금은 골프장입장, 카지노 입장시에 부담하는 개별소비세 등을 들 수 있다.

## 7 보통세와 목적세

거두어들인 세금의 사용 용도가 정해져 있는가의 여부에 따라 세금을 목적세와 보통세로 나눈다. 사용 용도가 특별히 정해져 있는 세금을 목적세라하고 사용 용도가 정해져 있지 않은 일반 세금을 보통세라 한다. 목적세는 특정분야의 지원, 육성 등이 필요할 때 징수되는 세금이며 보통세는 일반적 조세 목적에 의하여 징수되는 세금이다. 대표적인 목적세로는 교육세, 농어촌특별세 등이 있으며 보통세로는 법인세, 소득세 등을 들 수 있다.

## 8 독립세와 부가세

국가, 지방자치단체가 다른 조세와 관계없이 독립된 세원에 대하여 독립적으로 부과하는 조세를 독립세라 하며, 독립세를 과세표준으로 하여 부과하는 조세를 부가세라 한다. 부가세로는 국세 중 교육세와 농어촌특별세가 있고 지방세 중 지방소득세와 지방교육세 등이 있다.

## 우리나라 세금의 체계

- 조세
  - 국 세
    - 내국세
      - 직접세 (보통세)
        - 소득세(개인소득)
        - 법인세(법인소득)
        - 상속세
        - 증여세
      - 간접세 (보통세)
        - 부가가치세-일반소비세
        - 개별소비세
        - 주세
        - 인지세(유통세)
        - 증권거래세(유통세)
      - 목적세
        - 교육세
        - 교통・에너지・환경세
        - 농어촌특별세
      - 보유세
        - 종합부동산세
    - 관 세 (보통세)
  - 지방세
    - 보통세
      - 취득세
      - 등록면허세
      - 레저세
      - 지방소비세
      - 재산세
      - 자동차세
      - 담배소비세
      - 지방소득세
      - 주민세
    - 목적세
      - 지역자원시설세
      - 지방교육세

# 제4절 세금의 기본 용어

## 1 원천징수와 거래징수

원천징수라 함은 세법에 의하여 원천징수대상 소득을 지급하는 자(원천징수의무자)가 소득금액 또는 수입금액을 지급할 때에 지급받는 자(납세의무자)로부터 세금을 징수하는 것을 말하며 일반적으로 지급해야 할 금액에서 징수해야 할 세금을 공제하고 난 후의 잔액을 지급하게 된다. 이때 원천징수의무자는 과세물건에 대한 세액을 징수하여 예수하고 있다가 일정기간에 이를 세무당국에 납부한다. 따라서 원천징수의무자는 세금을 부담하는 담세자는 아니나 납세의무자로서 세금을 납부할 의무를 진다.

거래징수란 과세대상 물품 또는 용역을 공급하는 자가 공급받는 자로부터 물품대금과 함께 세금을 징수하여 납부하는 것으로 부가가치세의 거래징수를 들 수 있다.

## 2 과세기간과 법정신고기한

과세기간이란 세법에 의하여 국세의 과세표준의 계산에 기초가 되는 기간을 말하며, 세목에 따라 다르나 보통 1년인 경우가 많다.

법정긴고기한이란 세법에 의하여 과세표준신고서를 제출할 기한을 말한다.

## 3 과세표준과 과세표준 단위

과세표준이란 세법에 의하여 직접적으로 세액산출의 기초가 되는 과세물건의 수량 또는 가액을 말하며, 과세표준 단위란 세액계산의 기준이 되는 과세표준의 수량, 금액을 나타내는 단위를 말한다.

현행 우리나라 세법에서 과세표준은 일반적으로 화폐단위로 표시하고 있으며, 화폐단위 외에 입장인원(개별소비세, 골프장), 양(주세, 관세), 통권(인지세), 건(등록세), 세대, 사무소, 사업소(주민세), 등급, 적재량(자동차세) 등으로 표시하는 과세표준 단위도 있다.

## 4 과세표준신고서와 과세표준수정신고서

과세표준신고서란 국세의 과세표준과 국세의 납부 또는 환급을 위하여 필요한 사항을 기재한 신고서를 말하며, 과세표준수정신고서란 당초에 제출한 과세표준신고서의 기재사항을 수정하는 신고서를 말한다.

## 5 과세주체와 과세객체

과세주체란 조세부과에 대한 권한을 법률에서 부여받은 국가와 지방자치단체를 말하며, 과세주체는 법적 요건이 충족되면 과세권을 행사하고 이에 따른 징세권도 행사한다. 과세객체란 조세를 납부하는 납세의무자를 말한다. 개별경제주체인 자연인과 법인이 과세객체에 해당한다.

## 6 체납자와 체납액

체납자란 납세자가 국세를 납부기한까지 납부하지 아니한 자를 말하고, 체납액이란 체납된 국세, 가산금과 체납처분비를 포함한 것을 말한다.

## 7 체납처분비

국세징수법 중 체납처분에 관한 규정에 의한 재산의 압류, 보관, 운반과 매각에 소요된 비용(매각을 대행시키는 경우 그 수수료를 포함한다)을 말한다.

## 8 공과금

국세징수법에 규정하는 체납처분의 예에 의하여 징수할 수 있는 채권 중 국세, 관세, 임시수입부가세 및 지방세와 이에 관계되는 가산금 및 체납처분비 이외의 것을 말한다.

## 9 가산세

가산세는 세법에 규정하는 각종 의무의 성실한 이행을 확보하기 위하여 그 세법에 의하여 산출한 세액에 가산하여 징수하는 금액을 말하며 가산금은 이에 포함하지 아니한다. 가산세의 종목과 율은 국세기본법에 일률적으로 규정되어 있으며, 각 세법에 특별한 내용만 별도의 가산세 규정을 두고 있다.

## 10 가산금과 중가산금

국세를 납부기한까지 납부하지 아니한 때에 국세징수법에 의하여 고지세액에 가산금을 가산하여 징수하게 된다. 여기서 가산금이란 국세를 납부기한까지 완납하지 아니한 경우에 체납된 국세의 100분의 3을 고지세액에 가산하는 가산금과 납부기한이 경과한 날로부터 매 1월이 경과할 때마다 체납된 국세의 1천분의 12를 가산하는 중가산금을 말한다.

## 11 전자신고

전자신고란 과세표준신고서 등 세법에 의한 신고관련 서류를 국세청장이 정하여 고시하는 정보통신망(국세청 홈택스; http://www.hometax.go.kr)에 의하여 신고하는 것을 말한다.

## 궁금한 세금! 어디에 물어보죠?[2)]

'세법' 워낙 복잡해 이해가 잘 안될 때가 있으시죠?
종종 부딪치는 세금문제! 이렇게 해결하세요~

### 1 '국세청고객만족센터'를 이용한다!

- 전화상담 : 국세청 126 세미래콜센터 전국 어디서나 ☎국번없이 126
- 인터넷 상담 : 국세청 고객만족센터(http://call.nts.go.kr)→상담사례검색→ 인터넷 상담 질문하기 버튼 클릭
- 방문상담 : 강남구 역삼동 국세청고객만족센터 1층 방문상담실 (강남역 1번출구, 도보1분)

### 2 가까운 세무서를 직접 방문해 '납세자보호담당관'을 찾는다!

- 전국의 모든 세무서에 설치된 '납세자보호담당관실'을 방문하면 친절히 상담받을 수 있어요.
- 지방세 관련 궁금한 사항은 해당 시·군·구청 세무과에 문의하거나 해당기관의 홈페이지를 방문하세요.

### 3 국세청 법규과에 질문한다!

법령해석에 관한 질의는 세법해석 사전답변 신청을 하면 신속·명확한 답변을 받을 수 있어요.

- 반드시 특정서식(세법해석 사전답변 신청서)으로 신청
  - 국세청 홈페이지(nts.go.kr)→국세정보→세법해석 질의안내
- 우편이나 직접방문만 가능(FAX나 E-mail 신청은 안되요!)
- 궁금한 사항은 국세청 홈페이지 또는 ☎02-397-7536~7로 문의

### 4 국세청 세목소관 담당과를 이용한다!

질문할 내용을 해당과에 우편이나 팩스로 보내면 서면으로 상담내용을 받을 수 있어요.

- 접수 : (우)110-705 서울특별시 종로구 청진동길 44(수송동 104) 국세청 부가가치세과, 소득세과, 부동산거래관리과(양도), 재산세과(상속증여), 원천세과(근로·퇴직·연금·기타·사업·금융소득의 원천징수)

---

2) 국세청 블로그(http://blog.naver.com/ntscafe), "궁금한 세금 어디에 물어보죠?", 2010.

# 연 습 문 제

**1.** 다음 중 국세기본법상 국세가 아닌 것은?

① 증여세　　② 종합부동산세
③ 부가가치세　　④ 재산세

**2.** 다음 조세의 분류 중 잘못 짝지어진 것은?

① 소득세 - 직접세, 인세, 누진세
② 법인세 - 국세, 직접세, 누진세
③ 부가가치세 - 간접세, 인세, 비례세
④ 상속세 - 직접세, 인세, 누진세

**3.** 다음은 국세기본법상의 용어의 정의에 관한 설명이다. 옳지 않은 것은?

① 가산세란 세법에 규정하는 의무의 성실한 이행을 확보하기 위하여 그 세법에 의하여 산출한 세액에 가산하여 징수하는 금액을 말하며, 가산금은 이에 포함된다.
② 원천징수란 세법에 의하여 원천징수의무자가 국세(이에 관계되는 가산세를 제외한다)를 징수함을 말한다.
③ 체납처분비란 「국세징수법」 중 체납처분에 관한 규정에 의한 재산의 압류·보관·운반과 매각에 소요된 비용(매각을 대행시키는 경우 그 수수료를 포함한다)을 말한다.
④ 공과금이란 「국세징수법」에 규정하는 체납처분의 예에 의하여 징수할 수 있는 채권 중 국세·관세·임시수입부가세 및 지방세와 이에 관계되는 가산금 및 체납처분비 이외의 것을 말한다.

**4.** 다음의 조세에 관한 설명 중 잘못된 것은?

① 목적세란 특정 재정수요에 충당하기 위하여 사용목적이 제한된 조세이다.
② 간접세란 납세자와 담세자가 일치할 것을 예상하고 부과하는 조세이다.
③ 인세란 납세자의 인적 사정을 감안하는 조세이다.
④ 종량세란 과세물건의 수량 등을 과세표준으로 하는 조세이다.

**5.** 다음 중 목적세에 해당되지 않는 것은?

① 농어촌특별세　　② 교육세
③ 증권거래세　　④ 교통·에너지·환경세

**6.** 세금의 특성에 관한 설명으로 옳지 않은 것은?

① 세금은 국가나 지방자치단체가 조세의 명목으로 징수하는 돈을 의미한다.
② 모든 사람에게 일방적, 강제적으로 부과 및 징수한다.
③ 세금은 직접적인 반대급부가 없다.
④ 조세는 금전납부를 원칙으로 하되 예외적으로 주식, 곡물 등의 물품으로 납부하는 것(물납제도)을 인정하기도 한다.

**7.** 다음 중 지방세가 아닌 것은?

① 부가가치세　　② 자동차세
③ 재산세　　④ 주민세

**8.** 다음 국세기본법상 용어에 대한 설명으로 올바른 것은?

① 가산금은 체납된 국세의 100분의 5를 고지세액에 가산한다.
② 원천징수하는 국세에는 가산세가 포함된다.
③ 과세객체란 조세를 납부하는 납세의무자를 말한다.
④ 체납액이란 체납된 국세, 가산금을 포함하며 체납처분비는 포함하지 않는다.

**9.** 다음 중 모두 국세에 해당하는 것은?

① 상속세, 증여세, 법인세　　② 재산세, 종합부동산세, 등록면허세
③ 취득세, 주세, 등록면허세　　④ 교육세, 농어촌특별세, 주민세

**10.** 다음 국세기본법의 설명 중 틀린 것은?

① 원천징수란 과세대상 물품 또는 용역을 공급하는 자가 공급받는 자로부터 물품대금과 함께 세금을 징수하여 납부하는 것을 말한다.
② 법정신고기한이라 함은 세법에 의하여 과세표준신고서를 제출할 기한을 말한다.
③ 과세표준이란 세법에 의하여 직접적으로 세액산출의 기초가 되는 과세물건의 수량 또는 가액을 말한다.
④ 과세기간이란 세법에 의하여 국세의 과세표준의 계산에 기초가 되는 기간을 말한다.

**11.** 다음 설명 중 옳은 것은?

① 관세는 외국으로부터 수입한 재화에 대하여 부과하는 세금으로 국세청에서 부과·징수한다.

② 직접세는 세율의 역진성을 내포하고 있어 저소득자에게는 불리한 세제이다.

③ 화폐가치로 측정된 과세표준을 이용하여 세액이 산출되는 세금을 종량세라 한다.

④ 물세는 담세자 개개인의 인적 사정을 전혀 고려하지 않는다.

**정답 및 해설**

| 1 | ④ | 2 | ③ | 3 | ① | 4 | ② | 5 | ③ | 6 | ② | 7 | ① | 8 | ③ | 9 | ① | 10 | ① |
|---|---|---|---|---|---|---|---|---|---|---|---|---|---|---|---|---|---|---|---|
| 11 | ④ | | | | | | | | | | | | | | | | | | |

1. 재산세는 지방세에 해당한다.
2. 부가가치세는 물세에 해당한다.
3. 가산세는 세법에 규정하는 각종 의무의 성실한 이행을 확보하기 위하여 그 세법에 의하여 산출한 세액에 가산하여 징수하는 금액을 말하며 가산금은 이에 포함하지 아니한다.
4. ②는 직접세에 대한 설명이다.
8. ① 가산금은 체납된 국세의 100분의 3을 고지세액에 가산한다.
   ② 가산세는 제외한다.
   ④ 체납액이란 체납된 국세, 가산금과 체납처분비를 포함한 것을 말한다.
10. ①은 거래징수에 대한 설명이다.
11. ① 관세는 외국으로부터 수입한 재화에 대하여 부과하는 세금으로 관세청에서 부과·징수한다.
    ② 간접세는 세율의 역진성을 내포하고 있어 저소득자에게는 불리한 세제이다.
    ③ 화폐가치로 측정된 과세표준을 이용하여 세액이 산출되는 세금을 종가세라 한다.

2
CHAPTER

# 과세의 요건

제1절 과세물건
제2절 납세의무자
제3절 과세표준
제4절 세율

국가가 법률에 의거하여 세금을 부과할 수 있는 요건을 과세 요건이라 한다. 현대 세무이론에서는 능력설에 의해 개인이 세금을 부담할 수 있는 능력(담세력)이 있을 때 과세요건이 성립하는 것으로 간주한다. 즉, 담세력이 발생하면 과세요건이 성립하는 것이고, 이에 따라 세금이 부과될 수 있는 것이다.

담세력은 소득획득단계, 재산취득단계, 재산이전단계, 소비단계, 재산보유단계 등에서 발생한다. 소득획득단계의 담세력에 기인하여 부과되는 세목으로는 법인세, 소득세가 있고, 재산취득단계의 세목은 상속세, 증여세, 취득세 등이 있으며, 재산이전단계서 발생하는 세목은 양도소득세 등이 있고, 소비단계의 세목은 부가가치세, 개별소비세, 주세 등이 있으며, 재산보유단계에서 발생하는 세목은 재산세, 종합부동산세 등이 있다. 따라서 담세력은 인간이 삶을 살아가면서 행하게 되는 대부분의 행동에서 항상 발생하기 때문에 삶을 살아가는 동안 세금을 면하기는 거의 불가능하다고 보는 것이 타당하다.

과세요건이 갖추어지면 과세권자는 부과징수권을 갖게 되고 납세의무자는 조세채무이행의무를 지게 된다. 한편, 이러한 과세요건이 성립되려면 과세권자, 납세의무자, 과세물건, 과세표준, 세율, 세액 등의 요소가 구비되어 있어야 한다. 이중 특히 과세물건, 납세의무자, 과세표준, 세율 등 4가지 요소를 중시여겨 이를 과세요건의 4요소라고 한다.

## 제1절 과세물건

과세물건이란 소득, 재산취득, 재산이전, 재산보유, 소비 등의 행위에 의해 과세의 대상으로 확정된 물건을 말하는 것으로 세금징수의 대상, 조세부담능력의 표상물로서 '과세대상' 또는 '조세객체'라고도 한다.

과세물건의 원천은 세원이다. 세원이란, 세금부과의 근원을 말하는 것으로 국민이 만들어낸 경제적 잉여가치가 근본적인 진정한 세원이라고 할 수 있다. 인간들은 필요에 따라 경제활동을 수행하고 그 결과 '경제적 잉여가치'를 생산한다. 이러한 경제적 잉여가치는 해당되는 이해관계자들에게 분배되어 진다.

예를 들어 노동을 제공한 사람에게는 임금, 땅을 제공한 사람에게는 지대, 돈을 댄 사람에게는 이자, 경영자에게는 이윤 등의 형태로 배분되어 지는 것이다. 바로 이때 임금, 이자, 지대, 이윤 등이 세금을 부과할 수 있는 원천이 된다. 이러한 세원 중 실비, 생계비 등을 제하고 남아서 세금으로 낼 수 있는 재원이 발생할 수 있는데 이것이 바로 담세력이 되는 것이다. 담세력이 있는 곳에 과세대상 즉 과세물건이 있는 것이다.

| 관련 세목 | 과세물건 |
|---|---|
| 소득세와 법인세 | - 개인 및 법인이 벌어들인 소득 |
| 상속세 | - 상속재산 |
| 주세 등과 같은 소비세 | - 주세의 과세물건은 술이라는 소비물건이며 골프장이나 카지노에 입장할 때 내는 개별소비세는 소비행위가 과세물건 |
| 취득세나 인지세(유통세) | - 부동산의 취득과 저술행위 |

## 제2절 납세의무자

납세의무자란 세금을 납부해야 할 지위에 있는 조세채무자를 말하는데 이때 조세채무에 대한 판정 기준은 국적에는 관계없이 국내 거주자인가 비거주자인가의 여부이다. 거주자란 국내에 주소를 두거나 1년 이상 거소를 둔 개인 또는 법인 등을 말하고 비거주자란 거주자가 아닌 자로서 국내원천소득이 있는 개인 또는 법인 등을 말한다. 거주자에게는 속인주의(屬人主義)[3]를 적용하여 소득의 발생장소에 제한을 두지 않고 국내외의 모든 원천소득에 대하여 납세의무를 지게 한다. 그러나 비거주자에게는 속지주의(屬地主義)[4]를 적용하여 소득의

3) 속인주의(屬人主義) : 부모의 국적에 의하여 국적을 결정하는 주의
4) 속지주의(屬地主義) :국제 사법 상 본인의 국적에 관계없이 사건이 발생한 곳이나 부동산 등 토지가 있는 지역을 기본 삼아서 법률의 지배 관계를 정하는 주의

발생장소를 국내로 한정하여 국내에서 발생한 원천소득에 대해서만 납세의무를 지게 한다.

| 구 분 | 개 념 | 납세의무의 범위 |
|---|---|---|
| 거주자 | 국내에 주소를 두거나 1년 이상 거소를 둔 개인 또는 법인 | 속인주의를 적용하여 소득의 발생장소에 제한을 두지 않고 국내외의 모든 원천소득에 대하여 납세의무를 짐 |
| 비거주자 | 거주자가 아닌 자로서 국내원천소득이 있는 개인 또는 법인 | 속지주의를 적용하여 소득의 발생장소를 국내로 한정하여 국내에서 발생한 원천소득에 대해서만 납세의무를 짐 |

한편, 납세의무자와 유사한 개념으로 징수납세의무자가 있다. 징수납세의무자는 소득세의 원천징수의 경우나 부가세예수의 경우처럼, 본래의 납세의무자인 급여 소득자나 물품 구매자로부터 세금을 미리 받아, 이것을 과세권자인 국가에 납부하는 의무를 가진 자를 말한다. 그런데 과세권자의 입장에서 볼 때는 납세의무자와 징수납세의무자 모두 단지 납세의무자일 뿐이다. 따라서 이를 구분하는 것은 실제로는 형식적인 의미에 지나지 않는 것이다.

납세의무자는 납세의무자이면서 동시에 담세자(세금을 실제 부담하는 자)인 경우와 납세의무자이면서 동시에 징수의무자인 경우 등 두 종류로 분류할 수 있다. 이때 납세의무자와 담세자가 같은 경우의 세금은 직접세이고 납세의무자와 담세자가 다른 경우의 세금은 간접세이다. 즉, 순수납세의무자는 납세의무자인 동시에 담세자인데 이때의 세금은 담세자가 세무당국에 직접 납부하게 되는 것이다. 그러나 징수납세의무자는 세금을 해당자로부터 받아서 납부하는 자이지 담세자는 아니다. 그러므로 이 경우에는 담세자가 직접 세금을 납부하는 것이 아니라 징수납세의무자가 대신 납부하게 되는 것이므로 이를 간접세라고 하는 것이다.

## 제3절 과세표준

과세표준이란 세액산출의 기초가 되는 것으로, 과세물건에 부과된 총 가액 또는 특정 단위(중량, 1명당, 회, 개)를 말하는데 세액을 결정하는 표준이 된다. 즉, 과세표준이 결정되면 여기에 세율 또는 단위당 가액을 곱하여 곧 바로 세액을 산출하게 되는 것이다. 대부분의 경우 세액은 '과세표준가액×세율'로 계산하나 간혹 입장세나 주세와 같이 '수량(인원수, 무게, 개수, 회수)×단위당 가액'으로 계산되는 경우도 있다. 과세표준의 산출과정은 세목마다 다르며, 그 산출과정은 각각의 관련 세법규정에 따라 엄격하게 적용되고 있다.

## 제4절 세 율

세율이란 세액 계산을 위하여 법률로 정하여 과세표준에 적용하는 비율이나 단위당가액을 말한다. 과세표준을 금액으로 하는 때에는 백분율 또는 천분율로 세율을 표시하며, 과세표준을 수량 등으로 하는 때에는 단위당가액(단가)으로 세율을 표시한다. 이러한 세율은 아래와 같이 다양하게 분류된다.

### 1 명목세율과 유효세율

명목세율은 세법에 정해져 있는 법정세율을 말한다. 그러나 유효세율(effective tax rate)은 납세자가 실질적으로 부담한 세액에 대한 비율을 말한다. 따라서 유효세율은 '실제납부세액/실제소득금액'으로 산출될 수 있다. 한편, 명목세율과 유효세율 간에는 각종 감면이나 비과세 등 세무 정책적 행위에 의해 항상 차이가 나게 되어 있다. 대게는 명목세율보다 유효세율이 낮으며 이러한 것은 세법에 감면, 비과세 등 예외규정이 많다는 것을 시사해 주는 것이다.

## 2 표준세율과 탄력세율

표준세율이란 지방세법 상에 규정된 세율로서 오직 국회의 법안 개정에 의해서만 개정될 수 있다. 그러나 탄력세율은 국회의 법안 개정이 없어도 행정부에서 쉽게 바꿀 수 있는 세율을 말한다. 예를 들어 현재 지방세의 하나인 주민세는 지방자치단체장의 권한에 의해 각 지방마다 달리 탄력세율을 적용할 수 있게 되어 있다. 그러나 이러한 탄력세율은 세법에서 세율 조정권한을 행정부에 위임한 경우에만 가능하다.

## 3 평균세율과 한계세율

평균세율이란 전체 소득에서 세액이 차지하는 비율을 말한다. 예를 들어 100만원의 과세대상 소득 중에 20만원을 세금으로 납부했다면 평균세율은 20%가 되는 것이다. 한편, 한계세율이란 소득증가분에 대한 세액증가분의 비율로서 '세액증가분/소득증가분'으로 나타낼 수 있다. 예를 들어 100만원의 소득에 대하여 20만원을 세금으로 냈을 경우 세율은 20%이다. 그러나 소득이 200만원으로 늘어 50만원을 세금으로 냈다면 이때의 한계세율은 30%가 된다. 왜냐하면 소득증가분은 100만원이고 세액의 증가분은 30만원이기 때문이다.

## 4 비례세율 · 누진세율 · 역진세율

비례세율이란 과세표준의 크기에 관계없이 동일하게 적용되는 세율을 말한다. 즉, 동일한 세율을 적용하면 산출세액이 소득의 크기에 비례해서 일정하게 늘어나기 때문에 이를 비례세율이라고도 부른다. 예를 들면 소득이 100만원일 때 10만원의 세금을 내고, 200만원 일 때 20만원의 세금을 냈다면 이때의 세율은 동일하게 10%가 되는 것이며 이를 비례세율이라 하는 것이다.

한편 누진세율이란 소득의 크기가 커짐에 따라 세율의 크기도 누진적으로 커지는 세율을 말한다. 예를 들어 1,000만원 소득의 경우 100만원의 세금을 부담하였는데 2,000만원의 소득의 경우에는 300만원의 세금을 부담하였다면 1,000만원 소득의 경우의 세율은 10%이나 2,000만원 소득의 경우 세율은15%가 되어 소득 1,000만원일 때 세율보다 소득 2,000만원일 때의 세율이 더 높다. 따라서 이러한 경우의 세율이 누진세율인 것이다. 이러한 누진세율은 단순누진세율과 초과누진세율이 있다.

단순누진세율이란 소득이 증가하는 경우 그 전체소득금액에 대해 높은 누진세율을 적용하는 방법일 때의 세율이고 초과누진세율이란 소득이 증가하는 경우 소득의 증가분은 높은 누진세율을 적용하고 초과하지 않는 부분은 기존의 낮은 세율을 적용하는 방법일 때의 세율을 말한다. 예를 들면 소득이 1,000만원일 때 10%, 2,000만원일 때 20%라면 단순누진세율은 2,000만원×20%로 계산하여 세액을 산출하는 방법이고 초과누진세율은 (1,000만원×10%)+(1,000만원×20%)로 계산하여 세액을 산출하는 방법이다. 따라서 이에 의하면 단순누진세율을 적용할 때의 세액은 400만원이고 초과누진세율을 적용할 때의 세액은 300만원이다. 실무에서는 단순누진세율은 사용하지 않고 초과누진세율을 사용한다. 세법에서 초과누진세율을 적용하는 이유는 단순누진을 적용하게 되면 세금을 내고 난 후, 과세소득이 낮았던 납세자가 도리어 세후소득이 많아질 수 있는 즉, 소득이 역전되는 현상이 발생하는 것을 방지하기 위한 것이다.

역진세율이란 과세소득이 높은 경우에는 낮은 세율이 적용되고 과세소득이 낮은 경우에는 높은 세율이 적용되는 경우의 세율을 말한다. 실제로 세법상에서는 존재하지 않는 세율이나 간접세의 경우 유효세율 측면에서 볼 때 발생할 수 있는 세율이다. 예를 들어 만일 총소득이 1,000원인 사람이 담배 한 갑을 사면서 세금으로 500원을 부담하고, 총소득이 10,000원인 사람이 담배 한 갑을 사면서 역시 세금 500원을 부담했다면 총소득이 1,000원인 사람은 유효세율이 50%이나 총소득이 10,000원인 사람은 유효세율이 5%이다. 즉, 소득이 적은 사람이 더 높은 세금을 부담 한 것이고 소득이 많은 사람은 매우 낮은 세금을 부담한 것이다. 간접세는 이러한 세율의 역진성을 내포하고 있어 합리적 세금구조를 갖고 있지 못한 취약한 점이 있다.

## 예제

다음에서 소득자 A와 B의 소득세액과 실질소득을 단순누진세율과 초과누진세율을 적용하여 구하시오.

| 1. 세율 : 400만원 이하 5% | 2. 과세표준 : A 400만원 |
|---|---|
| 800만원 이하 9% | B 410만원 |

**풀이**

◆ 단순누진세율을 적용할 때

1. 소득자 A
   - 소득세 4,000,000원 × 5% = 200,000원
   - 실질소득 4,000,000원 − 200,000원 = 3,800,000원
2. 소득자 B
   - 소득세 4,100,000원 × 9% = 369,000원
   - 실질소득 4,100,000원 − 369,000원 = 3,731,000원

☞ 과세소득이 많은 B가 과세소득이 적은 A보다 실질소득이 적게 되는 모순이 발생한다.

◆ 초과누진세율을 적용할 때

1. 소득자 A
   - 소득세 4,000,000원 × 5% = 200,000원
   - 실질소득 4,000,000원 − 200,000원 = 3,800,000원
2. 소득자 B
   - 소득세 4,000,000원 × 5% = 200,000원
     100,000원 × 9% = 9,000원
   - 실질소득 4,100,000원 − 209,000원 = 3,891,000원

☞ 과세소득이 많은 B가 과세소득이 적은 A보다 실질소득이 적게 되는 모순이 발생하지 않는다.

# 연 습 문 제

**1.** 과세물건에 대한 설명이다. 틀린 것은?

① 세금징수의 대상이다.
② 조세부담능력의 표상물로서 과세대상이다.
③ 조세주체라고도 한다.
④ 과세물건의 원천은 세원이다.

**2.** 과세물건과 관련세목이다. 연결이 잘못된 것은?

① 법인이 벌어들인 소득 - 법인세
② 상속재산 - 재산세
③ 술 - 주세
④ 부동산의 취득과 저술행위 - 취득세나 인지세

**3.** 최영훈의 소득은 2,000만원이다. 초과누진세율을 적용하여 소득세액을 계산하면? 단, 세율은 소득이 1,000만원일 때 10%, 2,000만원일 때 20%라고 가정한다.

① 100만원　② 200만원　③ 300만원　④ 400만원

**4.** "(　　)이란 과세표준의 크기에 관계없이 동일하게 적용되는 세율을 말한다. 즉, 동일한 세율을 적용하면 산출세액이 소득의 크기에 비례해서 일정하게 늘어나기 때문에 이를 (　　)이라고도 부른다." (　　)에 들어갈 말은?

① 표준세율　② 비례세율　③ 누진세율　④ 평균세율

**5.** 납세의무자에 대한 설명이다. 틀린 것은?

① 납세의무자란 세금을 납부해야 할 지위에 있는 조세채무자를 말한다.
② 거주자란 국내에 주소를 두거나 1년 이상 거소를 둔 개인 또는 법인 등을 말한다.
③ 비거주자란 거주자가 아닌 자로서 국내원천소득이 있는 개인 또는 법인 등을 말한다.
④ 거주자에게는 소득의 발생장소를 국내로 한정하여 국내에서 발생한 원천소득에 대해서만 납세의무를 지게 한다.

6. 다음 설명 중 틀린 것은?

① 명목세율은 세법에 정해져 있는 법정세율을 말한다.
② 대부분의 경우 명목세율보다 유효세율이 낮으며 이러한 것은 세법에 감면, 비과세 등 예외규정이 많기 때문이다.
③ 탄력세율은 국회의 법안 개정이 없어도 행정자치부에서 쉽게 바꿀 수 있는 세율을 말한다.
④ 평균세율은 소득증가분에 대한 세액증가분의 비율을 말한다.

7. 100만원의 소득에 대하여 20만원을 세금으로 냈을 경우 세율은 20%이다. 그러나 소득이 200만원으로 늘어 50만원을 세금으로 냈다면 이때의 한계세율은 얼마인가?

① 10% ② 20% ③ 30% ④ 40%

8. 총소득이 1,000원인 A가 담배 한 갑을 사면서 세금으로 500원을 부담하고, 총소득이 10,000원인 B가 담배 한 갑을 사면서 역시 세금 500원을 부담했다면 A와 B의 유효세율은 각각 얼마인가?

① 10%, 1% ② 100%, 10%
③ 50%, 5% ④ 500%, 50%

9. '초과누진세율'에 대한 설명이다. 맞는 것은?

① 소득이 증가하는 경우 그 전체소득금액에 대해 높은 누진세율을 적용하는 방법이다.
② 소득이 역전되는 현상이 발생하는 것을 방지하기 위해 적용한다.
③ 과세소득이 높은 경우에는 낮은 세율이 적용되고 과세소득이 낮은 경우에는 높은 세율이 적용되는 경우의 세율을 말한다.
④ 산출세액이 소득의 크기에 비례해서 일정하게 늘어난다.

10. 1,000만원 소득의 경우 100만원의 세금을 부담하였는데 2,000만원의 소득의 경우에는 300만원의 세금을 부담하였다면, 이때의 세율은?

① 탄력세율 ② 평균세율
③ 비례세율 ④ 누진세율

**11.** 홍영락의 소득은 800만원 이다. 소득세액을 단순누진세율과 초과누진세율을 적용하여 구하면? (단, 세율 : 400만원 이하 5%, 800만원 이하 10%라고 가정함)

① 단순누진세율 800,000　　초과누진세율 600,000
② 단순누진세율 400,000　　초과누진세율 600,000
③ 단순누진세율 400,000　　초과누진세율 800,000
④ 단순누진세율 600,000　　초과누진세율 800,000

## 정답 및 해설

| 1 | ③ | 2 | ② | 3 | ③ | 4 | ② | 5 | ④ | 6 | ④ | 7 | ③ | 8 | ③ | 9 | ② | 10 | ④ |
|---|---|---|---|---|---|---|---|---|---|---|---|---|---|---|---|---|---|---|---|
| 11 | ① | | | | | | | | | | | | | | | | | | |

1. 과세물건이란 소득, 재산취득, 재산이전, 재산보유, 소비 등의 행위에 의해 과세의 대상으로 확정된 물건을 말하는 것으로 세금징수의 대상, 조세부담능력의 표상물로서 '과세대상' 또는 '조세객체'라고도 한다.
2. 상속재산은 상속세이다.
3. (1,000만원×10%)+(1,000만원×20%) = 300만원
5. 비거주자에게는 속지주의를 적용하여 소득의 발생장소를 국내로 한정하여 국내에서 발생한 원천소득에 대해서만 납세의무를 지게 한다.
6. 평균세율이란 전체 소득에서 세액에 차지하는 비율을 말하며, 한계세율이란 소득증가분에 대한 세액증가분의 비율을 말한다.
7. 100만원의 소득에 대하여 20만원을 세금으로 냈을 경우 세율은 20%이다. 그러나 소득이 200만원으로 늘어 50만원을 세금으로 냈다면 이때의 한계세율은 30%가 된다. 왜냐하면 소득증가분 100만원이고 세액의 증가분은 30만원이기 때문이다.
8. 유효세율은 '실제납부세액/실제소득금액'으로 산출한다.
9. ① 단순누진세율, ③ 역진세율, ④ 비례세율
11. 단순누진세율 8,000,000×10% = 800,000원
초과누진세율 4,000,000× 5% = 200,000원
4,000,000×10% = 400,000원

3

CHAPTER

# 세금관련제도와 조세의 원칙

제1절 세금 부과제도
제2절 세금 징수제도와 지원제도
제3절 조세 불복제도
제4절 조세의 원칙

세금관련제도는 크게 나누어 첫째 납세의 의무를 확정짓는 부과제도, 둘째 세금을 징수하는 징수제도, 셋째 세법에 위배된 행위를 제재하는 처벌제도, 넷째 납세자의 권익을 보호하는 구제제도, 다섯째 성실한 납세자의 우대와 조세 정책적 목적을 위한 지원제도 등으로 나누어 볼 수 있다. 한편, 세금을 과세할 때 고려해야할 중요 원칙들을 조세의 원칙이라 한다. 이는 세금을 어떠한 가치와 기준을 근거로 부과, 징수할 것인가를 결정하는데 고려해야 할 중요 원칙들이다.

# 제1절 세금 부과제도

담세자에 대한 납세의무를 구체적으로 확정하는 방법론적 제도를 세금 부과제도라고 하는데 이에는 ‘신고납세제도’와 ‘부과과세제도’가 있고 인지세나 원천징수의 경우와 같이 ‘자동 확정’되는 경우도 있다. 한편, 세금부과는 세금을 부과할 수 있는 기간 동안에 이루어져야 한다. 즉, 각종 세금은 부과할 수 있는 날로부터 일정한 기간까지 부과하지 아니하면 부과할 수 없는 것이다. 이렇게 정해진 세금부과의 기한을 제척기간이라 한다.

## 1 신고납세제도

납세의무자가 스스로 세금을 계산하여 이를 정부에 신고 납부함으로써 납세의무를 확정하는 방법을 신고납세제도라고 한다. 사실 과세요건의 성립 및 그 내용에 대하여는 납세자 자신이 누구보다도 가장 잘 알고 있을 것이다. 그러므로 신고납세제도가 보다 정확하고 이상적인 부과 과세제도가 될 수 있는 것이다.

신고납세제도가 확립되면 과세행정이 간편하고 징세비용이 절약된다. 그러나 신고납세가 확립되기 위해서는 납세자의 성실한 신고가 뒷받침되어야만 한다.

따라서 신고납세제도를 위해서는 납세의무자들의 과세의식이 상당히 성숙되어 있어야 하며, 이를 쉽게 이용할 수 있도록 과세의 편의성, 접근성이 갖추어져 있어야 한다. 우리나라에서는 국세 중 소득세, 법인세, 부가가치세, 개별소비세 및 주세 등이 신고납세제도를 채택하고 있다. 이러한 신고납세제도는 세금부과에 있어서 그 중요성이 매우 큰 제도라 할 수 있다.

## 2 부과과세제도

납세의무자가 과세액을 신고, 납부하는 신고납세제도와는 달리 세금의 부과를 위해 정부가 과세물건에 대한 과세표준과 세액 등을 직접 조사하여 결정함으로써 납세의무를 확정하는 방법을 부과과세제도라고 한다. 그러나 이러한 부과과세제도에 있어서도 납세의무자의 세액 신고는 필요하여 이에 대한 서면 제출을 요구하고 있다. 이러한 서면 자료는 납세의무자의 성실한 신고 자료로 인정되는 중요한 자료가 된다. 그러나 세법상 이 경우의 신고는 납세의무를 확정하는 것이 아니고 정부가 과세표준을 결정함에 있어서 참조해야 할 자료가 되는 것이다.

한편, 우리나라의 세금 중 부과과세제도를 채택하고 있는 세목으로는 재산세, 상속세, 증여세 등을 들 수 있다. 이러한 세목은 자산의 평가 방법에 따라 그 가액이 크게 변동할 수 있으므로 이에 대한 효율적 통제를 위해 정부가 부과과세제도를 채택하고 있는 것이다. 이러한 부과과세제도에 있어서 과세물건에 대한 과세표준과 세액을 조사 결정하는 방법으로는 일반적으로 실지조사결정, 서면조사결정 및 추계조사 결정 등을 이용한다. 실지조사결정은 실제로 과세물건에 대해 조사를 실시하여 과세표준과 세액을 결정하는 것이고, 서면조사결정은 납세의무자가 제출한 서면을 통하여 조사를 행하고 이를 참조하여 과세표준 및 세액을 결정하는 방법이다. 추계조사결정은 실지조사나 서면조사를 행하지 않고 통상의 관례에 따라 추정하여 과세표준이나 세액을 결정하는 방법을 말한다.

<table>
<tr><th colspan="2">구 분</th><th>신고납세제도</th><th>부과과세제도</th></tr>
<tr><td colspan="2">의 의</td><td>과세표준과 납부할 세액을 납세의무자가 신고하여 확정하는 제도(예외: 무신고·과소신고시 과세권자가 확정함)</td><td>과세표준과 납부할 세액을 정부의 과세처분에 의해 확정하는 제도</td></tr>
<tr><td colspan="2">적용 세목</td><td>법인세, 소득세, 부가가치세, 개별소비세, 주세, 증권거래세, 교육세, 교통·에너지·환경세</td><td>재산세, 상속세, 증여세, 종합부동산세* 등 신고납세 세목 이외의 세목</td></tr>
<tr><td rowspan="3">조세<br>채권<br>의<br>확정</td><td>주체</td><td>납세의무자(단, 무신고·과소신고시 정부)</td><td>정부(관할세무서장)</td></tr>
<tr><td>시기</td><td>납세의무자의 신고시(예외: 결정통지서·고지서 도달시)</td><td>정부의 조사결정시(납세고지서가 도달한 때)</td></tr>
<tr><td>절차</td><td>신고서의 제출로 과세표준과 세액을 결정함</td><td>조사·결정·납세고지</td></tr>
<tr><td colspan="2">탈루세액에 대한 조치</td><td>세액추징·처벌</td><td>세액추징</td></tr>
</table>

* 2008년부터 부과과세로 전환되었으나, 신고납부 할 수 있음.

## 3 자동확정제도

자동확정제도란 담세력이 발생하여 형성된 과세물건에 대하여 자동으로 과세표준과 세액이 확정되게 하는 조세제도를 말한다. 이러한 자동확정제도을 이용하는 세목들은 각종 물품의 소비세, 원천징수하는 소득세, 부가가치세, 인지세 등이다.

예를 들어 인지세는 과세대상이 되는 문서를 작성완료하면 납세의무가 자동적으로 성립, 확정되고, 소득세의 원천징수는 소득을 지급할 때에 자동으로 세금이 확정되며, 부가가치세는 물품을 구매하는 시점에서 자동으로 세금이 확정되고, 각종 개별소비세는 물품대금에 과세액을 포함시켜 세금을 자동으로 확정한다.

## 4 과세 신고 및 납부와 관련된 절차적 제도

### (1) 과세 신고, 수정신고, 경정청구, 기한 후 신고

과세 신고는 납세의무자가 세법에서 정한 신고기한까지 과세표준 및 세액에 관한 신고서 등, 세법이 과세 신고를 위해 정해 놓은 서류들을 관할세무서장에게 제출하여 신고하는 것을 말한다. 국세의 과세표준과 세액은 원칙적으로 납세의무자가 관할세무서장에게 법정신고기한까지 신고하도록 세법에서 규정하고 있다. 한편, 수정신고제도는 당초 법정신고 기한 내에 신고한 과세표준 및 세액이 과소하게 신고 된 경우 관할세무서장이 결정 또는 경정하기 전까지 그 과소신고 된 금액을 추가로 신고하는 제도를 말한다.

경정청구란 당초 법정 신고기한 내에서 신고한 과세표준 및 세액이 과다하게 신고 된 경우 법정 신고기한 경과 후 3년 내에 그 과다 신고한 금액을 감액하여 결정 또는 경정하여 줄 것을 청구하는 제도를 말한다. 단, 후발적(後發的) 사유에 의한 경정은 그 사유가 발생한 것을 안 날로부터 2개월 이내에 청구하여야 한다. 그러므로 세금이 과소하게 신고 되었을 때는 수정신고를 할 수 있고, 과다하게 신고 되었을 때는 경정청구를 할 수 있는 것이다.

기한 후 신고제도란 법정 신고기한 내에 과세표준 및 세액을 신고하지 않은 자 중 납부할 세액이 있는 자가 관할 세무서장이 당해 국세의 과세표준 및 세액을 결정하여 통지하기 전까지는 과세표준 및 세액을 신고 할 수 있는 제도를 말한다.

### (2) 결정제도, 경정제도, 송달제도

결정제도란 과세액을 결정하여 조세채권, 채무 관계를 확정하는 절차 제도를 말한다. 납세의무자 자신이 스스로 조세채무를 확정하여 신고하는 신고납세대상 세목은 납세의무자가 신고기한 내에 신고함으로써 조세채권, 채무관계가 확정된다. 그러나 과세관청이 조세채무를 확정하는 부과과세대상 세목은 과세관청이 납세고지서를 발부, 고지함으로써 조세채권, 채무관계가 확정된다. 한편, 신고납세대상세목 중 신고하지 않은 무신고 과세물건도 과세관청이 납세고지서를 발부하여 부과과세 할 때 조세채권, 채무관계가 확정된다.

경정은 확정된 과세표준과 세액에 오류 또는 탈루가 발견되어 이미 확정된 과세표준과 세액을 다시 올바르게 정정하는 것을 말한다. 경정은 과세권자만이 할 수 있고 납세의무자는 경정할 수 없다. 과세권자는 감액경정 또는 증액경정을 할 수 있지만 납세의무자의 경우 과소 신고한 때에는 수정신고를 할 수 있고 과다신고를 한 때에는 경정청구를 할 수 있을 뿐이다. 과세권자는 경정된 과세표준과 세액에 다시 오류 또는 탈루가 발견된 때에는 재경정을 할 수 있다.

송달제도는 과세권자가 납세신고서 등 세법이 정하는 서류를 세법이 정한 절차에 따라 납세의무자 등 그 당사자에게 보내어 도달하게 하는 제도를 말한다. 서류의 송달은 원칙적으로 교부송달, 우편송달에 의하고 예외적으로 공시송달에 의한다. 이때 교부송달이란 세금에 관련된 서류를 직접 당사자에게 송달하는 것을 말하고 우편송달이란 우편으로 당사자에게 송달하는 것을 의미하며 전자송달이란 이메일, 팩스 등을 이용하여 당사자에게 송달하는 것을 말하고 공시송달이란 신문 등에 공시를 하여 당사자에게 송달하는 방법을 말하는 것이다.

### (3) 납부와 관련된 절차적 제도

#### ① 납부제도

납부제도는 세금 징수에 관한 절차 제도로서 자진납세와 징수가 있다. 신고납세제도에 의해 납세의무자가 직접 세액을 산출하여 신고한 경우에는 세법이 정한 납부기한까지 세금을 자진 납입한다. 그러나 부과과세제도에 의해 과세권자가 세액을 산출하여 징수하는 경우에는 과세권자가 고지서를 납세의무자에게 송달하여 고지서에 기재된 납부기한까지 세금을 징수 납입한다. 한편, 세금은 납세의무자가 자진하여 세법이 정한 납부기한까지 납부하여야 하지만, 납부기한까지 납부하지 않아 납부기한이 경과된 경우, 납세의무자가 자진하여 추가 납부하거나 관할 세무서장이 징수하여야 한다.

#### ② 추가납부제도

추가납부제도란 법정 납부기한까지 세액을 납부하지 못한 경우에는 세무서장이 그 미납세액을 징수하기 위하여 납세고지서를 발부 고지하게 되는데 납세의무자가 그 기간 전까지 스스로 납부하는 것을 허용하는 제도를 말한다.

### ③ 환급제도

환급제도란 납세의무자가 세금을 세법이 정한 금액을 초과하여 과다하게 납부하거나 이중으로 중복하여 납부한 경우, 또는 세법이 정한 환급요건을 충족하여 환급세액이 발생한 때 등, 규정된 세금부담을 초과한 경우 그 초과액을 납세의무자에게 반환하는 제도를 말한다.

### ④ 환급청구제도

환급청구제도는 세금을 이중으로 납부하거나 납부하지 않아야 할 것을 착오로 납부한 경우 그 잘못 납부한 금액을 반환하여 줄 것을 청구하는 제도를 말한다.

## 제2절 세금 징수제도와 지원제도

세금을 납세자 스스로 납부하는 경우를 제외하고는 세무행정 관청에서 세금을 걷어 들여야 한다. 이렇게 세무당국에서 세금을 걷어 들이기 위해 수행하는 행위를 징수라 한다. 이러한 징수의 구체적 내용은 세금의 고지, 세금의 수납, 세금 독촉, 체납 처분 등이 있다. 세금도 일반채권에서와 같이 이를 받을 수 있는 때로부터 일정기간 아무런 조치를 하지 않으면 권리가 소멸되는 소멸시효가 있는데 조세채권의 소멸시효는 5년으로 규정되어 있다. 한편, 조세법상 납세의무의 불이행이나 의무 위반을 할 경우에는 조세 처벌을 가하게 되며 반대로 조세정책 상 특정 산업부분 등을 보호 육성할 필요가 있을 경우에는 세금을 통한 조세지원을 행하기도 한다.

# 1 세금 징수제도

## (1) 일반징수제도

세금을 납부기한 또는 법정기한까지 납부하지 아니한 때는 납부기한을 재지정하여 납부하도록 청구하는데 이것을 납세고지라고 한다. 일반적으로 세금의 징수는 이러한 납세고지에 의하여 이루어진다. 이렇게 납세고지를 통하여 세금 징수를 행하는 활동을 통상 일반징수라고 하고 이러한 것을 제도차원에서 말할 때 일반징수제도라고 한다.

## (2) 원천징수제도

원천징수제도는 납세의무자의 소득이나 수익 등을 지급하는 자가 이를 지급할 때에 소정의 세금을 미리 공제, 징수하여 국가에 납부하는 제도를 말한다. 원천징수제도에는 근로소득에 있어 일반급여의 경우에서와 같이 매월 일정액을 징수하고 연말에 정산하는 예납적 원천징수와 퇴직소득이나 은행예금의 이자소득에서와 같이 세액을 정확히 계산하여 완납하게 하는 완납적 원천징수가 있다. 예납적 원천징수는 연말에 정산이 필요하고 완납적 원천징수는 이미 정산이 완료되어 있으므로 연말 정산이 필요하지 않다.

한편, 부가가치세나 주세 등과 같은 소비세는 물품의 구입가액에 세금이 포함되어 있으므로 거래가 발생하여 물품의 매매가 이루어지면 세금을 원천징수하게 되는 것이므로 이러한 거래징수도 소득세의 원천징수와 같은 맥락에서 이해 할 수 있을 것이다.

## (3) 납세조합징수제도

농·축·수산물 판매업자나 노점상인 등과 같이 기존의 원천징수 방법으로 징수하기 곤란한 영세 상인들은 조합을 조직하여 이 조합을 통해서 세금을 납부하도록 할 수 있다. 이러한 조합들은 이들로부터 세금을 받아서 이를 세무서에 납부하는 업무를 수행한다. 이러한 조합을 납세조합이라 하며 이러한 제도를 납세조합징수제도라 한다.

### (4) 징수유예제도

재해 또는 도난이나 사업이 중대한 위기에 처하는 등 납세자가 사정에 의하여 세금의 납부가 곤란한 상당한 이유가 있는 경우에 세법은 일정기간 세금의 징수를 유예할 수 있도록 규정하고 있는 바, 이를 징수유예제도라 한다.

### (5) 강제징수제도

세금이 납부기한까지 납부되지 아니하였을 때 이를 체납이라 한다. 체납된 세금에 대하여는 독촉을 하고 독촉한 기한까지도 납부하지 아니한 때에는 재산을 압류하고 환가하는 등의 처분을 하는 바, 이러한 절차를 체납처분이라 한다.

## 2 조세처벌 및 조세지원제도

### (1) 조세처벌제도

조세법상의 의무의 위반에 대한 제재 수단으로서는 행정상의 제재와 형벌로 처벌하는 경우의 두 가지로 나누어진다. 행정상의 제재는 가산세와 가산금이 있고, 형벌에 의한 처벌로서는 조세범처벌법에서 규정하고 있는 조세 범죄에 대한 처벌이 있다.

#### ① 가산세와 가산금

가산세는 세법상의 의무 위반에 대한 행정상의 제재로서 일정한 부담을 조세의 형식으로 부과하는 것이다. 각 세법에서는 납세의무자의 성실한 이행을 확보하기 위해 세금의 신고납세를 정해진 기한 내에 하지 않거나, 사실 내용과 다르게 한 때 등에는 가산세라는 일종의 범칙금을 부과하고 있다. 이러한 가산세는 세법이 정하고 있는 국세의 세목 중에 하나이다.

가산금은 일정한 납부 기한까지 납부의무를 이행하지 아니한 경우 규정된 부담을 지우는 것으로 손해금 또는 일종의 연체이자의 성질을 지니고 있는 것을 말한다. 가산금은 국세를 납부기한까지 납부하지 아니한 때에 국세징수법에 의하여 고지세액에 일정률(3%)을 가산하여 징수하고, 납부기간 경과 후에도 계속 일정기간까지 납부하지 아니한 때는 납부기한이 경과한 날로부터 매 1개월이 경과할 때마다 체납된 국세에 다시 일정률(1.2%)을 가산하여 징수하는 중가산금을 부담해야 한다. 이 경우 중가산금을 가산하여 징수하는 기간은 60개월을 초과하지 못하며 체납된 국세가 100만원 미만인 경우에는 중가산금을 징수하지 않는다.

**가산세와 가산금의 비교**

| 구 분 | 가산세 | 가산금 |
|---|---|---|
| 성 격 | 각 세법상의 의무불이행에 대한 행정벌(과태료) | 일종의 연체이자 성격 |
| 근 거 | 각 세법의 규정 | 국세징수법 |
| 징수방법 | 당해 국세의 세목으로 징수<br>(국세에 포함) | 고지세액에 가산하여 징수<br>(국세에 불포함) |
| 징수금액 | 각 세법의 규정에 의해 산정 | 가 산 금 : 3%<br>중가산금 : 매월 1.2%(72% 한도) |

### ② 조세벌

조세범 처벌법에 규정한 조세의 부과징수 및 납부에 관한 범죄를 행한 자를 조세범이라고 한다. 그리고 이러한 조세범에게 가해지는 처벌을 조세벌이라고 한다. 즉 조세벌은 조세범법자에게 가해지는 형벌이다. 조세범에 대한 처리는 그 특수성을 고려하여 일반 형사소송의 정식 절차를 거치기에 앞서 조세범처벌법에 의하여 신속하게 처리하고 있다.

## (2) 조세지원제도

조세지원제도는 조세 정책상 특정한 산업부분 등을 보호 육성하기 위해 해당산업분야의 조세부담을 덜어주는 세금우대제도이다. 조세지원제도는 각 세법과 "조세감면규제법"에서 규정하고 있으며, 이를 정리해 보면 다음과 같다.

**예제**

① 국세 500만원을 고지받은 납세의무자가 지정된 납부기한으로부터 6년이 경과한 날에 국세를 납부할 경우 납부해야 할 국세, 가산금은 얼마인가?
② 만약, 체납된 국세가 30만원 이라면 납부해야 할 국세, 가산금은 얼마인가?

**풀이**

① 국　　세　5,000,000
가 산 금　5,000,000×3% = 150,000
중가산금　5,000,000×1.2%×60개월 = 3,600,000
합계　8,750,000
☞ 중가산금의 계산기간은 60개월을 초과하지 못한다.

② 국　　세　300,000
가 산 금　300,000×3% = 9,000
중가산금　0
합계　309,000
☞ 체납된 국세가 100만원 미만인 경우 중가산금을 징수하지 않는다.

### ① 비과세

일반적으로 과세대상이라 하더라도 공익상 또는 정책상의 이유 또는 과세기술상의 이유로 세법에 의하여 과세대상에서 제외하여 과세하지 아니하도록 규정한 것을 비과세라 한다.

### ② 감면

감면은 원칙적으로 과세되는 것이나 산업육성정책 등 정책적인 이유로 세액을 면제하거나 일정률을 감소하여 주는 것을 말한다. 세액의 감면은 납세의무자의 신청을 필요로 하는 것으로 신청이 필요 없는 비과세와는 다르다.

### ③ 소득공제와 세액공제

소득공제란 소득세 부과에 있어서 과세대상이 되는 소득에서 일정비율이나 일정금액을 미리 공제하고 세율을 적용하는 제도를 소득공제라 한다. 그리고 세액공제는 세액을 산출한 후 일정비율이나 일정금액의 세액을 산출세액에서 공제하는 것을 말한다. 소득공제나 세액공제는 소득세 부과에 있어서 담세자들의 개인적 사정을 고려함에 있어서 활용되는 공제제도이다.

④ 간접지원제도

앞에서 설명한 직접지원제도 외에 간접적인 조세지원제도로는 법인세나 소득세에 있어 준비금이나 충당금의 설정을 통하여 미리 손금 또는 필요경비로 인정해주고 실제 비용이 발생하면 이 금액에서 상계하도록 하는 제도나 또는 감가상각을 함에 있어 일반적인 상각범위를 초과하여 감가상각비를 비용처리하도록 허용하는 특별상각제도를 이용하여 조세부담을 연기하여 주는 제도 등을 예로 들 수 있다.

## 제3절 조세 불복제도

국세기본법 또는 세법에 의한 처분으로서 위법 또는 부당한 처분을 받거나 필요한 처분을 받지 못함으로써 권리나 이익을 침해당한 자(제2차 납세의무자 등 당사자 이외의 이해관계인도 포함)는 먼저 국세청장에게 심사청구를 하거나 또는 조세심판원에 심판청구를 하여 구제 받을 수 있다.

그러나 납세자가 원할 경우에는 심사청구 또는 심판청구에 앞서 당해 처분을 하였거나 하였어야 할 세무서장이나 지방국세청장에게 이의신청을 할 수 있으며 이의신청에 불복할 경우 심사청구 또는 심판청구를 할 수도 있다.

한편, 조세에 관한 처분에 의하여 권리나 이익을 침해당한 자는 처음부터 행정소송을 제기할 수 없으며 국세기본법상 필수적인 절차인 심사청구 또는 심판청구를 거치거나 감사원법에 의한 심사청구를 거치지 아니하면 행정소송을 제기할 수 없다.

### 1 이의신청

당초에 처분을 취소·변경하거나 새로운 처분을 내려줄 것을 세무서장 또는 지방국세청장에게 요구하는 것을 이의신청이라고 한다. 이의신청은 처분이 있는 것을 안 날로부터 90일 이내에 관할세무서장 또는 관할지방국세청장에게 하도록 되어 있는데 지방국세청장에게 이의신청을 하는 경우에도 당초의 처분청(관할세무서장)을 경유하도록 되어 있기 때문에 실제로 청구인은 90일 이내에 관할세무서에 이의신청서를 제출하면 된다. 납세자로부터 이의신청을 받은 세무서장이나 지방국세청장은 이의신청서가 접수된 날로부터 30일내에 신청인에게 결정통지를 해 주어야 하며, 결정기간내에 결정통지가 없을 때는 결정의 통지를 받기 전이라도 그 결정기간이 경과한 날부터 심사청구 또는 심판청구를 할 수 있다.

## 2 심사청구

당초에 처분을 취소·변경하거나 새로운 처분을 내려줄 것을 국세청장에게 요구하는 것을 심사청구라고 한다. 심사청구는 국세청에 곧바로 하는 것과 이의신청을 거쳐서 하는 것으로 나누어진다. 국세청에 곧바로 하는 것은 처분이 있은 것을 안 날로부터 90일 이내에 국세청장에게 하도록 되어 있으나, 당초에 처분청(관할세무서장)을 경유하도록 되어 있기 때문에, 실제로 청구인은 90일 이내에 관할세무서에 심사청구서를 제출하면 된다.

이의신청을 거쳐서 하는 것은 이의신청에 대한 세무서장 또는 지방국세청장의 결정이 불만족스러운 경우에 하는 것으로서, 그 결정통지를 받은 날로부터 90일 이내에 국세청에 심사청구서를 제출하도록 되어 있다. 이 경우에도 관할세무서에 심사청구서를 제출하면 된다.

## 3 심판청구

국세청에 심사청구를 하지 않고 곧바로 당초에 처분을 취소·변경하거나 새로운 처분을 내려줄 것을 조세심판원장에게 요구하는 것을 심판청구라 한다. 심판청구도 90일 이내에 조세심판원장에게 하도록 되어 있으며, 이 경우에도 관할세무서장을 거치거나 또는 직접 조세심판원장에게 심판청구서를 제출하면 된다.

## 4 행정소송

국세청의 심사청구 결과나 심판청구에 대한 조세심판원의 결정이 불만족스러운 경우에는 행정소송을 제기할 수 있다. 행정소송은 국세청 또는 조세심판원의 결정통지를 받은 날로부터 90일 이내에 관할고등법원에 해야 한다.

## 5 감사원 심사청구

이의신청, 심사청구 및 심판청구와는 관계없이 납세자가 감사원에 직접 심사청구를 할 수 있다. 감사원 심사청구는 과세처분의 통지를 받은 날로부터 90일 이내에 관할세무서장을 경유하여 심사청구서를 제출하면 된다. 이 경우에도 그 결과가 만족스럽지 못하면 바로 행정소송을 제기할 수 있다.

### 조세 불복제도

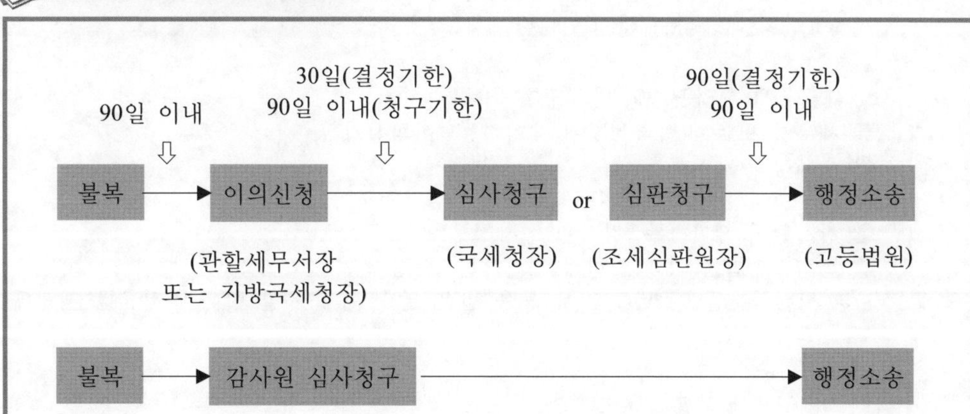

## 억울한 세금! 어떻게 구제받죠?[5]

**사업하다 보면 세금과 관련해 억울하다는 생각이 들 때가 있으시죠?**
**이런 경우 불복청구를 하시면 권리를 구제받을 수 있답니다.**

### 1 행정에 의한 권리구제 제도

**'납세자보호담당관제도'를 이용하세요!**

- 세금관련 고충을 납세자편에 서서 적극 처리해 드립니다.
  (전국 모든 세무관서에 납세자보호담당관 설치)
- 고충청구 형식에 제한이 없으며 납세자의 고충이 접수되면 납세자보호담당관이 끝까지 책임지고 성의껏 처리해 드립니다.
- '납세자보호담당관'과 통화하려면?
  국번없이 ☎126을 누르면 친절하게 상담 받을 수 있습니다.

### 2 법에 의한 권리구제 제도

**세금고지 전이라면? 과세전적부심사제도 이용!**

- 세무조사 결과 통지서 또는 과세예고통지서를 받은 날로부터 30일 이내에 세무서장 및 지방국세청장 또는 국세청장에게 청구서를 제출하면 30일 이내 결정해 그 결과를 통지해 드립니다.

**세금고지 후라면? 아래 제도를 이용!**

- 세무서 또는 지방국세청에 제기하는 '이의신청'
- 국세청에 제기하는 '심사청구'
- 국무총리실 조세심판원에 제기하는 '심판청구'
- 감사원에 제기하는 '감사원 심사청구'
- 행정소송법에 의해 법원에 제기하는 '행정소송'

※ 행정처분을 안 날(고지서 등을 받은 날)로부터 90일 이내에 서류를 제출해야 한다는 것. 꼭 기억하세요!

**권리구제 절차를 밟으려면?**

- 1단계 : 이의신청·심사청구·심판청구·감사원 심사청구 중 하나 선택해 청구
- 2단계 : 1단계 절차에서 구제받지 못한 경우 법원에 행정소송
  (다만, 이의신청을 한 경우 심사 또는 심판청구를 거쳐야 함)

5) 국세청 블로그(http://blog.naver.com/ntscafe), "억울한 세금 어떻게 구제받죠?", 2010.

# 제4절 조세의 원칙

조세의 원칙은 바람직한 세금의 부과 및 징수에 필요한 제 원리, 원칙들이다. 보다 합리적이고 타당한 세무활동이 이루어지려면 조세의 원칙에 충실한 세무정책의 실행이 필요한 것이다. 이러한 조세의 원칙은 수백 년 전부터 현재까지 존재하고 있는 것도 있고 현대에 와서 새롭게 추가된 것도 있다. 근래에 이르러 조세의 정책적 실행이 더욱 중요시 되고 있으며 이에 따라 조세가 중요한 정책수단의 하나로 조세원칙이 이용되는 비중이 매우 높아지고 있다.

## 1 공평성의 원칙

조세의 공평성의 원칙은 조세제도가 모든 과세대상에게 차별적이지 않고 공평하여야 한다는 원칙이다. 조세의 공평은 수평적 공평과 수직적인 공평으로 구분된다. 수평적인 공평은 동일한 상황에 처해있는 납세자들은 동등하게 취급되어야 한다는 것으로 각 개인이나 법인의 과세소득에 일정률의 세율을 적용하여 세금을 계산·부과함으로써 담세능력에 따라 세액을 평등하게 배분하는 것을 의미한다. 수직적 공평은 세금공제후의 가처분소득이 평등하도록 하는 것으로 세율구조를 누진적으로 하는 것은 수직적 공평의 개념에 의하여 정당화된다고 볼 수 있다.

수평적 공평은 소득규모가 비슷한 경우에는 소득의 종류와 관계없이 동일한 과세가 이루어 져야 한다는 논리가 중심점을 이루고 있고, 수직적 공평은 사회전체의 경제적인 불평등을 가능한 완화시켜 소득을 공정하게 분배해야 한다는 논리가 그 중심점을 이루고 있다. 수평적 공평과 수직적 공평은 서로 상충되는 점을 갖고 있다. 수평적 공평을 추구하다 보면 수직적 공평을 소홀히 하기 쉽고, 수직적 공평을 추구하다보면 수평적 공평을 소홀히 할 가능성이 있다.

수평적 공평성의 실현은 영리성 추구에 대한 동기(motivation)를 불어 넣어

주고 경영활동의 자율적 활성화를 고무시켜준다. 그러나 이러한 수평적 공평성은 분배의 정의를 실현하는 측면에서 볼 때 적합하지 않을 수 있다. 수직적 공평원칙은 세금공제 후 가처분 소득의 평등을 목표로 함으로 이것은 분배의 평등을 실현하게 한다. 그러나 이러한 분배의 평등은 각 과세 대상들의 부를 창조하기 위한 열망을 약화시키는 계기가 될 수 있다. 결국 조세의 공평성 원칙은 수직적 공평과 수평적 공평을 상호 고려한 양자의 최적 결합으로 구성되어야 한다.

## 2 효율성의 원칙

효율성에 대한 정의는 다각적 차원에서 내려질 수 있다. 그러나 일반적인 시각에서 효율성의 뜻은 '산출/투입'로서 투입에 비하여 산출이 많을수록 효율성이 높은 것으로 볼 수 있다. 세무 상의 효율성도 위의 뜻에서 크게 벗어나지는 않는다. 세금을 징수하거나 부담하는데 있어서 징수비, 세무대리비용 등과 같이 세금이외의 비용이 발생하는데 이를 초과부담이라고 한다. 이러한 초과부담을 최소화하고 반면, 세금으로부터 얻을 수 있는 이득을 최대화 할 수 있도록 세무활동에 관한 제규정 등이 수립되고 실행되어야 한다는 원칙이 조세의 효율성원칙인 것이다. 효율성의 원칙은 특히 근래에 이르러 조세업무, 세무계획, 절세 등의 합리화의 중요성이 강조되면서 부각되고 있다. 세금은 사회 전체적으로 볼 때 손실만 가져오는 것은 아니고, 이익과 손실을 동시에 가져다 주는 것이다. 그러므로 가능하면 세금의 징수, 부과, 납입 등 세무활동을 수행할 때 손실을 최소화 하고 이익은 최대화 하여 사회 전체적 측면에서 개선을 도모할 수 있도록 하여야 한다는 논리가 활성화되고 있는 것이다. 이러한 논리 또한 조세의 효율성원칙을 강조하는 말인 것이다.

한편, 조세의 효율성원칙 관점에서 볼 때 세무에 관한 제 방침 등을 규정할 때 ① 모든 세금은 납세자가 납부하는데 편리한 시기, 방법으로 하게 하여야 한다는 것 ② 단순하고 편리한 조세제도를 구축하여야 한다는 것 ③ 세금은 국민의 부담과 징수비용을 최소화하는 방법으로 부과되어야 한다는 것 등에 대한 고려가 이루어져야 하는 것이다.

## 3 중립성의 원칙

조세의 중립성원칙이란 세무활동에 있어서 어느 상황, 어느 경우에도 편파적으로 세금으로 인한 유·불리를 제공하지 않게 하여야 한다는 원칙을 말한다. 세제가 중립적일 때 경제실체들은(기업 등) 의사결정의 선택 폭을 넓힐 수 있어 자율적 경영활동의 활성화, 경제적 효율성을 이룰 수 있게 된다.

그러나 세금은 개별경제주체들의 심판관의 역할을 수행하여야 할 필요성도 있다. 즉, 개별경제단위체들이 반사회적, 퇴폐적 경제활동이나 경쟁의 룰을 위반하는 경제활동 등을 행하는 경우에는 조세의 중립성원칙보다 세금의 비국고적기능이 우선되어야 할 것이다.

## 4 실질과세의 원칙

실질과세의 원칙은 경제적 실질관계를 기준으로 하여 세법을 해석하고 적용하여 납세의무자의 조세부담능력에 상응하는 세액을 징수하여야 한다는 과세의 원칙이다. 이것은 기업이 거래행위에 대하여 은폐, 위장, 조작 등에 의하여 과세의 의무를 악의적으로 불성실하게 수행하는 경우에는 그 거래를 부인하고 실질적인 거래내용에 따라 과세표준을 계산해야 한다는 원칙이기도 하면서 반면에 과세당국의 주관적 판단에 의한 인정과세 행위를 제재하는 원칙이기도 하다.

## 5 확실성의 원칙

확실성의 원칙이란 경제활동에 대한 조세부담액을 확실하게 예측할 수 있어야 한다는 조세의 원칙을 말한다.

# 연 습 문 제

**1.** 다음은 우리 나라에서 신고납세제도를 채택하고 있는 세목을 열거한 것이다. 맞는 것은?

① 소득세, 법인세, 부가가치세, 개별소비세, 주세
② 법인세, 부가가치세, 개별소비세, 주세, 증여세
③ 상속세, 법인세, 부가가치세, 개별소비세, 주세
④ 법인세, 부가가치세, 개별소비세, 상속세

**2.** 다음은 수정신고와 경정 등의 청구에 대한 설명이다. 잘못된 것은?

① 당초 과세표준과 세액을 과소신고한 경우에는 수정신고할 수 있다.
② 수정신고한 과세표준과 세액이 과다신고인 경우에는 경정청구를 할 수 있다.
③ 법정신고기한 내에 과세표준신고서를 제출하지 않은 자로서 납부할 세액이 있는 경우에는 수정신고를 할 수 있다.
④ 후발적사유에 의하여 경정청구를 하는 경우에는 그 사유가 발생한 것을 안 날로부터 2월 이내에 경정청구를 할 수 있다.

**3.** 국세기본법상 불복청구의 경정기간이 올바른 것은?

| | 이의신청 | 심사청구 | 심판청구 |
|---|---|---|---|
| ① | 30일 이내 | 60일 이내 | 90일 이내 |
| ② | 30일 이내 | 90일 이내 | 90일 이내 |
| ③ | 60일 이내 | 90일 이내 | 60일 이내 |
| ④ | 90일 이내 | 90일 이내 | 90일 이내 |

**4.** 국세기본법상 일반적인 경정 등의 청구는 법정 신고기한 경과 후(  )년 이내에 청구할 수 있고 후발적 사유에 의한 경정 등의 청구는 사유가 발생한 것을 안 날부터(  )개월 이내에 청구할 수 있다. (  )에 맞는 것으로 짝지어진 것은?

① 1, 2　　② 2, 2　　③ 2, 3　　④ 3, 2

**5.** 다음 중 심판청구서의 처리기관으로서 맞는 것은?

① 관할세무서 ② 관할지방국세청
③ 국세청 ④ 조세심판원

**6.** 국세기본법상 기한 후 신고와 납부에 대한 설명으로 옳지 않는 것은?

① 세무서장이 결정하여 통지한 후에도 기한 후 신고는 할 수 있다.
② 법정시고기한 내에 과세표준신고서를 제출하지 않는 자로서 납부할 세액이 있는 경우 기한 후 신고와 납부를 할 수 있다.
③ 법정신고기한내 미신고자로서 환급받을 세액이 있는 자도 기한 후 신고를 할 수 있다.
④ 기한 후 신고로 납부할 세액이 있는 자는 기한 후 과세표준 신고서의 제출과 동시에 해당세액을 납부하여야 한다.

**7.** 국세기본법상 심사청구에 대한 결정은?

① 지방국세청장의 의견을 들어 국세청장이 행한다.
② 국세심사위원장이 행한다.
③ 국세심사위원회의 심의를 거쳐 국세청장이 행한다.
④ 국세심사위원회의 심의를 거쳐 동 위원장이 행한다.

**8.** 감사원에 심사청구를 한 결과 기각되었다. 그 다음의 불복철차는?

① 심판청구 ② 행정소송
③ 심사청구 ④ 이의신청

**9.** 다음은 국세기본법상 조세불복절차에 관한 내용이다. 불복청구인이 선택 가능한 불복절차가 아닌 것은?

① 이의신청→심사청구→행정소송 ② 심판청구→행정소송
③ 이의신청→행정소송 ④ 감사원 심사청구→행정소송

**10.** 국세 100만원을 고지받은 납세의무자가 지정된 납부기한으로부터 10개월이 경과한 날에 국세를 납부할 경우 납부해야 할 국세와 가산금은 총 얼마인가?

① 1,150,000원 ② 1,030,000원 ③ 1,042,000원 ④ 1,100,000원

**11.** 다음은 가산세와 가산금에 대한 설명이다. 틀린 것은?

① 가산세는 세법상의 의무 위반에 대한 행정상의 제재로서 일정한 부담을 조세의 형식으로 부과하는 것이다.

② 가산금은 세법이 정하고 있는 국세의 세목 중에 하나이다.

③ 가산금은 국세를 납부기한까지 납부하지 아니한 때에 국세징수법에 의하여 고지세액에 일정률(3%)을 가산하여 징수한다.

④ 체납된 국세가 100만원 미만인 경우에는 중가산금을 징수하지 않는다.

**12.** 다음 설명 중 맞지 않는 것은?

① 납세의무자가 스스로 세금을 계산하여 이를 정부에 신고 납부함으로써 납세 의무를 확정하는 방법을 신고납세제도라고 한다.

② 부과과세제도의 경우 납세의무자의 세액 신고는 필요없다.

③ 부과과세제도에 있어서 과세물건에 대한 과세표준과 세액을 조사 결정하는 방법으로는 일반적으로 실지조사결정, 서면조사결정 및 추계조사 결정 등을 이용한다.

④ 자동확정제도란 담세력이 발생하여 형성된 과세물건에 대하여 자동으로 과세표준과 세액이 확정되게 하는 조세제도를 말한다.

**정답 및 해설**

| 1 | ① | 2 | ③ | 3 | ② | 4 | ④ | 5 | ④ | 6 | ① | 7 | ③ | 8 | ② | 9 | ③ | 10 | ① |
|---|---|---|---|---|---|---|---|---|---|---|---|---|---|---|---|---|---|---|---|
| 11 | ② | 12 | ② | | | | | | | | | | | | | | | | |

3. 납세자로부터 이의신청을 받은 세무서장이나 지방국세청장은 이의신청서가 접수된 날로부터 30일내에 신청인에게 결정통지를 해 주어야 하며, 결정기간내에 결정통지가 없을 때는 결정의 통지를 받기 전이라도 그 결정기간이 경과한 날부터 심사청구 또는 심판청구를 할 수 있다.

8. ② 이의신청 ⇨ 심사청구 또는 심판청구 ⇨ 행정소송
또는 감사원심사청구 ⇨ 행정소송

10. 국　　세 1,000,000
가 산 금 1,000,000 × 3% = 30,000
중가산금 1,000,000 × 1.2% × 10개월 = 120,000
합계　　 1,150,000

11. 가산세는 세법이 정하고 있는 국세의 세목 중에 하나이나, 가산금은 국세에 포함되지 않는다.

4
CHAPTER

# 소득세와 절세

제1절 소득세의 의의와 특징
제2절 소득의 종류와 과세방법
제3절 소득세의 납세의무
제4절 소득세의 계산절차
제5절 소득세의 신고와 납부
제6절 소득세와 절세전략

# 제1절 소득세의 의의와 특징

## (1) 소득세의 의의

소득에 관한 세금을 엄격히 분류한다면 법인소득세와 개인소득세로 나눌 수 있다. 그런데 우리나라 세법상의 소득세는 개인소득세를 의미하는 것이며 법인의 소득세는 별도로 법인세라고 한다. 따라서 소득세란 개인(자연인)의 소득에 대하여 부과하는 개인소득세를 말하는 것이다.

소득세는 각 개인의 부담능력을 가장 직접적으로 나타내는 소득을 과세물건으로 할 뿐만 아니라 개인의 사정을 고려하여 누진세율을 적용함으로써 세금부담능력을 고려한 세금부과원칙을 실현하는데 가장 적합한 세금이다.

또한 소득세는 국가에서 징수하는 세금이므로 국세이며, 납세의무자와 담세자가 일치하는 세금이므로 직접세에 해당한다. 그리고 조세수입의 사용목적이 특정범위로 지정되지 않은 세금이므로 보통세이고 납세자의 인적 사정을 고려하는 세금이므로 인세이기도 하다. 소득세는 독립적으로 과세, 징수하는 세금으로서 독립된 세원이 존재하는 세금이므로 독립세이며 과세물건의 가액을 과세표준으로 삼는 세금이므로 종가세이다. 또한 소득세는 소득 및 수익을 구현하는 자가 담세력이 있다고 보아 과세하는 조세이므로 수득세(收得稅)[1]에 해당한다.

소득세는 영국에서 1789년 나폴레옹전쟁의 전비를 조달하기 위해서 처음으로 도입되었으며, 우리나라에서는 1936년 일제하에서 처음으로 도입되었다. 2010년도 우리나라의 소득세징수액은 국세징수액의 22.6%를 점유하고 있으며, 이것은 국세징수액의 29.6%를 점유하고 있는 부가가치세 다음으로 세수비중이 높은 세금이다. 이것은 소득세가 조세수입에 얼마만큼 영향을 미치며, 중요성을 갖는 세금인가를 가리키는 척도로 볼 수 있는 것이다.

1) 개인이나 법인이 일정한 기간에 얻은 재산에 대하여 매기는 조세의 총칭

## (2) 소득세의 특징

### ① 개인별과세

소득세는 원칙적으로 개인을 과세단위로 한다. 즉, 일정기간 동안 발생된 개인의 소득에 대하여 개인별로 과세하며, 부부 또는 가족의 소득을 합산하지 않는다. 예외적으로 공동사업합산과세가 있다.

### ② 열거주의 과세(일부 유형별 포괄주의 채택)

소득세법상 소득의 구분은 소득의 발생기간에 따라 1년 동안에 발생한 소득을 종합소득이라 하고 수년 동안에 걸쳐 발생한 소득을 퇴직소득, 양도소득으로 구분한다. 종합소득은 다시 이자소득, 배당소득, 사업소득, 근로소득, 연금소득, 기타소득 등 6가지로 구분하여 소득세법에 열거된 소득만을 과세하고 열거되지 않은 소득에 대하여는 과세하지 않는다. 단, 이자소득, 배당소득, 연금소득에 대하여 유형별 포괄주의 과세방식을 도입하여 운용하고 있다. 유형별 포괄주의란 법에 이미 열거된 소득과 유사한 소득이면 비록 법에 열거되지 않은 경우에도 과세를 하는 방식을 말한다.

### ③ 종합과세

소득의 종류에 관계없이 개인의 연간소득을 합산하여 과세하는 방법이다. 하지만, 양도소득과 퇴직소득은 별도로 과세하고 있다.

### ④ 초과누진세율

과세표준의 크기에 따라 최저 6%에서 최고 38%까지의 5단계 초과누진세율을 적용한다.

### ⑤ 신고납세제도

소득세는 법인세와 마찬가지로 본인이 내야 할 세금을 납세의무자가 스스로 결정하는 신고납세제도를 택하고 있다.

### ⑥ 종합소득공제제도

소득세는 개인의 소득전체에 대해서 과세하는 것이 아니라 소득금액에서 일정액을 공제한 과세표준에 대해서 과세하게 되는데 이러한 공제액을 종합소득공제라 하며, 이는 개인의 다양한 인적 상황을 세액산출단계에서 고려하는 인적 공제와 필요경비적 공제에 해당하는 특별공제로 구분된다.

### ⑦ 주소지 과세

거주자의 소득세 납세지는 주소지를 원칙으로 한다.

### ⑧ 원칙적으로 소득원천설(순자산증가설 일부 도입)

소득원천설이란 예측 가능한 경상적이고 반복적으로 발생하는 소득만을 과세소득으로 산정하여야 한다는 견해이다. 반면 순자산 증가설은 예측 가능한 경상적이고 반복적으로 발생하는 소득은 물론이고 비경상적이고 비반복적이며 우발적, 임시적으로 발생하는 소득까지 모두 포함시켜 과세소득을 산정하여야 한다는 견해이다.

현행 우리나라 소득세법의 과세소득 산정은 소득원천설을 근간으로 하고 있다. 그러나 우리나라 세법에서 열거한 소득 중에는 기타소득 등과 같이 비경상적이고 비반복적인 소득도 과세대상에 포함되어 있으므로 순자산증가설을 일부가미하고 있는 기준이라고 할 수 있다.

| 구 분 | | 순자산증가설 | 소득원천설 |
|---|---|---|---|
| 과세소득의 범위 | | • 일정기간동안 재산가치의 순증가액을 과세소득으로 봄<br>• 계속적이고 경상적인 소득은 물론 일시적이고 우발적인 소득도 과세소득에 포함됨 | • 일정한 소득원천에서 계속적으로 발생한 소득만을 과세소득으로 봄<br>• 계속적이고 경상적인 소득은 과세대상에 포함되나, 일시적이고 우발적인 소득은 과세소득에서 제외됨 |
| 우리나라 세법 | 적용 세법 | 법인세법 | 소득세법(소득원천설을 위주로 순자산증가설을 일부 수용함) |
| | 입법 방법 | 포괄주의 과세방법 | 열거주의 과세방법(유형별 포괄주의) |

# 제2절 소득의 종류와 과세방법

## 1 소득의 종류

개인에게 귀속되는 소득 중에는 사업소득, 근로소득과 같이 매년 계속적·정기적·반복적으로 발생하는 소득이 있는가 하면, 기타소득과 같이 일시적으로 발생하는 소득도 있고, 퇴직소득과 같이 일정기간에 걸쳐 발생한 것이 일시에 실현되는 소득도 있다.

현재 우리나라소득세법에서는 다음 그림과 같이 소득을 종합소득, 퇴직소득, 양도소득의 3가지로 구분하고, 종합소득은 이자소득·배당소득·사업소득(부동산임대소득 포함)·근로소득·연금소득·기타소득의 6가지로 구분한다.

### 소득의 종류와 세금

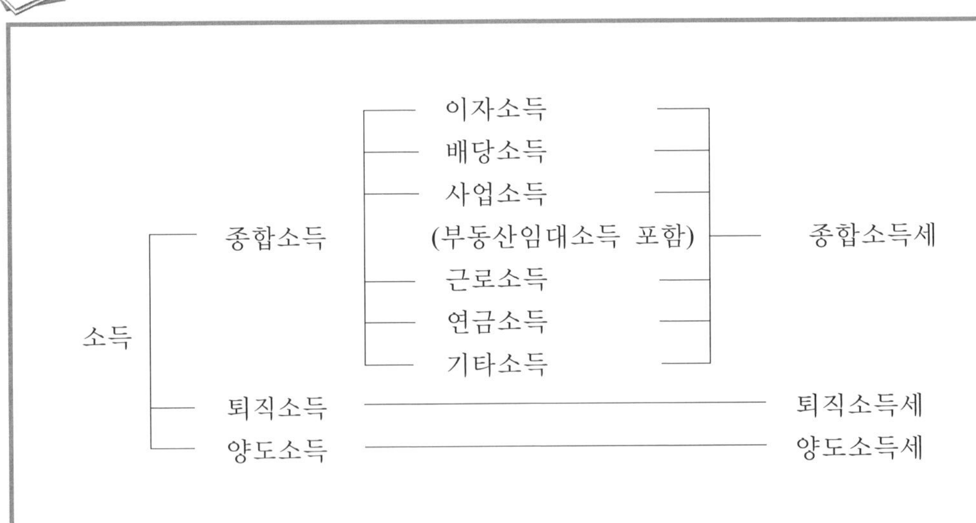

**예제**

거주자 김준수의 연간 소득은 다음과 같다. 종합소득금액은 얼마인가?

| | | | |
|---|---|---|---|
| • 근로소득 | 32,000,000원 | • 배당소득 | 10,000,000원 |
| • 이자소득 | 8,000,000원 | • 사업소득 | △8,000,000원 |
| • 기타소득 | 3,000,000원 | | |

풀이 근로소득 + 배당소득 + 이자소득 − 사업결손금 + 기타소득
32,000,000 + 10,000,000 + 8,000,000 − 8,000,000 + 3,000,000
= 45,000,000원

## 2 과세방법

소득세법상 동일한 종류의 과세소득일지라도 과세방법에 따라 종합과세, 분류과세, 분리과세 방법이 있다.

### (1) 종합과세

종합과세란 소득의 원천이나 유형이 다른 종류의 과세소득들을 하나의 과세표준으로 합산하여 과세하는 방법을 말한다. 소득세법이 누진세제를 따르고 있으므로 각 소득원천별로 누진세를 적용하는 것보다는 각 소득을 합산하여 과세하는 것이 공평과세를 이룰 수 있는 방법인 점에서 현행 세법에서는 종합과세를 원칙으로 하고 있다. 현재 우리나라 세법에서는 이자소득, 배당소득, 사업소득, 근로소득, 연금소득 및 기타소득을 합산하여 과세하고 있다. 이렇게 합산한 소득을 종합소득이라 하고 그 세목을 종합소득세라 한다.

### (2) 분류과세

분류과세란 소득의 유형, 원천, 발생 기간 등의 측면에서 위의 종합과세 되는 소득들과는 많이 달라 과세소득의 계산상 구별이 필요한 세목을 그 필요에 따라 구분하고 별도의 기준에 의해 세액을 계산하여 과세하는 방법을 말한다.

현재 우리나라 세법에서는 퇴직소득과 양도소득을 분류과세하고 있다. 소득이 비교적 장기간에 걸쳐 발생하는 퇴직소득 및 양도소득을 종합과세하는 경우에는 누진세율로 인하여 조세부담이 과중하게 되므로 세부담을 경감하려는 취지에서 이들 소득은 종합소득과 합산하지 아니하고 분류과세를 채택하고 있는 것이다.

### (3) 분리과세

분리과세란 일정 소득에 대한 대금 지급이 이루어질 때, 해당 소득가액의 지급자가 대금 지급시 미리 소득에 대한 세금을 세무당국 대신 징수하여 예수하고 있다가 기한 내에 납입하게 하는 과세를 말한다. 이때 대금을 지급하는 자는 징수의무자이면서 납세의무자이고 세금을 공제당하는 대금의 수급자는 세금을 부담하는 담세자이다. 또한 이렇게 징수의무자가 미리 세금을 징수하는 것을 원천징수라고 한다. 현재 우리나라 세법에서는 이자소득, 배당소득, 근로소득, 연금소득, 기타소득 중 일정분의 소득은 원천징수 됨으로써 납세의무가 종결되게 규정하고 있다.

분리과세를 채택하고 있는 이유는 특정한 소득에 대해 과세형평에 맞게 적정한 세액을 부과하기 위한 것이며 과세절차를 간편화할 수 있는 장점이 있다.

| 과세방법 | 내 용 | 비 고 |
|---|---|---|
| 종합과세 | 이자소득, 배당소득,사업소득, 근로소득, 연금소득 및 기타소득 | 6가지 소득을 합산하여 과세함(분리과세소득 제외) |
| 분류과세 | 퇴직소득, 양도소득 | 장기간에 걸쳐 형성되고 일시에 실현되는 소득의 결집효과를 완화하기 위함 |
| 분리과세 | 이자소득, 배당소득, 근로소득(일용근로자의 근로소득), 연금소득 및 기타소득 | 종합과세하는 소득 중 일부소득을 분리과세함(소득이 지급될 때 원천징수함으로써 과세가 종결됨) |

# 제3절 소득세의 납세의무

## 1 소득세의 납세의무자

소득세의 납세의무자는 소득세법에 의하여 소득세의 납세의무가 있는 자를 말하며, 다음과 같이 개인인 거주자 및 비거주자, 법인으로 보지 아니하는 법인격 없는 단체가 있다. 그리고 소득세를 원천징수한 자는 원천징수한 소득세를 납부할 의무가 있다.

| 구 분 | | 개 념 |
|---|---|---|
| 납세자 | 납세의무자 | 개인(거주자 및 비거주자) |
| | | 법인격 없는 단체 |
| | 원천징수의무자 | 소득세를 원천징수한 자 |

### (1) 거주자와 비거주자

소득세의 납세의무자는 원칙적으로 개인인 거주자 및 비거주자이다. 거주자란 국내에 1년 이상 주소를 두거나 거소를 둔 개인으로서 그 과세소득의 범위는 국내외에서 발생하는 모든 원천소득을 다 포함한다. 단, 외국인단기거주자에게는 국외원천소득의 경우 국내에서 지급되거나 국내로 송금된 소득에 대해서만 과세한다. 따라서 거주자를 무제한 납세의무자라고도 한다. 그리고 비거주자란 거주자가 아닌 자로서 국내원천소득이 있는 개인을 말하며, 비거주자는 국내에서 발생하는 원천소득에 한해서만 납세의무를 진다. 따라서 비거주자는 과세소득의 범위가 국내로 한정되므로 제한 납세의무자라고도 한다.

| 구 분 | 개 념 | 납세의무의 범위 |
|---|---|---|
| 거주자 | 국내에 주소를 두거나 1년 이상 거소를 둔 개인 | 국내원천소득과 국외원천소득 모두에 대하여 소득세 납세의무를 짐(무제한 납세의무) |
| 비거주자 | 거주자가 아닌 자로서 국내원천소득이 있는 개인 | 국내원천소득에 한하여 소득세의 납세의무를 짐(제한 납세의무) |

## (2) 법인격 없는 단체

개인은 아니나 소득세법상 납세의무가 있는 단체들이 있는데 이는 법인격 없는 사단, 재단, 기타 단체 중에서 국세기본법의 규정에 의하여 법인으로 보는 단체외의 단체를 말하며 이들은 소득세법상 납세의무를 지게 된다. 법인격 없는 단체에는 종중의 재단, 학교동창회, 직장공제조합, 비인가신용협동조합, 새마을공동사업장 등이 있다.

이 경우, 대표자 또는 관리인이 선임되어 있고 이익의 분배방법이나 비율이 정하여져 있지 아니한 때에는 그 단체를 1거주자로 보며 그렇지 않을 경우에는 공동사업을 영위하는 것으로 본다. 1거주자로 보는 경우, 그 단체는 구성원과 독립하여 별도로 소득세 납세의무자로 취급되며, 공동사업자로 보는 경우는 구성원 각자가 받았거나 받을 소득금액에 따라 각자 소득세 납세의무를 진다.

| 구 분 | 개 념 | 납세의무의 범위 |
|---|---|---|
| 1거주자로 보는 단체 | 대표자 또는 관리인이 선임되어 있고 이익의 분배방법이나 비율이 정하여져 있지 아니한 단체 | 단체 명의로 납세의무 이행 |
| 공동사업자로 보는 단체 | 1거주자로 보는 단체 이외의 단체 | 각 거주자별로 지분 또는 분배비율에 의해 계산된 소득금액을 각 거주자의 다른 소득과 합산하여 과세 |

### (3) 원천징수의무자

원천징수의무자라 함은 원천징수한 소득세의 납부의무자를 말하며 소득세법에 따라 소득세를 원천징수한 거주자·비거주자·내국법인·외국법인의 국내지점 또는 영업소가 납세의무자가 된다.

원천징수의무자는 원천징수한 세액을 원천징수일이 속하는 다음달 10일까지 원천징수 관할세무서나 한국은행 또는 체신관서에 납부하여야 한다.

### (4) 납세의무의 특례

#### ① 공동소유 또는 공동사업의 소득금액에 대한 납세의무

공동소유자산 또는 공동사업에 관한 소득금액을 계산하는 때에는 당해 거주자별로 납세의무를 진다(예외; 공동사업합산과세).

#### ② 상속으로 인한 납세의무의 승계

상속의 경우 피상속인의 소득금액에 과세하는 때에는 그 상속인이 납세의무를 진다.

#### ③ 분리과세소득에 대한 납세의무

원천징수되는 소득으로서 종합합산과세표준에 합산되지 아니하는 소득이 있는 자는 그 원천징수되는 소득에 대하여 납세의무를 진다.

## 2 소득세의 납세지

납세지란 납세의무자의 세금 납부 등을 관할하는 세무서가 위치한 곳을 말한다. 납세의무자들은 납세지에 있는 관할 세무서에서 소득세에 관한 신고, 신청, 납부 등을 하게 되고 당해 관할세무서는 이러한 납세의무자들에 대한 소득세의 결정, 경정 등의 처분을 하게 된다.

## (1) 일반적 소득세의 납세지

### ① 거주자의 납세지

거주자의 주소지를 납세지로 한다. 다만, 주소지가 없는 경우에는 그 거소지로 한다.

### ② 비거주자의 납세지

국내사업장(국내사업장이 둘 이상인 경우에는 주된 국내사업장)의 소재지로 한다. 다만, 국내사업장이 없는 경우에는 국내 원천소득이 발생하는 장소로 한다.

### ③ 납세지가 불분명한 경우

납세지가 불분명한 경우의 납세지 결정은 다음과 같이 한다.

- 주소지가 2 이상인 때 : 주민등록법에 의하여 등록된 곳을 납세지로 한다.
- 거소지가 2 이상인 때 : 생활관계가 보다 밀접한 곳을 납세지로 한다.
- 국내에 2 이상의 사업장이 있는 비거주자 : 납세지로 신고한 장소를 납세지로 한다.

## (2) 원천징수하는 소득세의 납세지

### ① 원천징수하는 소득세의 납세지

- 사업장이 있는 경우 : 거주자가 원천징수 하는 사업장의 소재지
- 사업장이 없는 경우 : 거주자의 주소지 또는 거소지

### ② 원천징수 하는 자가 비거주자인 경우

- 국내사업장이 있는 경우 : 원천징수를 하는 국내사업장의 소재지
- 국내사업장이 없는 경우 : 비거주자의 거류지 또는 체류지

③ 원천징수 하는 자가 법인인 경우

법인의 본점 또는 주사무소의 소재지를 납세지로 한다.

④ 법인의 지점·영업소 기타사업장이 독립체산제에 의해 독자적으로 회계사무를 처리하는 경우

그 사업장의 소재지(사업장 소재지가 국외에 있는 경우 제외)를 납세지로 한다. 다만, 법인이 국세청장으로부터 본점 또는 주사무소의 소재지를 납세지로 승인을 얻은 경우에는 그 법인의 본점 또는 주사무소의 소재지를 납세지로 할 수 있다.

## (3) 납세조합이 징수하는 소득세의 납세지

조합원의 국외근로소득 또는 동종업종의 사업소득 예를 들어, 농·축·수산물 판매업자, 노점상인, 무연탄 판매업자, 담배 판매업자, 자유직업 소득자, 기타 국세청장이 필요하다고 인정하는 사업자 등에 대한 소득세를 공동으로 징수하여 납부함으로써 조합원의 편의를 도모하기 위하여 조직된 것으로 지방국세청장의 승인이 필요하다. 납세조합이 징수하는 소득세의 납세지는 납세조합의 소재지이다.

## (4) 납세지의 변경신고

납세지가 변경된 때에는 납세지변경신고서를 그 변경 후의 납세지 관할세무서장에게 그 변경된 날부터 15일 내에 이를 신고하여야 한다.

## 제4절 소득세의 계산절차

소득세는 종합소득, 퇴직소득, 양도소득에 대하여 각 소득종류별로 다음 절차에 따라 계산한다.

### 1 총수입금액의 계산

거주자의 각 소득에 대한 총수입금액의 계산은 당해연도에 수입하였거나 수입할 금액의 합계액에 의하며, 이때 금전 이외의 것을 수입하였을 때에는 그 수입금액을 그 거래 당시의 가액에 의하여 계산한다.

| | |
|---|---|
| 총수입금액 | ▸ 비과세소득, 분리과세소득 제외 |
| − 필요경비 | ▸ 각 소득별 소득의 총수입금액에 대응하는 필요경비<br>* 근로소득의 경우 근로소득공제<br>* 양도소득의 경우 장기보유특별공제<br>* 연금소득의 경우 연금소득공제 |
| 소득금액 | ▸ 종합소득, 퇴직소득, 양도소득을 각 소득별로 계산 |
| − 소득공제 | ▸ 종합소득공제, 퇴직소득공제, 양도소득공제 |
| 과세표준 | ▸ 종합소득, 퇴직소득, 양도소득을 각 소득별로 계산 |
| × 세율 | ▸ 기본세율, 양도소득세율 |
| 산출세액 | |
| − 세액공제 | ▸ 배당세액공제, 기장세액공제, 외국납부세액공제, 재해손실세액공제, 근로소득세액공제, 자녀세액공제, 연금계좌세액공제, 특별세액공제, 퇴직소득세액공제, 자산양도차익 예정신고 납부세액공제 |
| − 세액감면 | ▸ 각종감면세액 |
| 결정세액 | |
| + 가산세 | ▸ 신고불성실가산세, 납부불성실가산세, 보고불성실가산세 등 |
| 총결정세액 | |
| − 기납부세액 | ▸ 중간예납세액, 원천징수세액, 수시부과세액, 예정신고납부세액 |
| + 추가납부세액 | |
| 납부세액 | |

## 2 필요경비의 계산

소득세의 계산절차에서 보는 바와 같이 소득세의 소득금액은 각 소득별 총수입금액에서 필요경비를 공제하여 계산한다. 필요경비는 당해 연도의 총수입금액에 대응하는 비용으로서 일반적으로 인정할 수 있는 것의 합계액으로 계산한다. 다만, 근로소득과 연금소득에 대하여는 필요경비 대신 근로소득공제와 연금소득공제를 차감하여 계산하며, 이자소득과 배당소득은 필요경비가 인정되지 않는다.

## 3 종합소득공제와 세액공제

종합소득공제와 세액공제는 납세의무자의 인적 사항을 고려하여 일정한 금액을 과세소득금액과 산출세액에서 공제함으로써 납세의무자의 최저생계를 보장하고 부양가족의 상황에 따라 차별을 둠으로써 부담능력에 따른 과세를 실현하기 위한 제도이다. 소득세법상의 소득공제는 인적공제, 특별소득공제, 연금보험료 공제, 기타의 소득공제 등이 있으며 세액공제로는 소득공제에서 전환된 자녀세액공제, 연금계좌세액공제, 특별세액공제(의료비, 교육비, 기부금) 등이 있다.

소득 및 세액공제
- 인적공제
  - 기본공제 - 본인 · 배우자 · 부양가족소득공제
  - 추가공제 - 경로우대 · 장애인 · 부녀자소득공제
- 특별소득공제 - 사회보험료 · 주택자금소득공제
- 연금보험료 공제
- 세액공제-자녀 · 연금계좌 · 특별세액공제(보험료 · 의료비 · 교육비 · 기부금)
- 기타의 소득공제 - 신용카드사용 소득공제 등

## (1) 인적공제

근로자 본인 및 근로자가 부양하고 있는 가족 중 일정요건에 해당하는 인원에 대하여는 근로자의 생계유지비용 등을 감안하여 소득세법상 기본공제 및 추가공제 항목을 규정하고 있다.

### ① 기본공제

종합소득이 있는 거주자는 기본적으로 150만원을 공제하며, 거주자와 생계를 같이하는 다음의 요건을 갖춘 부양가족은 1명당 연 150만원을 공제한다.

| 구 분 | 연령 제한* | 소득금액 제한 |
|---|---|---|
| • 배우자공제 | - | 연간소득금액의 합계액이 100만원 이하 |
| • 부양가족 공제 | 직계존속 - 만60세 이상 | |
| | 직계비속, 입양자 - 만20세 이하 | |
| | 형제자매 - 만20세 이하 또는 만60세 이상 | |
| • 위탁아동 | 해당 과세기간에 6개월 이상 직접 양육한 위탁아동(18세 미만) | |

* 장애인은 연령의 제한이 없음.
* 연간 소득금액의 합계란 종합소득금액(비과세소득, 분리과세소득 제외)과 퇴직소득금액, 양도소득금액의 합계를 말함.

### ② 추가공제

기본공제대상자가 다음 중 어느 하나에 해당하는 경우 기본공제 외에 다음의 금액을 추가로 공제한다.

| 구 분 | 공제한도액 |
|---|---|
| • 경로우대자공제(70세 이상) | 1명당 연 100만원 공제 |
| • 장애인공제 | 1명당 연 200만원 공제 |
| • 부녀자공제<br>① 배우자가 있는 여성인 경우<br>② 배우자가 없는 여성으로서 부양가족이 있는 세대주 | 연 50만원 공제 |

**예제**

다음은 당해 근로자와 생계를 같이하는 부양가족이다. 다음 중 인적공제 대상자는 누구이며, 소득공제액은 얼마인가?

| 관 계 | 연령(만) | 참고사항 | 관 계 | 연령(만) | 참고사항 |
|---|---|---|---|---|---|
| 처 | 44 | 사업소득금액 5,000,000 | 처제 | 22 | 청각장애인 |
| 부 | 67 | 시각장애인 | 제 | 20 | 대학생 |
| 모 | 70 | 무소득 | 자 | 16 | 고등학생 |
| 장모 | 75 | 무소득, 당해연도 12월1일 사망 | 자 | 14 | 중학생 |

풀이

| 배우자공제 | × | | 자녀세액공제 | 2 |
|---|---|---|---|---|
| 부양가족공제 | 20세 이하 | 4 | 60세 이상 | 3 |
| 추가공제 | 70세 이상 경로 | 2 | 부녀자 세대주 | |
| | 장애인 | 2 | 맞벌이 여성 | |
| | 6세 이하 자녀 | | 출산 및 입양 | |

☞ 배우자는 사업소득금액이 1,000,000을 초과하므로 배우자공제 불가
☞ 장애인은 연령제한이 없음

- 기본공제 : 본인+부양가족(20세이하, 60세이상)=8×1,500,000=12,000,000
- 추가공제 : 경로우대자(70세이상)=2×1,000,000=2,000,000
  장애인=2×2,000,000=4,000,000
- 자녀세액공제 2인 : 300,000(소득공제가 아님)

∴ 18,000,000

## (2) 연금보험료공제

종합소득이 있는 거주자가 공적연금 관련법에 따라서 다음에 해당하는 연금보험료를 납입한 경우에는 해당 과세기간의 종합소득금액에서 그 과세기간에 납입한 연금보험료를 공제한다. 사적연금은 연금계좌세액공제로 전환(2014). 다만, 연금보험료공제의 합계액이 종합소득금액을 초과하는 경우 그 초과금액은 없는 것으로 한다.

① 국민연금법에 의하여 근로자 본인이 부담하는 연금보험료(사용자부담금 제외)
② 공무원연금법·군인연금법·사립학교교직원연금법·별정우체국법에 의하여 근로자 본인이 부담하는 기여금 또는 부담금

## (3) 특별소득공제

근로소득이 있는 거주자(일용근로자 제외)가 당해 연도에 국민건강보험법, 고용보험법, 장기요양보험법에 따른 사회보험료 또는 국민주택규모의 주택의 임차에 따른 임차료를 지출하고 연말정산 또는 종합소득세 확정신고시 공제신청을 한 경우에는 그 항목별공제액의 합계액을 근로소득금액에서 공제한다(항목별 공제). 단 특별소득공제액이 해당 거주자의 해당 연도의 근로소득금액을 초과하는 경우 그 초과금액은 없는 것으로 한다.

### ① 보험료 공제

근로자가 본인 또는 기본공제대상자에 해당되는 배우자 및 부양가족을 피보험자(수익자)로 하는 사회보험에 가입하고 보험료를 지급한 경우에는 당해연도 중 불입한 보험료에서 다음의 금액을 공제하여 준다.

| 보험료 공제 | 공제한도액 |
|---|---|
| 근로자가 부담하는 국민건강보험료, 고용보험료, 노인장기요양보험료 | 지급금액 전액 |

### ② 주택자금 공제

근로소득자의 주거생활 안정 및 주택마련을 돕기 위해 다음의 요건을 갖춘 주택자금은 일정금액을 한도로 근로소득 금액에서 공제한다.

| 주택자금 공제 | 공제한도액 |
|---|---|
| ㉠ 총급여가 5000만원 이하(종합소득금액 4천만원초과자 제외)인 무주택세대주(세대주가 공제받지 아니한 경우는 세대원도 가능)가 국민주택규모의 주택을 임차하기 위하여 차입한 차입금의 원리금을 상환하거나 월세를 지출하는 경우 | 원리금 지급액의 40%<br>월세액의 60% |
| ㉡ 기준시가 4억원 이하인 장기주택저당차입금의 이자를 지급한 때 | 이자상환액 전액 |

* ㉠의 연간 한도액은 300만원이며 추가공제로 min(한도초과액, 월세소득공제액(200만원한도)을 공제함.
㉡의 공제한도는 고정금리 또는 비거치식 분할상환 대출의 경우는 연 1,500만원까지 그 외 대출은 연 500만원이 한도임.

**예제**

다음은 김정묘(총급여 3천만원)의 주택자금 내역이다. 주택자금 공제액을 계산하면?

| | |
|---|---|
| ㉠ 법정요건을 갖춘 월세 지출액 | : 2,000,000원 |
| ㉡ 대출은행에 대한 장기주택저당차입금의 이자 상환액 | 1,000,000원 |

**풀이**

㉠ 법정요건을 갖춘 월세 지출액의 60% : 1,200,000원
㉡ 대출은행에 대한 장기주택저당차입금의 이자 상환액 전액 : 1,000,000원

∴ 주택자금 공제액 2,200,000원

## (4) 자녀세액공제

종합소득이 있는 거주자의 기본공제대상자에 해당하는 자녀(입양자 및 위탁아동 포함)에 대해서는 아래 금액을 종합소득 산출세액에서 공제한다.

| 구 분 | 공제한도액 |
|---|---|
| • 1명인 경우 | 연 15만원 |
| • 2명인 경우 | 연 30만원 |
| • 3명 이상인 경우 | 연 30만원 + 2명초과<br>1명당 연 20만원 |

## (5) 연금계좌세액공제

종합소득이 있는 거주자가 연금계좌에 납입한 금액의 100분의 12에 해당하는 금액을 해당 과세기간의 종합소득산출세액에서 공제한다. 다만 공제대상 연금계좌 납입액의 한도액은 연 400만원이다.

| 대 상 | 공제한도액 |
|---|---|
| • 사적연금 | 납입액의 12%<br>연금계좌납입액한도 400만원 |

**예제**

안상우(총급여액은 30,000,000원)의 개인연금저축 및 연금저축 등의 납입액은 다음과 같다. 연근계좌세액공제액을 계산하면?

| | |
|---|---|
| ① 연금저축(2001.1.1 이후 가입분) | : 3,000,000원 |
| ② 확정기여형 퇴직연금 본인 납부액 | : 2,000,000원 |

**풀이**

①+② 합쳐서 연 400만원 한도 : 3,000,000+2,000,000=5,000,000원

∴ 연금계좌세액공제액 : 4,000,000×0.12=480,000원

## (6) 특별세액공제

기존의 소득공제제도가 같은 금액에 대하여 소득공제를 하더라도 소득수준에 따라 그 혜택의 차이가 발생하여 과세의 형평을 개선하기 위하여 기존에 소득공제항목이던 사적 보험료, 의료비, 교육비, 기부금, 표준소득공제 등을 세액공제대상으로 전환하여 일정금액을 해당과세기간의 종합소득산출세액에서 공제한다(2014).

### ① 보험료 세액공제

근로자가 본인 또는 기본공제대상자에 해당되는 배우자 및 부양가족을 피보험자(수익자)로 하는 민간보험에 가입하고 보험료를 지급한 경우에는 당해연도 중 불입한 보험료의 12%를 다음의 금액을 종합소득산출세액에서 공제한다.

| 대상 보험료 | 세액공제 |
|---|---|
| • 보장성 보험료(생명보험, 상해보험, 손해보험 등) | 납입액의 12%<br>12만원 한도 |
| • 장애인전용 보장성 보험료 | 납입액의 12%<br>12만원 한도 |

* 배우자는 소득금액 제한, 부양가족은 연령 및 소득금액 제한을 받음.
* 저축성 보험은 보험료 공제대상에서 제외함.
* 장애인전용보장성보험의 계약자에 대하여 장애인전용보장성보험과 일반보장성보험 규정이 동시에 해당되는 경우에는 그 중 하나만을 선택하여 적용함.

소득이 없는 기본공제대상자가 보험계약자일지라도 근로자가 실질적으로 보험료를 부담하는 경우에는 공제 가능하다. 예를 들어 기본공제대상자인 배우자가 계약자인 자동차종합보험(피보험자는 근로자)의 보험료는 공제 가능하며, 보험계약자가 부모이고 피보험자가 근로자 본인인 경우 부모가 연령미달로 기본공제대상이 되지 않는 경우 보험료는 공제받지 못한다.

**예제**

다음은 이윤동의 보험료 지급내역이다. 보험료 소득공제액과 세액공제액을 계산하면?

| | |
|---|---|
| ① 본인 생명보험 | : 보장성 보험으로 월 50,000원씩 불입 |
| ② 본인 생명보험 | : 저축성 보험으로 월 100,000원씩 불입 |
| ③ 본인 자동차종합보험 | : 연간보험료 불입액 700,000원 |
| ④ 건강보험 및 고용보험 | : 연 500,000원 |
| ⑤ 노인장기요양보험료 | : 연 300,000원 |

**풀이**

- 소득공제대상 보험료 (④+⑤) : 500,000 + 300,000 = 800,000원
- 세액공제대상 보험료 (①+③) : (50,000×12) + 700,000 = 1,300,000 => 1,000,000원(한도)

∴ 보험료 세액공제액 1,000,000×0.12= 120,000원

☞ 저축성보험료는 공제대상이 아님

### ② 의료비 세액공제

부양가족(연령 및 소득금액의 제한을 받지 않음)을 위하여 근로자가 직접 부담한 의료비는 다음의 금액을 종합소득산출세액에서 공제한다.

| 대상 의료비 | 세액공제 |
|---|---|
| • 일반의료비－당해연도 급여액의 3%를 초과하는 금액 "의료비－(총급여액×3%)" | 지출액의 15% |
| • 전액공제의료비－본인, 65세 이상인자, 장애인 | 지출액의 15% |

* 다만, 일반의료비가 총급여액의 3%에 미달하는 경우에는 그 미달하는 금액을 전액공제 의료비 공제액에서 차감.

**예제**

다음은 박동현의 의료비 지급내역이다. 의료비 세액공제액을 계산하면?

- 본인의 연간급여 : 30,000,000원
- 배우자의 연간급여 : 15,000,000원
- 의료비 지출내역

① 본인 입원치료비 : 2,000,000원
② 배우자의 위염치료비 : 500,000원
③ 70세된 모의 치료비 : 2,000,000원
④ 자녀(25세) 직장인 질병치료비 : 1,000,000원

**풀이**

- 전액공제 의료비 (①+③) : 2,000,000+2,000,000=4,000,000원
- 일반의료비 : 30,000,000×3%=900,000을 초과하는 금액으로 연 7,000,000원 한도

② 500,000+④ 1,000,000=1,500,000
=> 1,500,000−900,000=600,000원

∴ 의료비 세액공제액 4,600,000×0.15=690,000원

☞ 의료비 공제는 연령 및 소득금액의 제한을 받지 않음.

### ③ 교육비 세액공제

교육비란 근로자 본인과 부양가족(연령 제한은 없으나 소득금액 제한은 있음)인 배우자, 직계비속, 형제자매, 입양자 및 위탁아동(직계존속 제외)을 위하여 근로자가 공제대상 교육기관에 납입한 수업료, 입학금, 보육비용, 수강료, 기타 공과금 등을 말하며, 다음과 같이 종합소득산출세액에서 공제한다.

| 대상 교육비 | | 세액공제 |
|---|---|---|
| • 근로자 본인(대학원 교육비, 직업능력개발훈련시설 수강료 포함) | | 지출액의 15% |
| • 배우자, 직계비속, 형제자매, 입양자 및 위탁아동(직계존속 제외) | - 유치원아, 보육시설의 영유아, 취학전 아동,<br>- 초·중·고등학생 : 연 300만원 한도 | 지출액의 15% |
| | - 대학생(대학원생 제외) : 연 900만원 한도 | 지출액의 15% |
| • 장애인 특수교육비(연령 및 소득금액 제한 없음, 직계존속 가능) | | 지출액의 15% |

* 취학전 아동의 경우 교습과정 학원 및 체육시설 공제 가능.
* 초·중·고등학생 교육비에는 학교 급식비, 학교에서 구입한 교재비, 교복구입비(중.고생에 한하며 1명당 연 50만원 한도), 방과후 학교 수업료(교재구입비 제외) 포함.
* 학생회비, 학교버스이용료, 기숙사비, 특기적성 교육비 등은 공제대상에서 제외됨.

**예제**

다음은 구본근의 교육비 지급내역이다. 교육비 세액공제액을 계산하면?

| | |
|---|---|
| ① 본인 대학원 수업료 | : 10,000,000원 |
| ② 동생 대학교 교육비(무소득) | : 9,500,000원 |
| ③ 장남 중학교 교육비 | : 3,500,000원 |
| ④ 처의 어학원 수강료 | : 500,000원 |
| ⑤ 모의 문화교실 수강료 | : 300,000원 |

**풀이**

- 전액공제 교육비 ① : 10,000,000원
- 대학생 연 900만원 한도 ② : 9,000,000원
- 중학생 연 300만원 한도 ③ : 3,000,000원

∴ 교육비 세액공제액 22,000,000×0.15=3,300,000원

☞ 처의 어학원 수강료와 직계존속의 교육비는 공제대상 교육비에 해당하지 않음.

### ④ 기부금 세액공제

근로자와 기본공제대상자인 배우자 및 직계비속·입양자가 지출한 기부금이

있는 경우에는 한도금액 내의 기부금액의 15%를 종합소득산출세액에서 공제한다. 단, 정치자금기부금과 우리사주조합기부금은 본인 지출분에 한하여 공제한다.

<table>
<tr><th colspan="2">대상 기부금</th><th>세액공제</th></tr>
<tr><td colspan="2">㉠ 법정기부금(전액공제 기부금)</td><td>근로소득금액 한도내 지출액의 15%</td></tr>
<tr><td rowspan="2">㉡ 지정기부금</td><td>종교단체기부금이 없는 경우</td><td>(근로소득금액-㉠) × 30% 한도내 지출액의 15%</td></tr>
<tr><td>종교단체기부금이 있는 경우</td><td>(근로소득금액-㉠) × 10% + Min(ⓐ, ⓑ) 한도내 지출액의 15%<br>ⓐ (근로소득금액-㉠) × 20%<br>ⓑ 종교단체 외에 지급한 지정기부금</td></tr>
</table>

* 세액공제비율은 기부금액의 합계액이 3천만원 초과시는 초과금액의 25%를 적용

㉠ 법정기부금(전액공제 기부금)

- 국가 또는 지방자치단체에 기부한 금품, 국방헌금과 위문금품
- 천재·지변 그 밖에 특별재난지역으로 선포된 지역의 이재민 구호금품
- 특별재난지역의 복구를 위하여 자원봉사한 경우 그 용역의 가액
- 무료 또는 실비로 이용할 수 있는 사회복지시설(아동복지시설, 노인복지시설 등)에 기부한 금품
- 불우이웃돕기결연기관(한국복지재단 등)을 통하여 불우이웃에게 기부하는 금품
- 사회복지공동모금회, 대한적십자사에 지출하는 기부금
- 정치자금법에 따라 정당에 기부한 정치자금 중 10만원을 초과하는 금액(10만원 이내의 금액은 기부정치자금 세액공제) 등
- 독립기념관에 지출하는 기부금
- 특정연구기관(한국과학기술원 등)·정부출연연구기관 등에 지출하는 기부금 등

㉡ 지정기부금

- 사회·복지·문화·예술·종교·자선 등 공익성 기부금
- 근로자가 노동조합에 납부한 노동조합비
- 교원단체에 가입한 자가 납부한 회비
- 공무원직장협의회에 가입한 자가 납부한 회비 등

**예제**

김원덕(근로소득금액 40,000,000원)의 기부금 내역은 다음과 같다. 기부금세액공제액을 계산하면?

| | | |
|---|---|---|
| ① 결연기관을 통한 불우이웃돕기 | : | 5,000,000원 |
| ② 동창회 후원금 | : | 1,000,000원 |
| ③ 종교기관 기부금 | : | 3,000,000원 |

**풀이**

① 법정기부금한도(근로소득금액 40,000,000원 범위내에서 전액 공제) : 5,000,000원

③ 지정기부금한도 :

(40,000,000－5,000,000)×10%+MIN(7,000,000, 0)

=3,500,000원

한도내에서 공제 => 3,000,000원

MIN(ⓐ, ⓑ) = 0

ⓐ (40,000,000－5,000,000)×20%=7,000,000원

ⓑ 0

∴ 기부금세액공제액 : (5,000,000+3,000,000)×15%=1,200,000원

☞ 동창회 후원금은 기부금 공제대상이 아님.

### ⑤ 표준세액공제

특별소득공제 및 특별세액공제를 신청하지 않은 근로소득자 또는 성실사업자에게는 연 12만원을 산출세액에서 공제하며, 근로소득자가 아닌 자(성실사업자 제외)의 경우에는 7만원을 공제한다.

| 구 분 | | 세액공제 |
|---|---|---|
| • 근로소득자 (일용근로자 제외) | 공제신청을 한 경우 | 항목별 공제 |
| | 공제신청을 하지 않은 경우 | 표준세액공제(연 12만원) |
| • 근로소득이 없는 자로서 다른 종합소득이 있는 자 | 성실사업자의 경우 | 의료비+교육비+기부금 특별세액공제 +표준세액공제(연 12만원) |
| | 위 외의 자의 경우 | 기부금세액공제+표준세액공제(연 7만원) |

* 일용근로자의 소득은 분리과세되므로 특별세액공제를 적용하지 않음.
* 항목별공제와 기부금특별세액공제는 신청(증빙서류를 갖추어 공제신청서 제출)하여야 함.

**예제**

다음 자료에 의해 항목별공제와 표준세액공제에 따른 결정세액을 구하면?

- 근로소득 : 26,000,000원
- 근로소득 공제 : 10,000,000원
- 기본공제 : 6,000,000원
- 특별세액공제 : 80,000원
- 표준세액공제 : 120,000원

**풀이**

① 항목별공제 적용
(26,000,000−16,000,000)×0.06−80,000=520,000원

② 표준세액공제 적용
(26,000,000−16,000,000)×0.06−120,000=480,000원

☞ 항목별세액공제보다 표준세액공제의 결정세액이 더 적으므로 이 경우에는 표준세액공제를 선택하는 것이 더 유리하다.

## (7) 기타의 소득공제

조세특례제한법상의 소득공제로서 신용카드 등 사용금액에 대한 소득공제, 중소기업창업투자조합출자 등에 대한 소득공제, 우리사주조합원에 대한 소득공제가 있다.

### 1) 신용카드 등 사용금액에 대한 소득공제

근로소득이 있는 거주자 본인과 연간소득금액이 100만원 이하인(연령제한 없음) 배우자 및 생계를 같이하는 직계존비속(형제자매 제외)이 국내에서 사업자로부터 재화나 용역을 제공받고 신용카드 등을 사용하여 그 대가로 지급하는 금액 중 일정금액을 근로소득금액에서 공제한다. 여기서 신용카드 등이라 함은 신용카드, 직불카드, 백화점카드, 기명식선불카드, 학원수강료 지로납부, 현금영수증을 말한다. 신용카드 등 사용금액에 대한 소득공제액은 다음과 같이 계산한다.

신용카드 등 사용금액 소득공제액 = Min(①, ②)

① $\text{기준초과금액} \times \dfrac{\text{신용카드+현금영수증}}{\text{신용카드총사용금액}} \times 15\%$

$+ \text{기준초과금액} \times \dfrac{\text{직불카드+선불카드}}{\text{신용카드총사용금액}} \times 30\%$

② 공제한도액 = 기본 Min(연간 300만원, 총급여액 × 20%)
추가 Min(연간 100만원, 전통시장 사용분)
추가 Min(연간 100만원, 전통시장 사용분)

※ 기준초과금액 : 신용카드총사용금액 − (총급여액 × 25%)

#### ① 신용카드 등 사용금액에서 제외되는 금액

- 사업소득과 관련된 비용 또는 법인의 비용인 경우
- 국민건강보험료, 연금보험료 및 각종 보험계약에 의한 보험료
- 물품의 판매 또는 용역의 제공을 가장한 신용카드 등의 비정상적인 사용금액
- 신규 출고 및 중고 자동차 구입비용, 리스료(자동차 대여료 포함)
- 영유아보육시설의 보육비용, 유치원, 초·중·고, 대학·대학원의 수업료, 등록금 등(단, 취학전 아동의 학원비 및 사설학원 수강료는 공제 가능)
- 국세, 지방세, 공과금, 아파트관리비 및 TV시청료 및 고속도로통행료
- 상품권, 우표 등 유가증권 구입비

- 취득세 또는 등록세가 부과되는 재산의 구입비용
- 외국에서 신용카드 등을 사용한 금액

### ② 신용카드 등 중복공제 가능여부

| 구 분 | 특별공제 항목 | 신용카드 공제 |
|---|---|---|
| • 신용카드로 결제한 보장성 보험료 | 보험료 공제 가능 | 신용카드 공제 불가 |
| • 신용카드로 결제한 의료비 | 의료비 공제 가능 | 신용카드 공제 가능 |
| • 신용카드로 결제한 사설학원비(취학전 아동 제외) | 교육비 공제 불가 | |
| • 신용카드(지로 포함)로 결제한 취학전 아동의 학원비 및 체육시설 수강료 | 교육비 공제 가능 | |

**예제**

박민지의 총 급여는 30,000,000원이며, 신용카드 등 사용내역은 다음과 같다. 신용카드 등 소득공제액을 계산하면?

① 본인의 자동차 보험료(신용카드) : 600,000원
② 모의 생활용품 구입시 사용액(직불카드) : 4,000,000원
③ 처(사업소득금액 500만원)의 가정용품 구입비(신용카드) : 7,000,000원
④ 본인 대학원 수업료(신용카드) : 5,000,000원
⑤ 본인 의류구입비(신용카드) : 6,000,000원
⑥ 전통시장 사용분은 없음

**풀이**

신용카드 등 소득공제액 = MIN(ⓐ, ⓑ) = 525,000원

- 기준초과금액 : 10,000,000−(30,000,000×25%) = 2,500,000원
- ⓐ 2,500,000×(6,000,000/10,000,000)×15%
  + 2,500,000×(4,000,000/10,000,000)×30% = 525,000원
- ⓑ 한도액 : MIN(300만원, 30,000,000 × 20%) = 3,000,000원

☞ 자동차 보험료는 보험료 공제, 대학원 수업료는 교육비 공제를 받았으므로, 신용카드 공제대상은 아님.
☞ 신용카드 공제는 소득금액의 제한을 받으므로 사업소득이 있는 처는 제외됨.

### 2) 중소기업창업투자조합 출자 등에 대한 소득공제

개인으로부터 투자자원을 원활히 조달하기 위하여 거주자가 중소기업창업투자조합 및 신기술사업투자조합 등에 출자 또는 투자를 하는 경우에는 출자 또는 투자한 금액의 10%(최고 30%) 상당액(당해 과세연도 종합소득금액의 40%를 한도로 함)을 출자일·투자일이 속하는 과세연도부터 출자·투자 후 2년이 되는 날이 속하는 과세연도까지 거주자가 공제받고자 하는 하나의 과세연도를 선택하여 종합소득금액에서 공제한다. 다만, 타인의 출자지분이나 투자지분 또는 수익증권을 양수하는 방법으로 출자·투자하는 경우는 제외한다.

> 공제액 = Min(①,②)
> ① 본인 명의 해당 출자액 또는 투자액×10%
> ② 당해 과세연도의 종합소득금액×40%

### 3) 우리사주조합원에 대한 소득공제

우리사주조합원이 자사주를 취득하기 위하여 우리사주조합에 출연할 경우에는 당해연도의 출연금액과 400만원 중 적은 금액을 당해연도의 근로소득금액에서 공제한다.

> 공제액 = Min(당해연도 출연금액, 400만원)

## 4 세율

종합소득세는 종합소득금액에서 종합소득공제를 차감하여 계산한 종합소득과세표준에 아래와 같이 5단계 누진세율을 적용하여 세액을 계산한다.

| 과세표준 | 세 율 |
|---|---|
| 1,200만원 이하 | 과세표준×6% |
| 1,200만원 초과~4,600만원 이하 | 72만원+1,200만원 초과금액의 15% |
| 4,600만원 초과~8,800만원 이하 | 582만원+4,600만원 초과금액의 24% |
| 8,800만원 초과~1억 5천만원 이하 | 1,590만원+8,800만원 초과금액의 35% |
| 1억 5천만원 초과 | 3,760만원+1억 5천만원 초과금액의 38% |

### 예제

다음 자료에 의하여 이남훈의 종합소득과세표준과 결정세액을 계산하면?

- 근로소득금액 : 30,000,000원
- 자녀교육비(대학생) : 4,000,000원
- 국민연금납입금 : 1,000,000원
- 본인 보장성 상해보험료 : 1,000,000원
- 부양가족 : 배우자, 부(70세), 자(19세) – 모두 소득 없음

풀이

- 종합소득공제액
  - 기본공제 : 본인+배우자+부양가족(20세이하, 60세이상)=4×1,500,000 =6,000,000원
  - 부양가족 추가공제 : 경로우대자(70세이상)=1×1,000,000 =1,000,000원
  - 연금보험료공제 : 1,000,000원
  - 특별세액공제 : 보험료 1,000,000원×12%=120,000원
    교육비 4,000,000원×15%=600,000원
- 종합소득과세표준
  = 30,000,000−6,000,000−1,000,000−1,000,000
  = 22,000,000원
- 산출세액
  = 720,000+(22,000,000−12,000,000)×15%=2,220,000원
- 산출세액
  = 2.220,000−720,000=1,500,000원

# 제5절 소득세의 신고와 납부

## 1 소득세의 확정신고

### (1) 소득세의 과세 및 확정 신고기간

소득세의 과세기간은 매년 1월 1일부터 12월 31일까지이다. 따라서 당해 연도에 종합소득, 퇴직소득, 양도소득 등의 소득이 있는 거주자는 당해 소득의 과세표준을 계산하여 그 다음연도의 5월 1일부터 5월 31일까지 주소지 관할 세무서에 신고하여야 한다. 이것을 소득세과세표준 확정신고라고 한다. 과세표준이 없거나 결손금이 있는 때에도 신고하여야 한다.

개인사업자의 경우에는 임의로 과세연도를 지정할 수 없으며 신규로 사업을 개시한 경우에도 과세기간은 사업연도 개시일로부터 12월 31일까지가 아니고 1월 1일부터 12월 31일까지 이다.

그러나 연도 중 거주자가 사망한 경우에는 1월 1일부터 사망일까지, 그리고 출국한 경우에는 1월 1일부터 출국일까지가 과세기간이 된다.

| 구 분 | 과세기간 | 확정신고기간 |
|---|---|---|
| 일반적인 경우 | 1월 1일부터 12월 31일 | 다음연도 5월 1일부터 5월 31일 |
| 거주자가 사망한 경우 | 1월 1일부터 사망일 | 상속개시일부터 6월이 되는 날 |
| 거주자가 출국하는 경우 | 1월 1일부터 출국일 | 출국일 10일전 |

### (2) 과세표준 확정신고 의무의 면제

다음에 해당하는 자는 당해 소득에 대한 과세표준확정신고를 하지 아니할 수 있다.

① 근로소득만이 있는 거주자
② 퇴직소득만이 있는 거주자
③ 공적연금소득만이 있는 자
④ 원천징수되는 사업소득으로서 다음의 간편장부대상자가 받는 사업소득만이 있는 자
- 독립된 자격으로 보험가입자의 모집 및 이에 부수되는 용역을 제공하고 그 실적에 따라 모집수당을 받는 자
- 방문판매업무를 수행하고 그 실적에 따라 판매수당을 받는 자(방문판매업자로부터 사업장의 관리·운영의 위탁을 받은 자 포함)

⑤ 근로소득 및 퇴직소득만 있는 자
⑥ 퇴직소득 및 연금소득만 있는 자
⑦ 퇴직소득 및 ④의 소득만 있는 자
⑧ 분리과세이자소득·분리과세배당소득·분리과세연금소득 및 분리과세기타소득만이 있는 자
⑨ 위 ①내지 ⑦에 해당하는 자로서 분리과세이자소득·분리과세배당소득·분리과세연금소득 및 분리과세기타소득이 있는 자

### (3) 확정신고시 제출해야할 서류

소득세 확정신고시에는 다음의 서류를 구비하여 제출하여야 한다.

① 소득세과세표준확정신고서 및 자진납부계산서
② 소득금액계산명세서
③ 당해연도 종료일 현재의 주민등록표등본 또는 호적등본
④ 장애자증명서(해당자에 한함)
⑤ 특별세액공제대상증명서(보험료·의료비·교육비·기부금납입증명서 등)
⑥ 일시퇴거자동자가족상황표
⑦ 부동산임대소득금액·사업소득금액을 비치·기장된 장부와 증빙서류에 의해 계산한 경우에는 기업회계기준을 중용하여 작성한 대차대조표, 손익계산서, 합계잔액시산표 및 조정계산서(다만, 간편장부대상자인 사업자는

간편장부소득금액계산서)
⑧ 입양자 또는 국민기초생활보장법의 수급자임을 증명할 수 있는 서류
⑨ 영수증수취명세서
⑩ 원천징수세액납부명세서, 세액공제신청서 또는 세액감면신청서

## 2 소득세의 중간예납

### (1) 중간예납의 개념 및 중간예납기간

중간예납이란 소득이 있는 거주자의 1월 1일부터 6월 30일까지의 소득세액을 계산하여 11월 30일(분납액은 다음연도 1월 14)까지 납부하는 조세제도를 말한다. 소득세에서 중간예납제도를 두고 있는 이유는 조세수입의 조기확보, 조세부담의 분산, 세액의 탈루 방지 등을 도모하기 위해서이다. 이렇게 납부한 중간예납세액은 확정신고시 기납부세액으로 공제된다.

| 중간예납기간 | 추계액 신고기간 | 세액통지기간 | 세액납부기간 |
|---|---|---|---|
| 1.1 - 6.30 | 10.1 - 10.31 | 11.1 - 11.15 | 11.16 - 11.30* |

* 분납세액은 다음연도 1월 14일

### (2) 중간예납세액의 계산 및 징수

중간예납은 과세당국의 고지에 의해 징수하는 것이 원칙이며, 이 경우 중간예납세액은 전년도에 납부하였거나 납부할 세액의 50%에 상당하는 금액으로 결정·통지된다.

이때, 중간예납세액이 20만원 미만인 경우는 징수하지 아니하며, 중간예납세액이 1,000만원을 초과할 경우에는 확정신고시의 분납규정을 준용하여 2개월 이내에 납부할 수 있다. 분납을 하기 위해서는 11월 30일까지 소득세중간예납분납신청서를 제출하여야 한다.

- 중간예납세액 = 중간예납기준액×50%
- 중간예납기준액 = 직전연도 중간예납세액+확정신고 자진 납부세액 +기한후 신고납부세액 및 추가납부세액−환급세액

## (3) 중간예납 제외자

중간예납의 대상자는 종합소득이 있는 거주자이나 그 중 사업소득과 부동산 임대소득에 대해서만 중간예납의무가 있다. 즉, 세법이 정하는 일정 요건에 해당하는 다음의 경우에는 중간예납대상에서 제외된다.

① 당해 과세기간 개시일 현재 사업자가 아닌 자로서 당해 과세기간 중에 사업을 개시한 자
② 이자소득, 배당소득, 근로소득, 연금소득 또는 기타소득만이 있는 자
③ 사업소득 중 속기·타자 등 한국표준산업분류상의 사무관련서비스업에서 발생하는 소득만이 있는 자
④ 부동산임대소득 및 사업소득 중 수시부과하는 소득만이 있는 자
⑤ 독립된 자격으로 보험가입자의 모집, 증권매매의 권유, 저축의 권장 또는 집금 등을 행하거나 이와 유사한 용역을 제공하고 그 실적에 따라 수당을 받는 업의 소득만이 있는 자
⑥ 저술가, 화가, 배우, 가수, 영화감독, 연출가, 촬영사 등 자영예술가와 직업 선수, 코치, 심판 등 자영경기업의 소득만이 있는 자
⑦ 방문판매업자를 대신하여 방문판매업무를 수행하고 그 실적에 따라 판매수당을 받는 업의 경우(사업장의 관리운영의 위탁을 받아 사업장을 경영하고 그 사업장의 실적에 따라 판매수당을 바는 업을 포함)

| 구 분 | 소득세의 중간예납 |
|---|---|
| • 대상자 | 부동산임대소득과 사업소득이 있는 거주자 |
| • 중간예납 기간 | 1월 1일부터 6월 30일까지 |
| • 계산방법 | 직전연도 실적기준을 원칙으로 함 |
| • 징수방법 | 고지에 의한 징수를 원칙으로 함 |

### (4) 중간예납추계액의 신고

① 중간예납추계액 신고를 할 수 있는 자 : 중간예납기간 종료일까지의 종합소득금액에 대한 소득세액(중간예납추계액)이 중간예납기준액의 30%에 미달하는 경우

② 중간예납추계액 신고를 해야 하는 자 : 전년도에 납부하였거나 납부할 세액이 없는 자로서 당해연도의 중간예납기간 중에 종합소득이 있는 거주자

③ 중간예납추계액 신고기간 : 11월 1일부터 11월 30일까지

④ 중간예납추계액의 계산

- 종합소득과세표준 = (중간예납기간의 종합소득금액×2)−종합소득공제
- 종합소득세산출세액 = 종합소득과세표준×기본세율
- 중간예납추계액 = (종합소득센출세액×1/2)−(중간예납기간종료일까지의 종합소득에 대한 감면세액, 세액공제액, 토지 등 매매차익예정신고산출세액, 수시부과세액과 원천징수세액)

### (5) 중간예납징수의 특례

납세지 관할 세무서장이 내우외환 등의 사유로 인하여 긴급한 재정상의 수요가 있는 것으로 국세청장이 인정하는 때에는 중간예납기준액 또는 중간예납추계액에 2를 곱한 금액을 초과하지 아니하는 범위내에서 당해연도의 중간예납세액을 결정할 수 있다.

## 3 소득세의 납부 및 징수

거주자는 당해 연도에 발생한 종합소득, 퇴직소득, 양도소득에 대한 산출세액에서 감면세액, 세액공제액, 기납부세액 등을 공제한 금액을 과세표준 확정신고기한까지 납세지 관할세무서에 납부하여야 한다. 다만, 이때 납부할 세액이

2천만원 이하인 때에는 1천만원을 초과하는 금액을, 납부할 세액이 2천만원을 초과하는 때에는 그 세액의 50% 이하의 금액을 납부기한 경과 후 2개월 이내에 분납할 수 있다. 만약, 거주자가 납부하여야 할 세액의 전부 또는 일부를 납부하지 아니한 때에는 납부기한이 경과한 날로부터 3월 이내에 징수한다.

소득세의 납부는 금전으로 납부하게 되어 있으나 양도소득에 한해서 물납을 할 수 있도록 예외 규정을 두고 있다. 즉, 공익사업을 위한 토지 등의 취득 및 보상에 관한 법률에 의하여 수용됨으로써 발생하는 소득에 대한 양도소득세를 금전으로 납부하기 곤란한 경우에는 당해 토지 등의 대금으로 교부받은 보상채권으로 납부할 수 있다. 다만 재정경제부장관이 세입이나 통화조절 상 금전 납부가 필요하다고 인정되는 경우에는 그러하지 아니하다. 이때 양도소득세의 물납은 당해 양도자산의 양도차익에 대한 양도소득세액을 한도로 하며, 토지 등을 양도한 연도의 납부할 세액이 1천만원을 초과하는 경우에 한한다.

## 4 소득세의 환급

① 기납부세액이 총결정세액을 초과하는 때에는 그 초과하는 세액을 환급한다.

② 결손금소급공제에 의한 환급

㉠ 대상자 : 중소기업에 해당하는 사업자로서 이월결손금이 발생한 자

㉡ 결손금소급공제세액

| 결손금소급 공제세액 | = | 직전과세기간의 종합소득산출세액 | − | (직전과세기간의 종합소득과세표준 − 이월결손금) × 직전과세기간의 세율 |
|---|---|---|---|---|

# 제6절 소득세와 절세전략

## 1 자주 묻는 신용카드 공제 Q&A![2)]

**Q 신용카드(현금영수증)를 사용한 의료비에 대하여 의료비공제를 적용받은 경우 신용카드공제를 적용받을 수 있나요?**

A 의료비공제와 신용카드 등 사용금액에 대한 공제혜택를 모두 적용받을 수 있습니다.

**Q 함께 살고 있고 소득이 없는 동생이 사용한 신용카드 사용금액을 근로자인 내가 소득공제 받을 수 있는지요?**

A 형제자매가 사용한 신용카드 등 사용금액은 소득공제 대상이 아닙니다.

**Q 아내가 올해 4월말에 직장을 그만두어 현재 전업주부인데, 아내가 사용한 신용카드 금액을 근로자인 내가 공제받을 수 있는지요?**

A 아내의 연간 소득금액 합계액이 100만원 이하인 경우 공제받을 수 있습니다.

- 질문의 경우, 아내가 연도 중에 퇴직하였고 다른 소득이 없다면, 퇴직할 때까지 발생한 근로소득금액(총급여액에서 근로소득공제액 차감한 금액)과 퇴직소득금액의 합계액이 100만원 이하인 경우 남편이 공제받을 수 있습니다.
- 아내의 연간 소득금액 합계액이 100만원을 초과하는 경우 남편의 근로소득에서 공제 받을 수 없으며, 이 경우 아내가 퇴직 전에 사용한 신용카드 금액에 한하여 아내 자신의 근로소득금액에서 공제받을 수 있습니다.

2) 국세청 블로그(http://blog.naver.com/ntscaf), "자주 묻는 신용카드 공제 Q&A", 2010.

**Q 금년에 결혼한 배우자의 결혼 전 신용카드 사용금액을 제가 공제 받을 수 있는지요?**

A 공제받을 수 없습니다. 혼인일 이후에 사용한 금액만이 공제대상이 되며 이 경우 배우자의 연간소득금액이 100만원 이하인 경우에 한합니다.

**Q 신문대금이나 우유대금을 지로로 납부해도 신용카드 공제대상에 해당하는지요?**

A 지로납부액에 대한 신용카드 등 사용금액 소득공제의 대상은 학원의 수강료에 한합니다.

**Q 교육비 지급시 현금영수증으로 결제한 경우 교육비 공제 및 신용카드 공제 모두 가능한지요?**

A 「유아교육법」, 「초·중등교육법」, 「고등교육법」 또는 특별법에 의한 학교(대학원을 포함) 및 「영유아보육법」에 의한 보육시설에 납부하는 수업료·입학금·보육비용 기타 공납금의 경우 신용카드 등 사용금액에 대한 소득공제가 허용되지 않습니다.

- 취학전 아동이 다니는 학원, 체육시설의 수강료에 대해 현금영수증 발급시 교육비공제(이 경우 교육비납입증명서를 증빙서류로 제출하여야 함)와 신용카드 등 사용금액 공제가 가능합니다.

**Q 가족카드의 경우 대금지급자(결제자)기준으로 공제를 하는 것인지, 아니면 카드 사용자 기준으로 공제를 하는 것인지요?**

A 사용자 기준으로 소득공제를 적용합니다. 예를 들어, 맞벌이 부부로서 부인명의로 발급받은 가족카드 사용액을 남편이 결제하는 경우 해당 사용금액에 대하여는 부인이 소득공제를 받을 수 있습니다.

## 2 자주 묻는 주택자금 공제 Q&A![3]

*Q* 소득이 없는 배우자 명의 주택을 담보로 본인이 장기주택저당차입금을 차입한 경우 이자상환액을 본인이 공제받을 수 있는지요?

*A* 타인 명의 주택에 대한 장기주택저당차입금 이자상환액은 공제대상이 아닙니다.

*Q* 부부공동명의 주택에 대해 근로자 본인 명의로 장기주택저당차입금을 차입한 경우 이자상환액을 본인이 공제받을 수 있는지요?

*A* 본인과 배우자 공동명의로 주택을 취득하고, 본인 명의로 요건을 갖춘 장기주택저당차입금을 차입한 경우 근로자 본인이 이자상환액 공제를 받을 수 있습니다.

*Q* 장기주택저당차입금 이자상환액에 대해 소득공제를 받아오던 근로자가 해당연도에 장기주택저당차입금을 7년 만에 조기 상환한 경우 소득공제가 가능한지요?

*A* 상환기간이 15년 이상인 장기주택저당차입금을 조기 상환한 경우 조기 상환한 당해 연도에 지출한 이자상환액에 대해서는 공제 받을 수 없습니다.

*Q* 상환기간이 15년 미만의 차입금을 상환기간 15년 이상으로 연장하는 경우 공제가능한지요?

*A* 2007. 2. 28일 이후 상환기간을 연장하는 분부터는 상환기간 15년 미만의 차입금을 15년 이상으로 기한 연장하는 경우 공제 가능합니다. 다만, 연장시점의 주택의 기준시가가 4억원 이하이고, 다른 모든 요건을 충족하여야 합니다.

- 이 경우 공제 가능한 장기주택저당차입금은 기존의 차입금의 잔액을 한도로 합니다.

3) 국세청 블로그(http://blog.naver.com/ntscaf), “자주 묻는 주택자금 공제 Q&A”, 2010.

## 3 자주 묻는 교육비 공제 Q&A![4)]

*Q* **교복 구입비용에 대하여도 교육비공제를 받을 수 있는지요?**

*A* 2009. 1. 1 이후 지출 분부터 중·고등학생의 교복 구입비용은 학생 1인당 연 50만원 이내 금액에서 교육비공제 대상 금액에 포함됩니다.

- 교복 구입비용에 대해 교육비 공제를 받기 위해서는 교복 판매업자가 발급한 「교육비납입증명서*」를 원천징수의무자에게 제출하여야 합니다.
  ⇨ 교육비납입증명서 : 소득세법 시행규칙 별지 제44호 서식(1)

*Q* **교복 구입 시 신용카드로 구입하거나, 현금으로 구입하고 현금영수증을 발급받는 경우 교육비공제와 신용카드 등 사용금액 공제 둘 다 가능한지요?**

*A* 교복 구입 시 현금으로 구입하면서 현금영수증을 발급받거나, 신용카드로 구입한 경우 교육비공제와 신용카드 등 사용금액 공제가 모두 가능합니다.

*Q* **2010. 7월 입사한 자녀(근로소득금액 100만원 이상)의 대학등록금을 근로자인 아버지가 2010년 2월에 납부하였는데 교육비 공제를 받을 수 있는지요?**

*A* 본인의 부양가족이 취업의 사유로 연도 중에 기본공제대상자에 해당하지 않게 되는 경우 당해 사유가 발생한 날까지 본인이 지급한 교육비는 공제가 가능합니다.

*Q* **근로자인 본인이 회사에서 자녀 학자금을 지원받아 고등학생인 자녀의 수업료를 납부하였을 경우 교육비공제가 가능한지요?**

*A* 기본공제대상(연령제한 없음)인 자녀의 수업료는 공제대상이 될 수 있습니다.

- 근로소득자가 근로를 제공하고 받는 봉급, 급여, 수당 등은 명칭여하에 불구하고 근로소득에 포함되는 것이므로 해당 자녀학자금은 과세대상

4) 국세청 블로그(http://blog.naver.com/ntscaf), "자주 묻는 교육비 공제 Q&A", 2010.

근로소득에 포함되어 과세되며, 당해 자녀 학자금으로 납부한 고등학생 자녀의 수업료는 교육비 공제 대상이 될 수 있습니다.

**Q 외국에 유학 중인 자녀에 대하여 교육비 공제를 받을 수 있나요?**

A 아래 요건을 갖춘 경우 교육비 공제한도 내에서 교육비공제를 적용받을 수 있습니다.

- 국외에 소재하고 있는 교육기관으로서 우리나라의 「유아교육법」에 따른 유치원, 「초·중등교육법」, 「고등교육법」에 따른 학교에 해당하는 교육기관에 기본공제대상자(연령제한 없음)인 배우자·직계비속·형제자매·입양자 및 위탁아동 또는 본인을 위하여 지급한 교육비는 교육비 공제 대상이 됩니다.

**Q 당해 연도 중에 초등학교에 취학한 자녀에 대한 취학 전 및 취학 후 교육비 공제대상 비용이 있는 경우 교육비 공제 금액 계산은?**

A 당해 연도에 초등학교에 입학한 자녀에 대하여 취학 전·후에 지급한 세액공제대상 교육비가 있는 경우 당해 연도 취학 전·후에 각각 지급한 교육비를 합산한 금액에 대해 1인당 연 300만원을 한도로 하여 세액공제대상이 됩니다.

**Q 취학 전인 자녀가 백화점문화센터나 사회복지관에서 주1회 이상 월 단위 교습을 받는 경우 교육비 공제대상이 되는지요?**

A 백화점 문화센터나 사회복지관이 「유아교육법」에 의한 유치원, 「영유아보육법」에 따른 보육시설, 「학원의 설립·운영 및 과외교습에 관한 법률」에 따른 학원 또는 일정한 체육시설 등 공제대상 교육기관에 해당되지 아니한 경우 교육비 공제를 받을 수 없습니다.

## 4 자주 묻는 의료비 공제 Q&A![5]

**Q 근로자 보인 의료비만 있는 경우 총급여의 3%를 초과해야 의료비공제를 받는 것인지요?**

A 의료비는 총급여의 3%를 초과한 금액에 대해서만 공제 가능하므로 근로자 본인의 의료비만 있는 경우 총급여의 3%에 미달하는 경우 공제 불가능합니다.

**Q 의료비 공제는 기본공제대상자(연령 및 소득제한 없음)를 위하여 실제부담한 의료비가 포함되는데, 이 때 기본공제대상자의 연령 및 소득의 제한이 없다는 의미는 무엇입니까?**

A 생계를 같이하는 부양가족이 기본공제 요건 중 연령이나 소득금액 요건이 충족되지 않아도 근로자가 생계를 같이하는 부양가족을 위해 지출한 의료비는 공제가 가능하다는 의미입니다.

- 예를 들어, 소득금액이 100만원을 초과하거나 연령이 20세를 초과하는 직계비속·형제자매라 할지라도 근로자와 생계를 같이하는 경우 근로자가 당해 직계비속·형제자매를 위하여 지출한 의료비를 공제받을 수 있는 것입니다(다만, 다른 근로자가 해당 공제를 받는 경우 제외).

**Q 안경 구입비용에 대해 의료비공제를 받으려면 어떤 서류를 제출하여야 하는지요?**

A 시력보정용 안경 또는 콘텐트렌즈 구입비용에 대하여 의료비 공제를 받기 위해서는 '사용자의 성명 및 시력교정용임을 안경사가 확인한 영수증'을 제출하여야 합니다.

5) 국세청 블로그(http://blog.naver.com/ntscaf), "자주 묻는 의료비 공제 Q&A", 2010.

**Q 의료비 공제를 받고자 하는 경우 제출하여야 하는 증빙서류는 무엇인가요?**

A 의료비 공제를 받고자 하는 근로자는 의료비지급명세서와 의료비영수증을 원천징수의무자에게 제출하여야 합니다.

- 의료법에 의한 의료기관에 지급한 비용 또는 약사법에 의한 의약품(한약 포함) 구입비용 ⇒ 「국민건강보험 요양급여의 기준에 관한 규칙」 제7조 제1항에 따른 계산서·영수증, 동조 제2항에 따른 진료비(약제비)납입확인서
  ※ 의료법에 의한 의료기관에 지급한 비용 또는 약사법에 의한 의약품(한약포함) 구입비용의 경우 연말정산간소화 서비스 홈페이지(www.yesone.go.kr)에서 관련 증빙서류를 출력하여 제출하실 수도 있습니다. 다만, 연말정산간소화 서비스 자료에 누락되었거나 사실과 다른 부분은 해당 의료기관이나 약국 등에서 직접 해당 의료비 영수증을 직접 발급받아 제출하셔야 합니다.
- 시력보정용 안경 또는 콘텍트렌즈 구입비용의 경우 사용자의 성명 및 시력교정용임을 안경사가 확인한 영수증
- 보청기 또는 장애인보장구 구입비용의 경우 사용자의 성명을 판매자가 확인한 영수증
- 의료기기 구입비용 또는 임차비용의 경우 의사·치과의사·한의사의 처방전과 판매자 또는 임대인이 발행하고 의료기기명이 기재된 의료비영수증

**Q 맞벌이 부부가 배우자를 위해 지출한 의료비가 공제 가능한지요?**

A 맞벌이 부부의 경우에는 배우자를 위해 근로자 본인이 지출한 의료비는 지출한 근로자가 공제받을 수 있습니다.

# 연 습 문 제

**1.** 다음 중 우리나라 소득세의 특징으로 맞지 않는 것은?

① 신고납세제도　　② 초과누진세율
③ 열거주의 과세　　④ 부부합산과세

**2.** 다음은 소득세에 대한 설명이다. 옳지 않은 것은?

① 납세의무자와 담세자가 일치하는 세금이므로 직접세에 해당한다.
② 소득의 종류에 관계없이 개인의 연간소득을 합산하여 과세한다.
③ 납세자의 인적 사정을 고려하는 세금이므로 인세이다.
④ 과세소득 산정은 원칙적으로 순자산증가설을 채택하고 있다.

**3.** 소득세의 과세기간에 관한 설명으로 적당하지 않는 것은?

① 원칙적으로 매년 1월 1일부터 12월 31일까지로 한다.
② 납세의무자가 사망한 경우에는 1월 1일부터 사망일까지로 한다.
③ 납세의무자가 출국한 경우에는 1월 1일부터 출국일까지로 한다.
④ 국세청장이 필요하다고 인정하는 경우에는 과세기간을 변경할 수 있다.

**4.** 현행 소득세법은 종합과세와 분류과세제도를 두고 있다. 다음 중 분류과세 되는 소득은?

① 사업소득　② 양도소득　③ 근로소득　④ 이자소득

**5.** 소득세의 산출세액은 (　)×세율이다. (　)속에 알맞은 단어는?

① 소득금액　② 총수입금액　③ 결정세액　④ 과세표준

**6.** 소득세법상 납세지가 변경된 때에는 그 변경된 날로부터 ( )일 이내에 변경 후의 납세지관할세무서장에게 신고하여야 한다. ( )안에 들어갈 숫자는?

① 10　② 7　③ 15　④ 5

**7.** 원천징수하는 소득세의 납세지로 잘못 설명한 것은?

① 거주자의 경우 – 원천징수하는 사업장 소재지
② 거주자의 경우 – 원천징수하는 사업장이 없는 경우에는 그 주소 또는 거소지
③ 비거주자의 경우 – 주된 국내사업장 소재지
④ 납세조합의 경우 – 원천징수하는 사업장 소재지

**8.** 다음은 당해 근로자 최선영과 생계를 같이하는 부양가족이다. 인적공제액은 얼마인가?

| 관 계 | 연령(만) | 참고사항 | 관 계 | 연령(만) | 참고사항 |
|---|---|---|---|---|---|
| 남편 | 40 | 근로소득 40,000,000 | 자 | 5 | 취학전 |
| 제 | 22 | 대학생, 장애인 | 자 | 3 | 취학전 |
| 부 | 70 | 무소득 | 모 | 66 | 무소득 |

① 12,000,000 ② 13,500,000 ③ 13,000,000 ④ 12,500,000

**9.** 다음 중 소득세 산출방식 중 맞는 것은?

① 과세표준 × 세율 = 결정세액
② 결정세액 – 기납부세액 = 산출세액
③ 총수입금액 – 필요경비 = 과세표준
④ 소득금액 – 소득공제 = 소득과세표준

**10.** 다음중 기부금 세액공제대상이 아닌 것은?

① 결연기관을 통한 불우이웃돕기성금 ② 동창회 후원금
③ 독립기념관에 기부한 금액 ④ 교회건축헌금

**11.** 다음 중 소득세법에 대한 설명으로 틀린 것은?

① 소득세는 종합소득, 퇴직소득, 양도소득으로 분류과세한다.
② 거주자의 경우는 외국에서 발생한 소득도 납세의무가 있다.
③ 종합소득에는 사업소득, 부동산임대소득, 근로소득 세 가지 종류만 있다.
④ 법인으로 보지 않는 법인격 없는 단체에는 소득세법을 적용한다.

**12.** 다음은 장기호의 보험료 지급내역이다. 특별세액공제대상 보험료를 계산하면?

| | |
|---|---|
| ① 근로자 본인의 고용보험료 | 500,000 |
| ② 근로자 본인의 생명보험료(저축성) | 800,000 |
| ③ 근로자 본인의 생명보험료(보장성) | 700,000 |
| ④ 근로자 본인의 자동차종합보험료 | 500,000 |
| ⑤ 장애인전용보장성보험료(장남) - 25세, 무소득 | 600,000 |
| ⑥ 피보험자가 부친인 암보험료 - 62세, 기타소득 1,000,000 | 500,000 |
| ⑦ 피보험자가 모친인 암보험료 - 57세, 무소득 | 500,000 |

① 1,600,000 ② 2,100,000 ③ 2,600,000 ④ 3,000,000

**13.** 다음 중 전액공제 의료비 대상이 아닌 것은?

① 본인 입원치료비 ② 62세 모의 암 치료비
③ 65세 부의 질병치료비 ④ 30세 자녀의 장애인 재활치료비

**14.** 다음은 교육비 공제를 받을 수 있는 것은?

① 본인 직업능력개발원 수강료
② 장인(만 67세, 소득 없음) 방송통신대학 수업료
③ 차녀(만 12세) 피아노학원비
④ 처제(만 27세, 소득 없음)의 대학원 등록금

**15.** 현행 소득세법이 적용하고 있는 소득공제 중 추가공제 항목이 아닌 것은?

① 장애인공제 ② 경로우대공제
③ 무주택근로자공제 ④ 부녀자공제

**16.** 다음 중 신용카드로 결제시 중복 공제 가능한 것은?

① 자동차 보험료 ② 대학원 수업료
③ 병원 의료비 ④ 아파트관리비

**17.** 다음은 전석현의 교육비 지급내역이다. 공제 대상 교육비를 계산하면?

| | |
|---|---|
| ① 배우자 대학원 수업료 | 10,000,000 |
| ② 장남(만 24세, 소득 없음)의 대학교 수업료(재학중인 대학에서 성적우수 장학금 1,000,000 지급받음) | 8,000,000 |
| ③ 장남의 대학기숙사비 | 1,500,000 |
| ④ 장남의 회계학원수강료 | 500,000 |
| ⑤ 차녀(만10세, 초등학생)의 미술학원비 | 200,000 |
| ⑥ 부(만70세, 부동산임대소득금액 3,000,000)의 장애인특수교육비 | 3,000,000 |
| ⑦ 모(만 67세, 소득 없음)의 요가학원비 | 1,000,000 |

① 10,000,000 ② 11,000,000 ③ 20,000,000 ④ 21,000,000

**18.** 다음 자료에 의하여 연간 종합소득공제액을 계산하면?

- 본인
- 배우자 : 2년 전 이혼함
- 부모 : 부 70세, 모 65세 장애인
- 자 : 장남 8세, 차남 6세

① 11,500,000원 ② 10,500,000원
③ 12,500,000원 ④ 14,500,000원

**19.** 연간 종합소득 과세표준금액이 5,000만원인 경우 산출세액을 계산하면?

① 6,780,000원 ② 6,500,000원
③ 7,000,000원 ④ 7,160,000원

**정답 및 해설**

| 1 | ④ | 2 | ④ | 3 | ④ | 4 | ② | 5 | ④ | 6 | ③ | 7 | ④ | 8 | ④ | 9 | ④ | 10 | ② |
|---|---|---|---|---|---|---|---|---|---|---|---|---|---|---|---|---|---|---|---|
| 11 | ③ | 12 | ① | 13 | ② | 14 | ① | 15 | ③ | 16 | ③ | 17 | ② | 18 | ② | 19 | ① | | |

1. ④ 소득세는 개인별로 과세한다 .
2. ④ 과세소득 산정은 원칙적으로 소득원천설이다.
4. ② 분류과세 소득에는 퇴직소득, 양도소득이 있다.
7. ④ 납세조합의 경우 – 납세조합의 소재지

8.

| 배우자공제 | | | 자녀세액공제 | 2 |
|---|---|---|---|---|
| 부양가족공제 | 20세 이하 | 2 | 60세 이상 | 2 |
| 추가공제 | 70세 이상 경로 | 1 | 부녀자 세대주 | |
| | 장애인 | 1 | 맞벌이 여성 | ○ |
| | 6세 이하 자녀 | 2 | 출산 및 입양 | |

☞ 배우자의 근로소득금액이 40,000,000 이므로 배우자공제 불가

☞ 장애인은 연령제한은 없으나 소득금액은 1,000,000 이하이어야 함

• 기본공제 : 본인+부양가족(20세이하, 60세이상)=6×1,500,000=9,000,000

• 추가공제 : 장애인=1×2,000,000=2,000,000

부녀자(맞벌이 여성)=500,000

경로우대=1,000,000

∴ 12,500,000

11. ③ 이자소득・배당소득・부동산임대소득・사업소득・근로소득・연금소득・기타소득을 종합과세한다.

12. ① 보험료 공제액 1,600,000원

• 특별소득공제대상 보험료(①) : 500,000

• 특별세액공제대상 일반보장성 보험료(③+④+⑥) : 700,000+500,000+500,000=1,700,000

=> 1,000,000(100만원 한도)

• 특별세액공제대상 장애인보장성 보험료(⑤) : 600,000(100만원 한도)

☞ 저축성보험료는 공제대상이 아님.

☞ 배우자는 소득금액 제한, 부양가족은 연령 및 소득금액 제한을 받음.

13. ② 전액공제의료비 - 본인, 65세 이상인자, 장애인

17. 배우자 대학원, 대학기숙사비, 회계학원수강료, 미술 및 요가학원비는 공제대상이 아님.

18. 기본공제 : 1,500,000×5 = 7,500,000

추가공제 - 경로우대자공제 : 1,000,000 - 장애자공제 : 2,000,000

∴ 10,500,000원

19. 5,820,000+(50,000,000−46,000,000)×24%=6,780,000원

5

CHAPTER

# 근로소득과 세금 및 절세

제1절 근로소득의 구분 및 수입시기
제2절 근로소득의 과세방법
제3절 근로소득금액과 과세표준의 계산
제4절 근로소득자의 퇴직금과 세금
제5절 근로소득과 절세전략

# 제1절 근로소득의 구분 및 수입시기

근로소득이란 근로자가 고용계약[1] 또는 이와 유사한 계약에 의하여 종속적인 지위에서 근로를 제공하고 받는 대가를 말한다. 근로소득은 봉급, 급료, 보수, 임금, 상여, 수당 등 명칭이나 형식에 불구하고 모든 근로제공의 대가로 구성하게 되며 현금이 아닌 현물급여도 원칙적으로 근로소득에 포함된다.

그러나 근로소득으로 보지 아니하는 것과 근로소득 중 비과세 되는 것은 과세대상에서 제외된다.

## 1 근로소득의 구분

근로소득은 국내에서 지급되는 '국내 근로소득'과 국외에서 지급되는 '국외 근로소득'으로 구분한다. 국내에서 지급되는 모든 근로소득은 원천징수 대상이 되며, 국외에서 지급되는 근로소득은 원천징수의 대상이 되지 않는다.

### (1) 국내 근로소득

① 근로의 제공으로 인하여 받는 봉급·급료·보수·세비(歲費)·임금·상여·수당과 이와 유사한 성질의 급여

② 법인의 주주총회·사원총회, 또는 이에 준하는 의결기관의 결의에 의하여 상여로 받는 소득(이익처분에 의한 상여)

③ 법인세법에 의하여 상여로 처분된 금액(인정상여)

④ 퇴직으로 인하여 받는 소득으로서 퇴직소득에 속하지 아니하는 소득(퇴직공로금, 퇴직위로금 등)

---

1) 근로소득의 법률관계는 근로계약이나 고용계약이 일반적이며 근로자의 종속성을 특징으로 하고 있다. 근로소득은 독립된 자격으로 인적용역을 제공하고 받은 대가인 사업소득과 구별되며, 법인의 대표자는 법인에 종속되어 근로를 제공하고 대가를 받기 때문에 법인 대표자의 급여는 근로소득에 해당하나 개인사업의 사업주가 받는 급여는 근로소득이 아니다.

### (2) 국외 근로소득

① 외국기관 또는 우리나라에 주둔하는 국제연합군(미국군 제외)으로부터 받는 급여

② 국외에 있는 외국인 또는 외국법인(국내지점 또는 국내영업소 제외)으로부터 받는 급여(국내원천 소득금액을 계산함에 있어서 필요경비 또는 손금에 계상되는 것 제외)

## 2 비과세근로소득

### (1) 법률규정에 의하여 받는 급여 등

① 법률에 의하여 동원된 자가 동원직장에서 받는 급여

② 국민연금법에 의하여 받는 노령연금·장애연금·유족연금과 반환일시금

③ 산업재해보상보험법에 따라 수급권자가 받는 요양급여, 휴업급여, 장해급여, 간병급여, 유족급여, 유족특별급여, 장해특별급여, 장의비 또는 근로의 제공으로 인한 부상·질병·사망과 관련하여 근로자나 그 유족이 받는 배상·보상 또는 위자의 성질이 있는 급여

④ 고용보험법에 의하여 받는 실업급여·육아휴직급여·산전후휴가급여

⑤ 국가유공자등예우및지원에 관한 법률에 의해서 받는 보상금 및 학자금

### (2) 특정의 학자금

초·중등교육법 및 고등교육법에 의한 학교(외국에 있는 이와 유사한 교육기관 포함) 및 근로자직업능력개발법에 의한 직업능력개발훈련시설의 입학금·수업료·수강료 기타 공납금 중 다음의 요건을 모두 갖춘 학자금(당해연도에 납입할 금액 한도)

① 당해 근로자가 종사하는 사업체의 업무와 관련있는 교육·훈련 목적일 것

② 사업체의 규칙 등에 의하여 정하여진 지급기준에 따라 지급받을 것

③ 교육·훈련기간이 6월 이상인 경우 교육·훈련 후 당해 교육기간을 초과하여 근무하지 아니하는 때에는 지급받은 금액을 반납할 것을 조건으로 할 것

### (3) 실비변상적인 성질의 급여 등

① 일직료·숙직료 또는 여비로서 실비변상정도의 금액

② 종업원 소유차량을 종업원이 직접 운전하여 사용자의 업무수행에 이용하고 시내출장 등에 소요된 실제여비를 지급 받는 대신에 그 소요경비를 당해 사업체의 규칙 등에 의하여 정하여진 지급기준에 따라 지급 받는 금액 중 월 20만원 이내의 금액(자가운전보조금)

③ 일정한 학교의 교원이나 연구활동에 직접 종사하는 자 등이 받는 연구보조비 또는 연구활동비 중 월 20만원 이내의 금액

④ 방송·통신·신문사 등의 기자 등이 받는 취재수당 중 월 20만원 이내의 금액

⑤ 법령에서 규정한 벽지에 근무함으로 인하여 받는 월 20만원 이내의 벽지수당

⑥ 천재·지변·기타 재해로 인하여 받는 급여

⑦ 법령·조례에 의하여 제복을 착용하여야 하는 자가 받는 제복·제모 및 제화

⑧ 병원·실험실·금융기관·공장·광산에서 근무하는 자 또는 특수한 작업이나 역무에 종사하는 자가 받는 작업복이나 그 직장에서만 착용하는 피복

⑨ 선원법상 선원이 받는 월 20만원 이내의 승선수당

⑩ 소방공무원이 받는 함정근무수당·항공수당 및 화재진화수당

### (4) 국외 또는 북한 근로소득

① 국외(원양어업 선박, 외국항행 선박·항공기 포함) 또는 북한지역에서 근로를 제공하고 받은 보수 중 월 100만원(원양어업 선박, 국외 등을 항행하는 선박 또는 국외 등의 건설현장에서 근로를 제공하고 받는 보수는 월 200만원) 이내의 금액

② 공무원 및 직무수행 기타에 관하여 재외공관장의 감독을 받는 자(정부출연기관의 종사자로서 재외공관 파견근무자 포함)가 국외에서 근무하고 받는 수당 중 국내 근무시 지급받을 금액 상당액을 초과하여 받는 금액

## (5) 월정급여[2)] 100만원 이하인 근로자가 받는 초과근로수당

① 공장에서 근로를 제공하는 생산 및 관련 종사자, 운전원 및 관련 종사자, 수하물 운반종사자의 경우 연장시간근로·야간근로 또는 휴일근로로 인하여 통상임금에 가산하여 지급받는 급여 중 연 240만원 이내의 금액

② 광산근로자 및 일용근로자의 경우 연장시간근로·야간근로 또는 휴일근로로 인하여 통상임금에 가산하여 지급받는 당해 급여 총액

③ 어선에서 승무하는 선원인 근로자가 선원법에 의하여 받는 생산수당 중 연 240만원 이내의 금액

* 직전연도 총급여가 2000만원 이하 한도조건 적용

## (6) 식사 또는 월 10만원 이하의 식사대

근로자가 사내급식 또는 이와 유사한 방법으로 제공받는 식사 또는 기타 음식물은 금액과 무관하게 비과세한다. 식사 또는 기타 음식물을 제공받지 않는 근로자가 받는 월 10만원 이하의 식사대는 비과세하며 10만원을 초과하는 금액은 과세한다.

## (7) 월 10만원 이하의 출산 · 보육비

근로자 또는 배우자의 출산이나 6세 이하 자녀의 보육과 관련하여 사용자로부터 지급받는 급여로서 월 10만원 이내의 금액은 비과세한다.

## (8) 기타 비과세 근로소득

① 국민건강보험법, 고용보험법, 국민연금보험법, 공무원연금법 등에 의하여 국가·지방자치단체 또는 사용자가 부담하는 부담금

② 복무 중인 병(병)이 받는 급여

③ 국군포로의 송환 및 대우 등에 관한 법률에 따른 국군포로가 받는 보수 및 퇴직일시금

---

2) 월정급여란 매월 지급받을 수 있는 봉급, 급료, 보수, 임금, 수당 기타 이와 유사한 성질의 급여(해당 연도 중에 받는 상여 등 비정기적인 급여와 실비변상적 성질의 급여 제외)의 총액을 말한다.

**예제**

다음은 근로자의 3월 급여내역이다. 월정급여를 계산하면?

| | | | |
|---|---|---|---|
| ① 급료 | : 1,000,000원 | ② 상여금 | : 500,000원 |
| ③ 직책수당 | : 500,000원 | ④ 자가운전보조금 | : 200,000원 |
| ⑤ 가족수당 | : 100,000원 | ⑥ 식대 | : 200,000원 |

* 자가운전보조금은 본인 소유차량을 직접 운전하여 업무상 이용하고 매월 고정비로 지급받는 것이다.
* 정액식대보조금은 매월 고정적으로 지급받는 금액으로 별도의 식사 및 기타 음식물은 제공받지 않는다.

풀이

① 1,000,000 + ③ 500,000 + ⑤ 100,000 + ⑥ 100,000 = 1,700,000원

☞ 월정급여란 매월 지급받을 수 있는 성격의 급여를 말하며 상여 등 부정기적 급여와 실비변상적 성질의 급여는 제외한다.
☞ 자가운전보조금은 월 20만원, 식대는 월 10만원 이내에서 비과세하며 초과액은 과세한다.

## 3 근로소득의 수입시기

근로소득의 수입시기는 다음에 규정하는 날로 한다.

| 구 분 | 근로소득의 수입시기 |
|---|---|
| 급 여 | • 근로를 제공한 날 |
| 잉여금처분에 의한 상여 | • 해당 법인의 잉여금처분결의일(주주총회일) |
| 인정 상여 | • 해당 사업연도 중 근로를 제공한 날 |
| 근로소득으로 보는 퇴직위로금 및 퇴직공로금 등 | • 지급받거나 지급받기로 한 날 |
| 도급, 기타 이와 유사한 계약에 의하여 급여를 받는 경우 | • 해당 과세기간의 과세표준 확정신고기간 개시일 전에 해당급여가 확정되지 아니한 때에는 그 확정된 날<br>• 확정된 날 전에 실제로 받은 금액은 그 받은 날 |
| 주식매수 선택권 | • 주식매수선택권을 행사한 날 |

## 제2절 근로소득의 과세방법

근로소득의 과세방법은 다음과 같이 원천징수를 하여 징수하는 방법과 종합과세하여 과세하는 방법 2가지가 있다.

- 근로소득
  - 국내근로소득
    - 일반급여 : 매월 급여 지급시 원천징수를 하게 되며 최종적 세금의 정산은 연말정산을 하여 결정.
    - 일용근로자의 급여 : 분리과세 원천징수로서 납세가 종결.
  - 국외근로소득 — 원천징수를 하지 않고 종합과세를 하게 됨.

### 1 일반근로자의 원천징수

원천징수의무자가 매월분의 근로소득을 지급하는 때에는 '근로소득 간이세액표'에 의하여 1월부터 12월까지 매월분 근로소득에 대한 소득세를 원천징수하여, 징수일이 속하는 달의 다음 달 10일까지 원천징수 관할세무서·한국은행 또는 체신관서에 납부하여야 한다.

### 2 일반근로자의 연말정산

근로소득에 대한 연말정산이란 이자, 배당, 사업소득 등 다른 종합소득이 없는 근로소득자가 종합소득세의 신고·납부 절차 없이 그 해의 납세의무를 종결하는 제도이다. 근로소득을 지급하는 자는 다음해의 2월분 급여를 지급하는 때에, 1년간의 총급여액에 대하여 비과세소득을 공제하고 각종 소득공제 및 세액공제를 한 후 계산한 연말정산 세액과 매월 급여 지급시에 근로소득 간이세액표에 의하여 이미 원천징수한 납부세액을 비교하여 많이 징수한 세액은 돌려주고 덜 징수한 경우에는 더 징수하여 납부하면 된다.

### (1) 연말정산의 필요성

① 원천징수의무자를 통하여 근로소득자의 납부세액을 확정하여 징수하게 하고 종합소득세확정신고에 대치함으로써 근로자의 편의를 도모하게 된다.
② 세무관서의 능률적, 효율적인 세무행정과 징세비의 절감을 도모하게 된다.

### (2) 연말정산 의무자

근로소득을 지급하는 자는 개인·법인 및 국가지방자치단체를 불문하고 모두 근로소득세를 연말정산해야 할 의무가 있다. 다만, 납세조합에 가입된 국외근로소득자의 근로소득에 대하여는 납세조합이 연말정산을 하여야 한다.

### (3) 연말정산시기

① 12월분 급여에 대하여는 간이세액표에 의해 징수하여 다음달 10일까지 납부하고 다음연도 2월분 근로소득을 지급하는 때에 연말정산을 하여야 한다.
② 다음해 2월분의 급여를 2월 말일까지 지급하지 않거나 2월분의 급여가 없는 경우에는 2월말일에 급여를 지급한 것으로 보아 연말정산을 해야 한다.
③ 근로자가 중도에 퇴직한 경우에는 퇴직한 달의 급여를 지급하는 때 연말정산을 해야 한다.

### (4) 종된 근무지가 있는 근로소득자의 연말정산

#### ① 종된 근무지가 있는 근로소득자의 연말정산

일용근로자 외의 자로서 동시에 두 군데 이상에서 급여를 받는 자는 종된 근무지의 원천징수영수증을 교부받아 주된 근무지의 근로소득과 종된 근무지의 근로소득을 합산하여 연말정산을 해야 한다.

#### ② 종된 근무지의 원천징수의무자

일용근로자 외의 자로서 2인 이상으로부터 급여를 받는 자의 종된 근무지의 원천징수의무자가 소득세를 원천징수하는 때에는 종된 근무지에서 지급하는 당해 연도의 근로소득금액에 대하여만 종합소득세를 계산하고 당해 연도에 이미 원천징수하여 납부한 소득세를 공제하고 그 차액을 조정하여 징수 및 환급한다. 그러나 근로소득에 대하여 연말정산을 하였더라도 부동산임대소득이나 사업소득 등 다른 종합소득이 있는 경우에는 근로소득을 합산하여 그 다음 해 5월 1일부터 5월 31일까지 종합소득세표준확정신고를 하여야 한다.

## 3 일용근로자의 원천징수(분리과세)

일용근로자란 근로를 제공한 날 또는 시간에 따라 근로대가를 계산하거나 근로를 제공한 날 또는 시간의 근로성과에 따라 급여를 계산하여 받는 자로서 근로계약에 따라 동일한 고용주에게 3개월 이상(건설공사 종사자는 1년, 하역작업종사자는 근로기간의 제한 없음) 계속하여 고용되어 있지 않은 자를 말한다.

일용근로자의 급여는 소득의 지급자가 일용근로자로부터 소득세를 원천징수하여 익월 10일까지 납부함으로써 납세의무가 종결되는 분리과세 소득(완납적 원천징수)이다. 일용근로자에 대한 근로소득 공제는 일 100,000원을 공제하며, 일용근로자의 원천징수세액은 다음과 같이 계산한다.

일용근로자의 원천징수세액 = (일급여액−근로소득공제)×세율(6%)−근로소득세액공제

- 근로소득공제는 일 10만원.
- 근로소득세액공제는 산출세액의 55%이며, 한도 없음.

**예제**

200×년 5월 중 일용근로자에게 110,000원의 일당을 지급하는 경우 원천징수할 소득세액은?

**풀이**

(110,000 − 100,000) × 6% − (600 − 600×55%) = 270원

## 4 외국인근로자에 대한 과세특례

외국인인 임원 또는 사용인(일용근로자 제외, 외국인근로자라 함)이 국내에서 근무함으로써 2012. 12. 31까지 지급받는 근로소득에 대한 소득세는 다음의 방법 중에서 선택하여 계산할 수 있다.

① 국내에서 근무함으로써 지급받는 근로소득×15%

② 총급여액의 30%를 비과세하고 국내근로자와 동일하게 계산(기본세율 적용)

①을 선택한 경우 소득세법 및 조세특례제한법 규정에 의한 소득세와 관련된 비과세(②의 방법 포함)·공제·감면 및 세액공제에 관한 규정은 적용하지 아니한다. 또한 해당 근로소득은 종합소득과세표준의 계산에 있어서 이를 합산하지 아니한다.

## 5 국외 근로소득

국외근로소득은 원천징수 대상이 아니므로 그 소득의 지급자는 원천징수의무가 없으나, 국외근로소득자는 납세의 편의상 납세조합을 조직할 수 있으며 이 경우 납세조합이 국외근로소득자에 대한 소득세를 매월 원천징수하여야 한다. 국외근로소득자가 납세조합을 통하여 납세의무를 이행할 경우 산출세액의 10%를 세액공제 받을 수 있다. 단, 비거주자 또는 외국법인 국내사업장의 국내원천소득금액을 계산함에 있어서 필요경비 또는 손금으로 계상된 급여는 원천징수 대상이다. 왜냐하면 비거주자·외국법인으로부터 받는 급여라 하더라도 이를 해당 국내사업장에서 지급한 것으로 보아 해당 국내사업장에서 원천징수하여야 하기 때문이다.

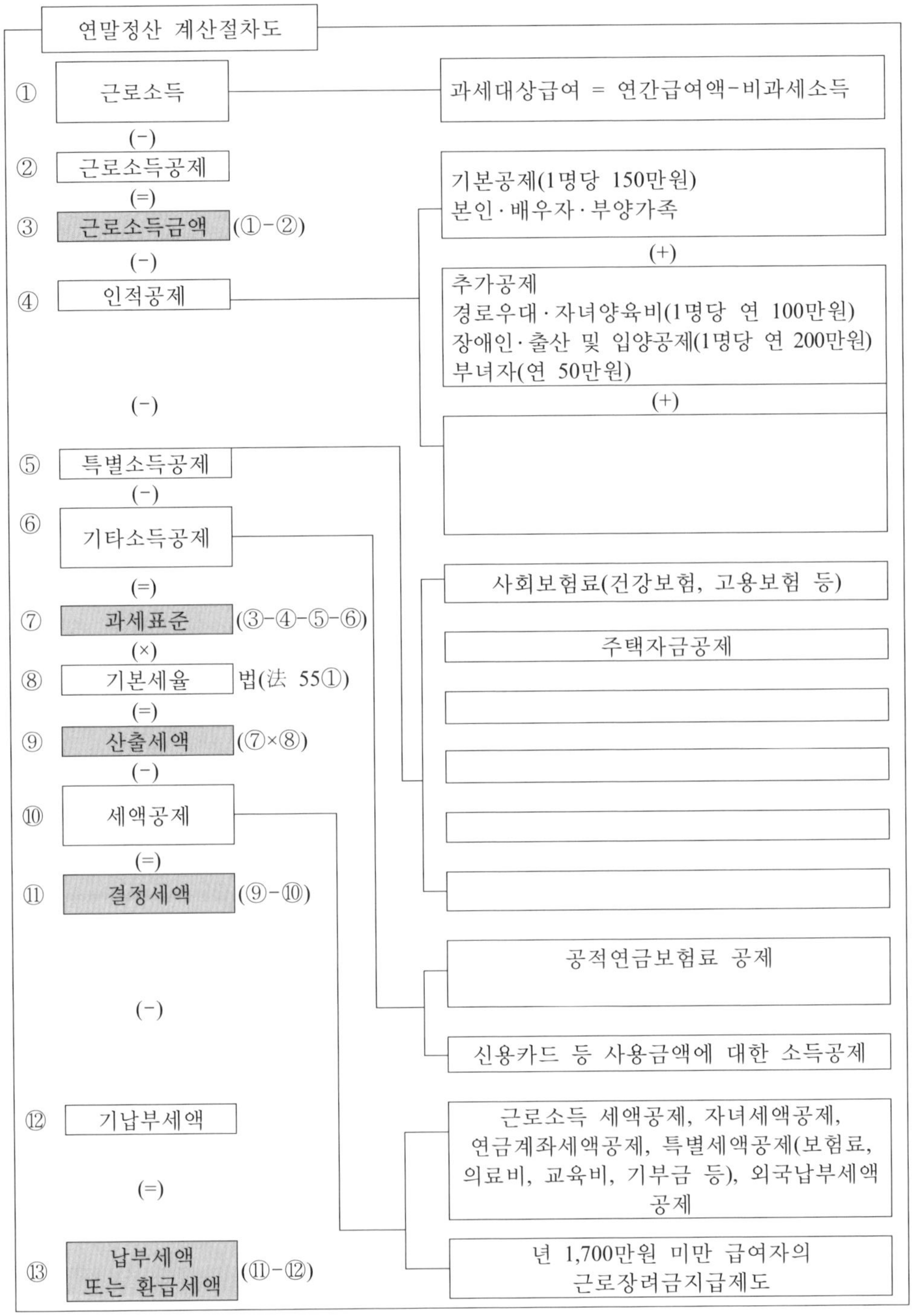
연말정산 계산절차도
① 근로소득
과세대상급여 = 연간급여액-비과세소득
(-)
② 근로소득공제
(=)
③ 근로소득금액 (①-②)
(-)
④ 인적공제
기본공제(1명당 150만원)
본인·배우자·부양가족
(+)
추가공제
경로우대·자녀양육비(1명당 연 100만원)
장애인·출산 및 입양공제(1명당 연 200만원)
부녀자(연 50만원)
(+)
(-)
⑤ 특별소득공제
(-)
⑥ 기타소득공제
(=)
사회보험료(건강보험, 고용보험 등)
⑦ 과세표준 (③-④-⑤-⑥)
(×)
주택자금공제
⑧ 기본세율 법(法 55①)
(=)
⑨ 산출세액 (⑦×⑧)
(-)
⑩ 세액공제
(=)
⑪ 결정세액 (⑨-⑩)
공적연금보험료 공제
(-)
신용카드 등 사용금액에 대한 소득공제
⑫ 기납부세액
근로소득 세액공제, 자녀세액공제, 연금계좌세액공제, 특별세액공제(보험료, 의료비, 교육비, 기부금 등), 외국납부세액 공제
(=)
⑬ 납부세액 또는 환급세액 (⑪-⑫)
년 1,700만원 미만 급여자의 근로장려금지급제도

# 제3절 근로소득금액과 과세표준의 계산

근로소득금액은 총급여액에서 근로소득공제액을 공제한 금액으로 한다. 이때, 총급여액에는 비과세소득은 포함되지 않는다.

- 총급여액(근로소득) = 연간급여액 − 비과세소득
- **근로소득금액 = 총급여액 − 근로소득공제**
- 과세표준 = 근로소득금액 − (인적공제 + 특별소득공제 + 연금보험료 공제 + 기타소득공제)

## 1 근로소득공제

근로소득공제는 근로소득을 얻기 위해 소요되는 것으로 인정한 필요경비적인 성질을 갖는 공제로서 당해 연도의 총급여액(비과세급여 제외)에서 다음의 금액을 공제해준다.

### ① 일용근로자

일용근로자의 급여는 소득의 지급자가 일용근로자로부터 소득세를 원천징수하여 익월 10일까지 납부함으로써 납세의무가 종결되는 분리과세 소득(완납적 원천징수)이다. 일용근로자에 대한 근로소득 공제는 일 100,000원을 공제한다.

### ② 일반근로자

근로소득이 있는 거주자에 대하여는 당해연도의 총급여액(비과세소득 제외)에서 다음의 금액을 공제하되 한도는 없다. 다만, 당해연도의 급여액이 공제액에 미달하는 경우에는 당해연도 급여액을 공제액으로 한다.

또한, 과세기간이 1년 미만이거나 과세기간 중 근로기간이 1년 미만인 근로소득이 있는 거주자의 경우에도 월할계산하지 않고, 다음과 같이 근로소득공제를 적용한다.

| 총급여액 | 근로소득공제액 |
|---|---|
| 500만원 이하 | 총급여액의 70% |
| 500만원 초과 ~ 1,500만원 이하 | 350만원 + 500만원 초과금액의 50% |
| 1,500만원 초과 ~ 4,500만원 이하 | 750만원 + 1,500만원 초과금액의 15% |
| 4,500만원 초과 ~ 1억원 이하 | 1,200만원 + 4,500만원 초과금액의 5% |
| 1억원 초과 | 1,475만원 + 1억원 초과금액의 2% |

**예제**

근로소득내역은 다음과 같다. 근로소득금액을 계산하면?(과세기간 1.1-12.31)

① 월급여 : 2,000,000원
② 연간 상여금 400% : 5,000,000원
③ 연간 상여로 처분된 금액 : 1,000,000원
④ 월 차량 보조금(시내출장비를 지급받지 않음) : 250,000원
⑤ 중식대 : 월 100,000원
⑥ 중식 : 시가 월 70,000원 상당액을 회사에서 제공받음
⑦ 경조금 규정에 의한 결혼 축의금 : 600,000원

**풀이**

- 총급여액 2,000,000×12 + 5,000,000 + 1,000,000 + (250,000−200,000)×12 + 100,000×12 = 31,800,000원
- 근로소득공제액 7,500,000 + (31,800,000−15,000,000)×15% = 10,020,000원
- 근로소득금액 31,800,000−10,020,000=21,780,000원

☞ 인정상여의 수입시기는 당해 사업연도 중 근로를 제공한 날임.
☞ 자가운전보조금 월 20만원이내 비과세
☞ 식사와 식사대를 모두 제공받는 경우, 식사는 비과세하고 식대는 전액 과세함
☞ 경조금은 근로소득이 아니므로 제외함

## 2 과세표준

근로소득금액이 계산되면 여기에 인적공제, 특별공제, 기타소득공제 등을 차감하여 과세표준을 산정한다. 이러한 인적공제, 특별공제, 기타소득공제 등에 대한 내용은 제4장의 소득공제를 참조한다.

## 3 근로소득에 대한 세액공제

근로소득이 있는 거주자에 대하여는 다음의 금액을 공제한다.

| 산출세액 | 공제액 | 한도액 |
|---|---|---|
| 50만원 이하 | 근로소득산출세액 × 55% | 총급여액이 5천 500만원 이하인 경우 : 66만원 |
| 50만원 초과 | 275,000원 + (근로소득산출세액 - 50만원) × 30% | 총급여액이 5천 500만원 초과 7천만원 이하인 경우 : 63만원<br>총급여액이 7천만원 초과하는 경우 : 50만원 |

**예제**

다음 자료에 의하여 근로자 이재승의 근로소득 결정세액을 계산하면?

① 근로소득금액 20,000,000원
② 종합소득 기본공제액 3,000,000원
③ 이재승은 국민주택규모의 주택을 임차하면서 은행으로부터 4,000만원을 차입하여 당해 연도 중 원리금 500만원을 상환하였다.

**풀이**

- 근로소득과세표준 = 근로소득금액 − 기본공제 − 특별소득공제(주택자금공제)
  15,000,000=20,000,000−3,000,000−(5,000,000×40%)
- 산출세액=72만원+1,200만원 초과금액의 15%
  1,170,000=720,000+(15,000,000−12,000,000)×15%
- 결정세액=산출세액−근로소득세액공제(한도 66만원)
  694,000=1,170,000−{ 275,000+(1,170,000−500,000)×30%}

# 제4절 근로소득자의 퇴직금과 세금

## 1 퇴직소득이란?

퇴직소득이란 근로소득자의 현실적인 퇴직으로 인하여 기업 또는 특정조직이 퇴직자에게 지급하는 퇴직급여, 명예퇴직수당, 퇴직보험금 등을 말한다.

근로소득은 계속적·반복적으로 발생하는 소득이나, 퇴직소득은 근속연수 동안 형성된 소득이 퇴직할 때에 일시적으로 발생하는 소득이다. 따라서 퇴직소득을 종합소득에 합산하여 과세하는 경우 누진세율구조로 인하여 퇴직할 때에 높은 세율을 적용받게 되는 문제점이 발생한다. 이러한 문제점을 개선하기 위하여 퇴직소득은 종합소득(근로소득)과 구분하여 분류과세된다.

## 2 비과세 퇴직소득

퇴직소득으로서 비과세소득은 다음과 같다.

① 산업재해보상보험법에 의하여 수급권자가 지급받은 요양급여·장해급여·간병급여·유족급여·유족특별급여·장해특별급여 및 장의비 또는 근로의 제공으로 인한 부상·질병 또는 사망과 관련하여 근로자나 그 유족이 지급받는 배상·보상 또는 위자료 성질이 있는 급여

② 근로기준법 또는 선원법에 의하여 근로자·선원 및 그 유족이 지급받는 요양보상금·휴업보상금·상병보상금·일시보상금·장해보상금·유족보상금·행방불명보상금·소지품유실보상금·장의비 및 장제비

③ 공무원연금법·군인연금법·사립학교교직원연금법 또는 별정우체국법에 의하여 지급받는 요양비·요양일시금·장해보상금·사망조위금·재해부조금 및 재해보상금 또는 신체·정신상의 장해·질병으로 인한 휴직기간 중에 받는 급여

④ 고용보험법에 의하여 받는 실업급여 및 국민연금법에 의하여 받는 반환일시금(사망으로 인하여 받는 것에 한함)·사망일시금

⑤ 국가유공자 등 예우 및 지원에 관한 법률에 의하여 받는 보상금·학자금 및 전직대통령 예우에 관한 법률에 의하여 받는 연금

단, 퇴직기간중의 특수한 공로에 의하여 지급받는 퇴직공로금·퇴직위로금 등은 퇴직소득으로 과세되지 않고 근로소득세가 과세된다.

## 3 퇴직소득세액

### (1) 퇴직소득세액의 계산

퇴직소득금액은 퇴직소득총수입금액의 합계액으로 하며 퇴직소득은 필요경비가 없다. 퇴직소득총수입금액은 당해연도에 수입하였거나 수입할 금액의 합계액에 의한다.

퇴직소득세액은 퇴직소득금액에서 비과세퇴직소득과 퇴직소득공제를 하고, 나머지 소득(과세표준)에 대해 소득세율과 근속년수를 적용하여 계산한다.

- 퇴직소득금액 = 퇴직급여액
- **퇴직소득 과세표준 = 퇴직소득금액 − 비과세퇴직소득 − 퇴직소득공제**
- 퇴직소득 산출세액 = (퇴직소득과세표준 × 5 × $\frac{1}{근속연수}$) × 기본세율 × 근속연수/5

* 퇴직소득공제 = 기본공제 + 근속연수공제

### (2) 퇴직소득 공제

퇴직소득공제는 기본공제와 근속연수공제의 합계액으로 하며 퇴직소득금액을 한도로 적용한다. 단, 해당 연도의 퇴직급여액이 퇴직소득공제 공제금액에 미달하는 경우에는 그 퇴직급여액을 공제액으로 한다.

### ① 기본공제

기본공제는 퇴직급여액에 법정공제율을 계산한 금액으로 한다. 공제율을 퇴직급여의 45%로 한다.

> 퇴직소득 기본공제 = 퇴직급여액 × 45%

### ② 근속연수공제

근속연수공제는 근속연수에 따라 다음과 같이 계산한 금액으로 한다.

| 근속연수 | 공 제 액 |
|---|---|
| 5년 이하 | 30만원 × 근속연수 |
| 5년 초과 10년 이하 | 150만원 + 50만원 × (근속년수 - 5년) |
| 10년 초과 20년 이하 | 400만원 + 80만원 × (근속년수 - 10년) |
| 20년 초과 | 1,200만원 + 120만원 × (근속년수 - 20년) |

* 1년 미만은 1년으로 함.

### ③ 해당 연도 중 2회 이상 퇴직하는 경우

당해 연도에 2회 이상 퇴직함으로써 퇴직급여를 받는 때에는 해당 연도의 퇴직급여 합계액에서 1회에 한하여 퇴직소득공제를 적용한다. 이 경우 근속연수는 2이상 근무지의 근속연수를 합한 월수에서 중복되는 기간의 월수를 제외하여 계산한다.

> 근속연수(월수) = 퇴직한 근무지의 근속연수 합계 월수−중복기간의 월수

### (3) 퇴직소득 과세표준

퇴직소득 과세표준은 퇴직소득금액에서 퇴직소득공제를 차감한 금액으로 한다.

> 퇴직소득 과세표준 = 퇴직소득금액－비과세퇴직소득－퇴직소득공제

**예제**

3년 5개월간 근무하던 회사를 퇴직하면서 퇴직금으로 20,000,000원을 받았다. 퇴직소득 산출세액을 계산하시오.

| | | |
|---|---|---|
| 퇴직소득기본공제 | : | 소득금액의 45% |
| 근속연수공제(5년 이하) | : | 30만원 × 근속연수 |

**풀이**

1. 퇴직소득기본공제 : 20,000,000×45% = 9,000,000
2. 근속연수공제 : 300,000×4년 = 1,200,000
3. 퇴직소득과세표준 : 20,000,000－9,000,000－1,200,000 = 9,800,000
4. 산출세액 : (9,800,000×5÷4년)×기본세율×4년÷5 = 588,000
   = (720,000+250,000×0.15)×0.8=606,000

**답** 606,000원

# 제5절 근로소득과 절세전략

## 1 맞벌이 부부는 소득이 많은 사람이 소득공제를 받아라![3)]

누진세율이 적용되므로 소득이 많은 사람이 공제를 받는게 효율적인 절세를 할 수 있다. 즉, 맞벌이 부부의 연말정산 시 부모님·형제·자녀 등 부양가족(배우자의 가족)에 대한 소득공제는 소득이 높은 배우자가 받아야 절세효과가 커진다.

### 사례

총급여가 각각 4,000만원, 3,000만원인 맞벌이 부부의 연말정산시 세금을 줄일 수 있는 방법은 무엇인가?

- 4인 가족 : 근로소득자 본인, 배우자(총급여 3,000만원), 자녀2명(14세·6세)
- 보장성 보험료 지출액 : 본인 100만원, 배우자 100만원
- 교육비 지출액 : 취학전 아동 250만원, 중학생 교복구입비 30만원
- 신용카드 사용금액 : 본인 1,500만원, 배우자 1,000만원

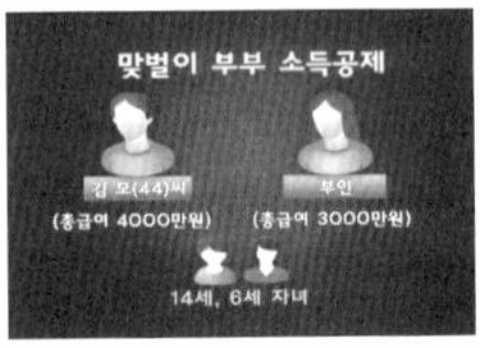


(단위: 만원)

| 사례 / 구분 | 사례1(본인이 자녀 공제) | | 사례2(배우자가 자녀 공제) | |
|---|---|---|---|---|
| | 본 인 | 배우자 | 본 인 | 배우자 |
| 총급여 | 4,000 | 3,000 | 4,000 | 3,000 |
| 근로소득공제 | 1,125 | 975 | 1,125 | 975 |
| 인적공제 기본공제 | 450 | 150 | 150 | 450 |
| 인적공제 | | | | |
| 인적공제 | | | | |
| 신용카드소득공제 | 75 | 37.5 | 75 | 37.5 |
| 보험료세액공제 | 12 | 12 | 12 | 12 |
| 교육비세액공제 | 42 | | | 42 |
| 자녀세액공제 | 30 | 30 | 30 | 30 |
| 과세표준 | 2,350 | 2,137.5 | 2,650 | 1837.5 |
| 결정세액 | | | | |
| 부부 합계 | | | | |

⇒ 소득이 높은 근로자 본인이 소득공제를 받으면 소득세를 줄일 수 있다.

3) 국세청 블로그(http://blog.naver.com/ntscaf), "맞벌이 부부는 소득이 많은 사람이 소득공제를 받아라!", 2009.

## 2 [연말정산 국세청 표준상담] 맞벌이 부부의 공제![4]

1-1. 맞벌이 부부도 배우자공제가 가능한지요?

**배우자공제를 받을 수 없다.**

배우자의 연간 소득금액 합계액이 100만원 이하인 경우에만 배우자를 기본공제 대상으로 할 수 있다.

1-2. 맞벌이 부부의 경우 본인이 계약자이고 배우자가 피보험자인 경우 보험료 공제는 누가 받게 되나요?

**본인 및 배우자 모두 공제를 받을 수 없다.**

「기본공제대상자를 피보험자로 하는 보험」의 보험료를 본인이 지출한 경우에만 공제를 적용 받을 수 있다.

그러므로, 맞벌이 부부의 경우 본인과 배우자가 서로 기본공제대상자에 해당되지 않아 상대를 피보험자로 하는 보험의 보험료는 공제를 받을 수 없다. 즉, 맞벌이 부부간에는 본인이 계약자이면서 피보험자인 경우에만 근로자 본인이 보험료 공제를 받을 수 있다.

1-3. 맞벌이 부부의 경우 본인이 기본공제 받은 자녀를 피보험자로 하는 보장성 보험을 배우자가 계약하였다면 보험료 공제를 누가 받을 수 있는지요?

**본인 및 배우자 모두 공제를 받을 수 없다.**

「기본공제대상자를 피보험자로 하는 보험」의 보험료를 본인이 지출한 경우에만 공제를 적용 받을 수 있다.

따라서, 본인은 기본공제대상 자녀가 피보험자이나 본인이 보험료를 지출하지 않았으므로 공제를 받을 수 없으며, 배우자는 피보험자인 자녀가 배우자 자신의 기본공제대상자가 아니므로 공제를 받을 수 없다.

---

4) 국세청 블로그(http://blog.naver.com/ntscaf), "[연말정산 국세청 표준상담] 맞벌이 부부의 공제".

### 1-4. 맞벌이 부부도 배우자를 위해 지출한 의료비가 공제 가능한지요?

맞벌이 부부의 경우에는 배우자를 위해 근로자 본인이 지출한 의료비는 지출한 근로자가 공제받을 수 있다.

### 1-5. 맞벌이 부부도 배우자를 위해 지출한 교육비가 공제 가능한지요?

연간 소득금액이 100만원을 초과하는 배우자를 위하여 지출한 교육비는 공제되지 않는다.

### 1-6. 가족카드의 경우 대금지급자(결제자)기준으로 공제를 하는 것인지, 아니면 카드 사용자기준으로 공제를 하는 것인지요?

사용자 기준으로 소득공제를 적용한다. 예를 들어, 맞벌이 부부로서 부인명의로 발급받은 가족카드 사용액을 남편이 결제하는 경우라도 해당 사용금액에 대하여는 부인이 소득공제를 받을 수 있다.

## 3 근로장려금의 모든 것![5]

근로장려세제란 근로빈곤층(working poor)의 근로유인을 제고하고, 실질소득을 지원하기 위한 환급형 세액공제(tax credit) 제도로 일정금액 이하의 저소득 가구에게 근로소득 금액을 기준으로 산정한 근로장려금을 세금환급의 형태로 지급함으로써 근로빈곤층이 근로유인을 제공하고 실질소득을 지원하기 위한 근로연계형 소득지원제도이다.

5) 국세청 블로그(http://blog.naver.com/ntscaf), “근로장려금의 모든 것”, 2009.

근로장려금 수급요건

| 요 건 | 내 용 |
|---|---|
| 총소득 | 부부의 연간 총소득 합계액이 부양자녀수에 따라 1,300만원~2500만원 미만 |
| 부양자녀 | 18세 미만 자녀의 수에 따라 차등 지원 |
| 주택 | 무주택 또는 주택 한 채 소유세대 |
| 재산 | 주택을 포함한 재산 합계액 1억4천만원 미만 |

단독가구인 경우(만 60세 이상인 경우)

| 총 급여액 등 | 근로장려금 |
|---|---|
| 600만원 미만 | 총급여액 등 × (70/600) |
| 600만원 이상 ~ 900만원 미만 | 70만원 정액 지급 |
| 900만원 이상 ~ 1,300만원 미만 | 70만원-(총급여액 등 - 900만원) × (70/400) |

홑벌이 가족가구인 경우

| 총 급여액 등 | 근로장려금 |
|---|---|
| 900만원 미만 | 총급여액 등 × (170/900) |
| 900만원 이상 ~ 1,200만원 미만 | 170만원 정액 지급 |
| 1,200만원 이상 ~ 2,100만원 미만 | 170만원-(총급여액 등 - 1,200만원) × (170/900) |

맞벌이 가족가구인 경우

| 총 급여액 등 | 근로장려금 |
|---|---|
| 1,000만원 미만 | 총급여액 등 × (210/1,000) |
| 1,000만원 이상 ~ 1,300만원 미만 | 210만원 정액 지급 |
| 1,300만원 이상 ~ 2,500만원 미만 | 210만원-(총급여액 등 - 1,300만원) × (210/1,200) |

### 총소득기준금액 및 소득금액계산

단독가구:1,300만원
홑벌이 가족가구:2,100만원
맞벌이 가족가구:2,500만원

근로소득=총급여액
기타소득=총수입금액-필요경비
이자배당연금소득=총수입금액
사업소득=총수입금액× 업종별 조정률

▶ 근로자의 경우 근로장려세제 전용홈페이지(http://www.eitc.go.kr)에서 본인의 근로소득을 확인할 수 있다. ◀

### 근로장려금 신청을 위한 근로자 준비 사항

- 근로장려금 신청서
- 근로소득 증거자료 : 근로소득원천징수영수증, 급여수령통장 사본, 급여지급 대장 사본, 근로소득 원천징수부 사본, 건강보험료 납부확인서 중 1가지
- 재산가액 입증자료 : 전세계약서 사본 등

공지사항

◆ 사업자가 근로소득지급명세서를 제출하지 않은 경우, 근로자가 근로소득원천징수영수증을 발급받을 수 없어 근로장려금 신청이 불가능해지는 문제점 해소를 위해 현행 법령에서 규정하고 있는 급여수령통장 사본에 추가하여 근로소득 증거자료를 확대하여 고시함('08.12.5).

- 급여지급대장 사본 : 급여수령자의 서명 또는 날인 필요
- 근로소득원천징수부 사본 : 원천징수영수증 발급의 원천자료
- 건강보험료 납부확인서 : 국민건강보험법상 직장가입자에 한함

◆ 또한 신청인 본인 또는 배우자가 근로소득이외의 소득이 발생하여 종합소득 신고의무가 있는 경우에는 반드시 종합소득세 신고의무를 이행하여야 근로장려금을 지급받을 수 있다.

# 연 습 문 제

**1.** 다음 중 비과세되는 근로소득이 아닌 것은?

① 월 20만원 이내의 자가운전보조금
② 월 20만원의 식대보조금
③ 월정급여 100만원인 공장근로자가 받은 연 80만원의 연장근로수당
④ 사용자가 부담한 건강보험료

**2.** 200×년 10월 중 일용근로자에게 200,000원의 일당을 지급하는 경우 원천징수할 소득세액은?

① 2,000원 ② 2,700원 ③ 3,600원 ④ 5,000원

**3.** 다음은 생산직 근로자의 5월 급여내역이다. 월정급여를 계산하면?

|  |  |  |  |
|---|---|---|---|
| ① 급료 | : 1,100,000원 | ② 일·숙직료 | : 100,000원 |
| ③ 월차수당 | : 500,000원 | ④ 자가운전보조금 | : 250,000원 |
| ⑤ 휴일근로수당 | : 100,000원 | ⑥ 식대 | : 50,000원 |

* 자가운전보조금은 본인 소유차량을 직접 운전하여 업무상 이용하고 매월 고정비로 지급받는 것이며, 중식은 회사에서 제공받고 있다.
* 휴일근로수당은 매월 고정비로 통상 임금에 가산하여 지급받는 것이다.

① 1,700,000원 ② 1,650,000원 ③ 1,600,000원 ④ 1,800,000원

**4.** 다음 중 근로소득이 아닌 것은?

① 법인세법에 의하여 상여로 처분된 금액
② 국외에 있는 외국법인으로부터 받은 급여
③ 종업원에게 지급하는 퇴직공로금
④ 독립된 자격으로 보험가입자를 모집하고 보험회사로부터 받는 모집수당

**5.** 다음 자료에 의하여 근로소득공제액을 계산하시오.

| | |
|---|---|
| ① 급여액 합계 | 12,000,000원 |
| ② 상여금 | 4,000,000원 |
| ③ 연월차 수당 | 2,000,000원 |
| ④ 사용자가부담한 건강보험료 | 240,000원 |

① 7,000,000원 ② 7,950,000원 ③ 8,200,000원 ④ 7,290,000원

**6.** 다음 자료에 의하여 20××년 과세기간의 근로소득금액을 계산하여라.

| | |
|---|---|
| ㉠ 연간 급여 | : 12,000,000원 |
| ㉡ 연 상여금 | : 4,000,000원 |
| ㉢ 식대 | : 600,000원(월 50,000) |
| ㉣ 근로소득공제 : 750만원+1,500만원 초과금액×15% | |

① 8,120,000원 ② 16,000,000원 ③ 8,350,000원 ④ 8,600,000원

**7.** 근로소득이 다음과 같을 때 근로소득금액은 얼마인가?

| | |
|---|---|
| 1. 1년간 월정급여총액(매월 500,000원) | 6,000,000원 |
| 2. 근로제공으로 인한 상여금 수령액 | 500,000원 |
| 3. 법인세법에 의한 인정상여 | 300,000원 |
| 4. 소득세법상의 실비변상적 급여인 숙직비 | 400,000원 |

① 2,000,000 ② 2,400,000 ③ 1,800,000 ④ 1,700,000

**8.** 다음 자료에 의하여 근로자 이상준의 근로소득 결정세액을 계산하면?

| | |
|---|---|
| ① 근로소득금액 | 20,000,000원 |
| ② 종합소득 기본공제액 | 3,000,000원 |
| ③ 표준세액공제액 | 120,000원 |

① 700,500 ② 697,000 ③ 815,000 ④ 896,000

**9.** 2년간 근무하던 회사를 퇴직하면서 퇴직금으로 10,000,000원을 받았다. 퇴직소득 산출세액은?

① 600,000 ② 303,000 ③ 294,000 ④ 240,000

**10.** 다음 중 소득세법상 근로소득의 수입시기로 옳지 않는 것은?

① 인정 상여 : 해당 사업연도 중 근로를 제공한 날
② 급여 : 근로를 제공한 날
③ 잉여금처분에 의한 상여 : 당해 법인의 잉여금상여 지급일
④ 주식매수 선택권 : 주식매수선택권을 행사한 날

**11.** 다음중 비과세 퇴직소득이 아닌 것은?

① 산업재해보상보험법에 의하여 수급권자가 지급받은 요양급여·장해급여·간병급여·유족급여·유족특별급여·장해특별급여
② 근로기준법 또는 선원법에 의하여 근로자·선원 및 그 유족이 지급받는 휴업보상금·상병보상금·일시보상금·행방불명보상금
③ 신체·정신상의 장해·질병으로 인한 휴직기간 중에 받는 급여
④ 퇴직기간중의 특수한 공로에 의하여 지급받는 퇴직공로금

**12.** 다음 사항 중 근로소득이 아닌 것은?

① 방송사례금
② 근로제공으로 인하여 받는 봉급
③ 법인세법에 의하여 상여로 처분된 금액
④ 주주총회의 의결에 의하여 상여로 받은 소득

**13.** 소득세법상 근로소득공제의 한도액은 얼마인가?

① 50만원 ② 100만원 ③ 한도액 없음 ④ 150만원

**14.** 일용근로자에 대한 근로소득공제액은 얼마인가?

① 일 5만원 ② 일 10만원 ③ 일 15만원 ④ 일 20만원

## 정답 및 해설

| 1 | ② | 2 | ② | 3 | ④ | 4 | ④ | 5 | ② | 6 | ③ | 7 | ② | 8 | ② | 9 | ② | 10 | ③ |
|---|---|---|---|---|---|---|---|---|---|---|---|---|---|---|---|---|---|---|---|
| 11 | ④ | 12 | ① | 13 | ③ | 14 | ② | | | | | | | | | | | | |

1. ② 식대보조금 중 매월 100,000원을 초과하는 금액은 과세대상에 포함된다.
2. ② (200,000−100,000)×6%−(6,000−6000×55%) = 2,700원
3. ① 1,100,000+500,000+50,000+50,000+100,000 = 1,800,000원
   ☞ 월정급여란 매월 지급받을 수 있는 성격의 급여를 말하여 일·숙직료 등 실비변상적 성질의 급여는 제외함.
   ☞ 자가운전보조금 월 20만원이내 비과세
   ☞ 월정급여 100만원 이하인 근로자가 받는 연장시간근로・야간근로 또는 휴일근로수당 등 초과근로수당의 경우 연 240만원 이내의 금액은 비과세
   ☞ 식사와 식사대를 모두 제공받는 경우, 식사는 비과세하고 식대는 전액 과세함
4. ④는 사업소득이다.
5. 총급여액 = 12,000,000+4,000,000+2,000,000 = 18,000,000
   근로소득공제액 = 7,500,000+(18,000,000−15,000,000)×15% = 7,950,000원
6. 총수입금액 : 12,000,000+4,000,000 = 16,000,000
   근로소득공제 : 7,500,000+(16,000,000−15,000,000)×15% = 7,650,000
   근로소득금액 : 16,000,000−7,650,000 = 8,350,000
7. 1. 총급여액 계산 : 6,000,000+500,000+300,000 = 6,800,000
   2. 근로소득공제 : 3,500,000+(6,800,000−5,000,000)×50% = 4,400,000
   3. 근로소득금액 계산 : 6,800,000−4,400,000 = 2,400,000
   * 잉여금처분에 의한 상여의 경우 근로소득의 수입확정시기는 당해 법인의 잉여금처분결의일이므로 자료 3은 2011년도 근로소득금액임.
8. 근로소득과세표준 = 근로소득금액−기본공제
   16,000,000 = 20,000,000−4,000,000
   산출세액 = 72만원+1,200만원 초과금액의 15%
   1,320,000 = 720,000+(16,000,000−12,000,000)×15%
   결정세액 = 산출세액−근로소득세액공제(한도 66만원)−표준세액공제액
   697,000 = 1,320,000−{ 275,000+(1,320,000−500,000)×30% }−120,000
9. 퇴직소득과세표준 = 10,000,000−4,500,000−600,000 = 4,900,000원
   퇴직소득산출세액 = (4,900,000×5/2년)×기본세율×2년/5 = (720,000+(250,000×0.15))×2년/5
   = 303,000원
10. ③ 잉여금처분에 의한 상여의 수입시기는 당해 법인의 잉여금처분결의일이 된다.
12. ① 방송사례금은 기타소득에 속한다.
13. ③ 근로소득공제는 한도없이 공제된다.

6

CHAPTER

# 사업소득과 세금 및 절세

제1절 사업소득의 범위와 수입시기
제2절 사업소득금액의 계산
제3절 추계에 의한 소득금액계산
제4절 총수입금액 계산 특례: 간주임대료
제5절 사업소득의 과세방법과 세금의 신고
제6절 사업소득과 절세전략

# 제1절 사업소득의 범위와 수입시기

## 1 사업소득의 의의와 범위

사업소득이란 영리를 목적으로 계속적으로 운영하는 사업에서 발생하는 소득을 말한다. 특정한 행위나 거래에서 발생하는 소득이 사업소득인지 아니면 다른 소득에 속하는지는 사업의 계속성 여부와 영리목적 여부에 따라서 결정된다.

### (1) 사업소득의 범위

사업소득은 당해연도에 다음의 사업에서 발생한 소득으로 한다.

① 농업(작물재배업 중 곡물 및 기타식량재배업 제외)·임업 및 어업, 광업
② 보건 및 사회복지사업
③ 제조업, 도·소매업
④ 전기·가스, 증기 및 수도사업
⑤ 하수, 폐기물처리, 원료재생 및 환경복원업
⑥ 건설업, 운수업 및 통신업
⑦ 교육서비스업
⑧ 숙박 및 음식점업
⑨ 예술, 스포츠 및 여가 관련서비스업
⑩ 출판, 영상, 방송 통신 및 정보서비스업
⑪ 금융 및 보험업
⑫ 부동산업 및 임대업(지역권들의 권리를 대여함으로써 발생하는 소득 제외)
⑬ 전문, 과학 및 기술 서비스업
⑭ 사업시설관리 및 사업지원서비스업
⑮ 협회 및 단체, 수리 및 기타 개인서비스업

### (2) 소득세 과세가 제외되는 사업의 범위

| 구 분 | 내 용 |
|---|---|
| 농업 | ▶ 작물재배업 중 곡물 및 기타식량재배업* |
| 전문, 과학 및 기술 서비스업 | ▶ 한국표준산업분류상의 연구 및 개발업(상업적 연구개발 제외) |
| 교육서비스업 | ▶ 초·중등교육법 및 고등교육법에 의한 학교<br>▶ 근로자직업훈련촉진법에 의한 직업능력개발훈련시설<br>▶ 한국표준산업분류상의 달리 분류되지 않은 기타 교육기관 중 노인학교 |
| 보건 및 사회복지업 | ▶ 사회복지사업법에 의한 아동수용복지시설, 성인수용복지시설, 장애인수용복지시설 등 사회복지사업 |
| 협회 및 단체 | ▶ 한국산업분류의 중분류에 따른 협회 및 단체는 제외 |

* 곡물 및 기타식량재배업에서 발생한 소득은 지방세법의 농업소득세가 과세되므로, 이중과세를 방지하기 위하여 과세대상 농업에서 제외함.

## 2 비과세 사업소득

사업소득 중 다음의 소득에 대하여는 소득세를 과세하지 아니한다.

| 구 분 | 내 용 | 비과세 |
|---|---|---|
| 전답임대소득 | ▶ 논·밭을 작물생산에 이용하게 함으로써 발생하는 소득 | 전액 |
| 주택임대소득 | ▶ 1채 이하의 주택을 소유하는 자의 주택임대소득(고가주택의 임대소득 제외) | 전액 |
| 농가부업소득 | ▶ 축산부업 : 농가부업규모의 축산에서 발생하는 소득 | 전액 |
| | ▶ 축산부업 이외의 부업 : 농가부업규모를 초과하는 사육두수에서 발생하는 축산소득과 축산 이외의 기타농가부업에서 발생한 소득의 합계액 | 그 소득을 합산하여 연간 2,000만원 이하만 비과세 |
| 전통주 제조소득 | 전통주를 수도권지역 외의 읍·면 지역에서 제조함으로써 발생하는 소득 | 연간 1,200만원 이하만 비과세 |
| 임업소득 | 조림기간 5년 이산인 임지의 임목의 벌채 또는 양도로 발생하는 소득 | 연 600만원 한도(임지의 양도소득 제외) |
| 작물재배업 중 | 작물재배업(곡물재배업 외)에서 발생하는 소득으로서 연 일정 수입금액 이하인 경우 | |

## 3 사업소득의 수입시기

사업소득의 총수입금액과 필요경비의 귀속연도는 총수입금액과 필요경비가 확정된 날이 속하는 연도로 하며, 거래형태별 수입시기는 다음과 같다.

| 구 분 | 수입시기 |
|---|---|
| 상품·제품 등의 판매 | ▶ 그 상품을 인도한 날(상품 등에는 건물건설업과 부동산 개발 및 공급업의 부동산은 제외) |
| 시용판매 | ▶ 상대방이 구입 의사를 표시한 날 |
| 위탁판매 | ▶ 수탁자가 그 위탁품을 판매하는 날 |
| 장기할부조건에 의한 판매 | ▶ 원칙 : 그 상품을 인도한 날<br>▶ 예외 : 장기할부조건에 따라 수입하였거나 수입하기로 약정한 날이 속하는 과세기간에 당해 수입금액과 이에 대응하는 필요경비를 결산상 계상한 경우에는 그 장기할부조건에 따라 수입하였거나 수입하기로 약정된 날 |
| 금융보험업에서 발생하는 이자 및 할인액 | ▶ 실제로 수입된 날 |
| 건설·제조 기타 용역(도급공사 및 예약매출 포함)의 제공 | ▶ 단기(계약기간이 1년 미만인 경우) : 완성기준<br>▶ 장기(계약기간이 1년 이상인 경우) : 진행기준 |
| 무인판매기에 의한 판매 | ▶ 해당 사업자가 무인판매기에서 현금을 인출하는 때 |
| 인적용역의 제공 | ▶ 대가지급 약정일과 용역제공 완료일 중 빠른 날 |
| 어음의 할인 | ▶ 어음의 만기일<br>▶ 만기 전에 그 어음을 양도하는 경우 : 그 양도일 |
| 위에 해당하지 아니하는 자산의 매매 | ▶ 대금을 청산한 날<br>▶ 예외 : 대금을 청산하기 전에 소유권 등의 이전에 관한 등기·등록을 하거나 해당 자산을 사용수익하는 경우에는 그 등기·등록일 또는 사용수익일 중 빠른 날 |

## 제2절 사업소득금액의 계산

사업소득금액은 해당 연도의 총수입금액에서 이에 소요된 필요경비를 공제한 금액으로 계산하되, 전년도의 사업소득에서 발생한 이월결손금이 있는 경우에는 이를 공제한 금액으로 한다(직접법).

사업소득금액 = 사업소득 총수입금액－필요경비－이월결손금

사업자가 기장을 한 경우에는 법인세와 같이 당기순이익을 기초로 세무조정사항을 가감하여 사업소득금액을 계산한다. 이와 같이 결산서상 당기순이익으로부터 기업회계상 수익·비용과 세무회계상 익금·손금간의 차이를 조정하여 사업소득금액을 계산하는 과정을 세무조정이라 한다(간접법).

| 결산서 | 세무조정(간접법) | 세법(직접법) |
|---|---|---|
| 수익 | + 총수입금액산입<br>- 총수입금액불산입 | 총수입금액 |
| - 비용 | + 필요경비산입<br>- 필요경비불산입 | - 필요경비 |
| 당기순이익(손실)<br>[회계상 소득] | + 총수입금액산입·필요경비불산입<br>- 총수입금액불산입·필요경비산입 | 사업소득금액(결손금)<br>[세법상 과세소득] |

## 1 사업소득 총수입금액

사업소득 총수입금액은 재화의 판매금액, 용역제공의 대가, 도급금액 등의 수입금액에서 총수입금액 산입금액을 가산하고 총수입금액 불산입금액을 공제하여 계산한다.

> 사업소득 총수입금액 = 수익+총수입금액 산입금액−총수입금액 불산입금액

### (1) 총수입금액 산입항목

① 매출액(매출환입 및 에누리와 매출할인 금액 제외)
② 거래상대방으로부터 받는 장려금, 기타 이와 유사한 성질의 금액
③ 관세환급금 등 필요경비로서 지출된 세액이 환입되거나 환입될 경우에 그 금액
④ 퇴직일시금 신탁의 이익 또는 분배금 등
⑤ 사업과 관련하여 받은 자산수증이익·채무면제이익
⑥ 가사용으로 소비하거나 종업원 또는 타인에게 지급한 재고자산·임목
⑦ 기타 사업과 관련된 이와 유사한 수입금액

### (2) 총수입금액 불산입항목

① 소득세 또는 주민세 환급액
② 이월결손금의 보전에 충당한 자산수증이익과 채무면제이익
③ 이월된 소득금액
④ 사업자가 생산한 제품 등을 타제품 등의 원재료로 소비한 금액
⑤ 건설업자가 자기 생산품을 건설자재로 사용한 금액
⑥ 전기사업자 등이 생산한 전력 등을 다른 사업의 동력으로 소비한 금액
⑦ 개별소비세 등 사업자가 징수를 대행하는 간접세의 수입금액
⑧ 국세 등의 과오납금 환급이자

⑨ 부가가치세의 매출세액

⑩ 석유판매업자가 농어민 등에게 공급한 면세유에 대해 환급받은 세액

**예제**

다음 자료를 보고 사업자 변성환의 총수입금액을 계산하시오.

| | |
|---|---|
| 1. 총매출액 | 50,500,000원 |
| 2. 매출에누리 및 환입액 | 1,500,000원 |
| 3. 예금이자수입 | 5,000,000원 |
| 4. 사업용 자산의 손실로 인한 보험차익 | 3,000,000원 |
| 5. 매출할인액 | 2,000,000원 |
| 6. 거래상대방으로부터 받은 장려금 | 4,000,000원 |

**풀이**

① 총수입금액
50,500,000+3,000,000+4,000,000−1,500,000−2,000,000
= 54,000,000

② 예금이자수익은 이자소득임

## 2 필요경비

필요경비란 당해연도의 총수입금액에 대응하는 비용으로서 일반적으로 용인되는 통상적인 것의 합계액으로 한다.

필요경비 = 비용+필요경비 산입금액−필요경비 불산입금액

### (1) 필요경비 산입항목

① 판매한 상품·제품에 대한 원료의 매입가액(매입환출 및 에누리와 매입할인 금액 제외)과 그 부대비용

② 부동산의 양도 당시의 장부가액(건물건설업과 부동산개발 및 공급업의

경우만 해당)

③ 사업용 자산에 대한 비용 ; 수선비, 관리비와 유지비, 임차료 등

④ 임업의 경비 ; 종묘 및 비료의 매입비, 식림비, 관리비, 벌채비, 설비비, 개량비, 임목의 매도경비

⑤ 사업과 관련있는 제세공과금

⑥ 사업용 자산에 대한 손해보험료

⑦ 종업원 급여(종업원에는 해당 사업자의 사업에 직접 종사하고 있는 그 사업자의 배우자 또는 부양가족 포함)

⑧ 국민건강보험법 및 고용보험법 및 노인장기요양보험법에 의하여 사용자로서 부담하는 보험료·부담금 및 국민건강보험법 및 노인장기요양보험법에 의한 지역가입자로서 부담하는 보험료

⑨ 국민건강보험법 및 노인장기요양보험법에 의한 직장가입자로서 부담하는 사용자 본인의 보험료

⑩ 퇴직보험 등의 보험료

⑪ 대손금(부가가치세 매출세액의 미수금으로서 회수할 수 없는 것 중 대손세액공제를 받지 아니한 것을 포함)

⑫ 거래수량 또는 거래금액에 따라 상대편에게 지급하는 장려금 기타 이와 유사한 성질의 금액

⑬ 종업원을 위하여 직장체육비·직장연예비·가족계획사업지원비 등으로 지출한 금액

⑭ 업무와 관련있는 해외시찰·훈련비

⑮ 사용인에게 지급한 경조금 중 사회통념상 타당하다고 인정되는 범위 안의 금액

⑯ 영업자가 조직한 단체로서 법인이거나 주무관청에 등록된 조합 또는 협회에 지급하는 회비

⑰ 영유아보육법에 의하여 설치된 작장보육시설의 운영비

⑱ 초·중등교육법에 의하여 설치된 근로청소년을 위한 특별학급 또는 산업체부설 중·고등학교의 운영비

⑲ 총수입금액을 얻기 위하여 직접 사용된 부채에 대한 지급이자

⑳ 자산의 평가차손

㉑ 사업용 고정자산의 감가상각비
㉒ 재해손실
㉓ 기타 위의 경비 이외에 이와 유사한 성질의 것으로서 해당 총수입금액에 대응하는 경비

## (2) 필요경비 불산입항목

① 소득세와 소득할 주민세
② 벌금, 과료와 과태료
③ 국세징수법 등에 의한 가산금과 체납처분비, 세법에 따라 징수해야 하는 조세의 징수불이행으로 인한 가산세
④ 감가상각비로서 세법에 정한 감가상각 범위액을 초과하는 금액
⑤ 가사의 경비와 이에 관련되는 경비(주택관련 경비, 초과인출금[6]의 지급이자 등)
⑥ 파손, 부패 등의 재고자산, 천재지변, 화재, 법령에 의한 수용 또는 채굴불능으로 인한 폐광 등을 제외한 자산의 평가차손
⑦ 반출하였으나 판매하지 아니한 개별소비세·주세의 미납액. 단, 제품가액에 세액상당액을 가산한 경우에는 제외
⑧ 부가가치세의 매입세액. 단, 면세사업자의 매입세액과 간이과세자가 납부한 부가가치세액 등은 필요경비에 산입함.
⑨ 건설자금에 충당한 차입금의 이자(건설자금이자)
⑩ 채권자가 불분명한 차입금의 이자
⑪ 업무무관비용
⑫ 선급비용
⑬ 업무와 관련하여 고의 또는 중대한 과실로 타인의 권리를 침해함으로써 지급되는 손해배상금
⑭ 법령에 의하여 의무적으로 납부하는 것이 아니거나 법령에 의한 의무의 불이행 또는 금지·제한 등의 위반에 대한 제재로서 부과되는 공과금

6) 사업용자산의 합계액이 부채의 합계액에 미달하는 경우에 그 미달하는 금액에 상당하는 부채

**예제**

다음 자료를 보고 사업자 이혁진의 사업소득금액을 계산하시오.

| | | | |
|---|---|---|---|
| • 매출액 | 52,000,000 | • 이자수입 | 2,000,000 |
| • 매출원가 | 32,000,000 | • 급여 | 8,000,000 |
| • 광고비용 | 3,000,000 | • 교통비 | 3,000,000 |
| • 종합소득세 | 1,000,000 | • 손해배상금 | 300,000 |

**풀이**

- 총수입 : 52,000,000
- 필요경비 : 32,000,000 + 8,000,000 + 3,000,000 + 3,000,000
  = 46,000,000
- 사업소득금액 : 52,000,000 − 46,000,000 = 6,000,000

☞ 이자수입은 이자소득임.
☞ 손해배상금, 종합소득세는 필요경비가 아님

**답** 54,000,000원

## 제3절 추계에 의한 소득금액계산

소득세법은 신고납세제도를 채택하고 있으므로, 납세자의 과세표준 신고에 의해 납세의무가 확정된다. 그러나 예외적으로 장부 기타 증빙서류에 의하여 소득금액을 계산할 수 없는 경우에는 소득금액을 추계조사결정할 수 있다.

추계조사결정방법은 단순경비율 및 기준경비율[7]에 의한 방법, 동업자권형에 의한 방법, 기타 국세청장이 합리적이라고 인정하는 방법 순으로 적용한다.

7) 기준경비율과 단순경비율은 국세청장이 규모와 업황에 있어서 평균적인 기업에 대하여 업종과 기업의 특성에 따라 조사한 표준적인 경비비율을 참작하여 기준경비율심의회의 심의를 거쳐 결정한 경비율을 말한다.

## 1 단순경비율 적용대상자

단순경비율제도란 당해 과세기간에 신규로 사업을 개시한 사업자이거나 직전연도 수입금액이 일정금액 미만인 소규모사업자에 대하여는 기본경비에 대하여 별도의 증빙서류 없이 필요경비를 인정해 주는 제도이다.

단순경비율 적용대상 및 적용기준은 다음과 같다.

| 업 종 | 직전연도 수입금액 |
|---|---|
| 농업 및 임업, 어업, 광업, 도매업 및 소매업, 부동산 매매업 기타 아래에 해당하지 않는 사업 | 6,000만원 미만 |
| 제조업, 숙박 및 음식점업, 전기·가스 및 수도사업, 건설업, 운수업, 통신업, 금융 및 보험업 | 3,600만원 미만 |
| 부동산임대업, 사업서비스업, 교육서비스업, 보건 및 사회복지사업, 오락·문화 및 운동관련 서비스업과 기타 공공·수리 및 개인서비스업, 가사서비스업 | 2,400만원 미만 |
| 당해 과세기간에 신규로 사업을 개시한 사업자 | |

단순경비율에 의한 소득금액계산방법은 아래와 같다.

> 소득금액 = 총수입금액 − (총수입금액 × 단순경비율) + 충당금·준비금 등 환입액

**예제**

의류소매점을 경영하는 이재명의 수입금액이 1억원인 경우, 단순경비율에 의해 계산한 소득금액은? (단순경비율 89.5%로 가정함)

**풀이**

소득금액 = 수입금액 − (수입금액 × 단순경비율)
= 100,000,000 − (100,000,000 × 89.5%) = 10,500,000원

## 2 기준경비율 적용대상자

기준경비율제도란 단순경비율 적용대상자 외의 자에게 적용되는 제도로서 매입비용, 임차료, 인건비 등의 기본적인 경비는 증빙서류에 의거하여 필요경비를 인정해주고 기타 경비는 정부에서 정한 기준경비율에 의거하여 필요경비를 인정해주는 제도이다.

기준경비율에 의한 소득금액계산방법은 아래와 같다.

**소득금액 = Min[①, ②]+충당금·준비금 등 환입액**

① 수입금액－증빙으로 확인되는 주요 경비－(수입금액×업종별 기준경비율)
② 한도 : {수입금액－(수입금액×단순경비율)}×국세청장이 정하는 배율

**예제**

한식음식점을 경영하는 최반석의 수입금액이 1억 2천만원, 증빙 있는 주요경비(매입비용, 임차료, 인건비)가 9천 5백만원인 경우, 기준경비율에 의해 계산한 소득금액은? (기준경비율 11.3%로 가정함)

**풀이**

소득금액 = 수입금액－증빙 있는 주요경비－(수입금액×기준경비율)
= 120,000,000－95,000,000－(120,000,000×11.3%)
= 11,440,000원

## 3 동업자권형에 의한 방법

기준경비율 또는 단순경비율이 결정되지 아니하였거나 천재·지변 기타 불가항력으로 장부 기타 증빙서류가 멸실된 때에는 기장이 가장 정확하다고 인정되는 동일 업종의 다른 사업자의 소득금액을 참작하여 그 소득금액을 계산한다. 동일 업종의 다른 사업자가 없는 경우로서 과세표준확정신고 후에 장부

등이 멸실된 때에는 과세표준확정신고서 및 그 첨부서류에 의하고 과세표준확정신고 전에 장부 등이 멸실된 때에는 직전 과세기간의 소득율에 의하여 소득금액을 계산한다.

## 제4절 총수입금액 계산 특례: 간주임대료

부동산과 부동산상의 권리 등을 대여하고 임대보증금·전세금 기타 이와 유사한 성질의 금액을 받은 경우에는 간주임대료를 총수입금액에 산입한다. 이 경우 총수입금액에 산입할 금액이 영보다 적은 때에는 이를 없는 것으로 보며, 적수의 계산은 매월말 현재의 보증금 등의 잔액에 경과일수를 곱하여 계산할 수 있다.

### (1) 주택과 주택부수토지를 임대하는 경우

주택의 임대보증금은 간주임대료 계산대상이 아니다. 다만, 3주택 이상을 소유하고 주택보증금 등의 합계액이 3억원을 초과하는 경우에는 2011년부터 다음과 같이 간주임대료를 계산한다.

#### ① 추계신고 · 추계결정의 경우

$$(\text{보증금 등}-3\text{억원}^{*})\text{의 적수}\times 60\%\times \frac{1}{365}\times \text{이자율}$$

* 보증금 등을 받은 주택이 2주택 이상인 경우에는 보증금 등의 적수가 가장 큰 주택의 보증금 등에서부터 순차로 차감한다.

② 추계신고 · 추계결정 이외의 경우

$$(\text{보증금 등} - 3\text{억원})\text{의 적수} \times 60\% \times \frac{1}{365} \times \text{이자율} - \text{보증금 등에서 발생한 금융수익}^{*}$$

* 임대보증금에서 발생한 금융소득은 수입이자와 할인료 및 수입배당금을 말하며, 유가증권처분이익과 신주인수처분이익은 금융수익으로서 차감하지 않는다.

### (2) 주택과 주택부수토지 임대 이외의 경우

① 추계신고 · 추계결정의 경우

$$\text{보증금 등의 적수} \times 60\% \times \frac{1}{365} \times \text{이자율}$$

② 추계신고 · 추계결정 이외의 경우

$$(\text{보증금 등의 적수} - \text{건설비 적수}) \times 60\% \times \frac{1}{365} \times \text{이자율} - \text{보증금 등에서 발생한 금융수익}$$

# 제5절 사업소득의 과세방법과 세금의 신고

## 1 사업소득의 과세방법

사업소득에는 분리과세대상소득이 없으므로 비과세소득이 아닌 한 모두 종합과세 한다. 다만, 사업소득에는 몇 가지 특례규정(원천징수특례, 연말정산특례, 납세조합징수의 특례) 등이 있다.

사업소득에 대한 과세방법을 요약하면 다음과 같다.

| 구 분 | 원천징수여부 | 원천징수세율 | 과세방법 |
|---|---|---|---|
| 원칙 | × | - | 확정신고(종합과세)[1] |
| 부가가치세 면세대상 의료보건용역 및 인적용역(접대부와 댄서용역 제외) | O | 수입금액의 3% | 확정신고(종합과세) |
| 봉사료수입금액[2] | O | 수입금액의 5% | 확정신고(종합과세) |
| 간편장부대상자인 보험모집인·방문판매원[3] | O (매월) | 수입금액의 3% | 연말정산(종합과세) |
| 납세조합(농·축·수산물 판매업자 등) | O (매월) | 간이세액표 (기본세율) | 확정신고(종합과세) |

1) 연말정산대상 사업소득만 있는 자는 확정신고를 하지 않아도 됨
2) 봉사료가 공급가액(간이과세자의 경우 공급대가)의 20%를 초과하는 경우에 한함
3) 방문판매인의 사업소득은 원천징수의무자(방문판매회사)가 사업장 관할세무서장에게 연말정산을 신청한 경우에 한하여 연말정산함

## 2 사업소득의 연말정산

| 구 분 | 과세방법 |
|---|---|
| 연말정산대상자 | 간편장부대상자인 보험모집인과 방문판매인 |
| 연말정산시기 | 다음연도 1월분 사업소득을 지급하는 때(단, 1월분 사업소득을 1. 31까지 지급하지 아니하거나 1월분 사업소득이 없는 경우에는 1. 31) 또는 해당 사업자와 거래계약을 해지하는 달의 사업소득을 지급하는 때 |
| 사업소득금액 | 사업소득금액 = 사업소득 수입금액 × 소득률 |
| 소득공제신고 | 소득공제를 받고자 할 때는 연말정산시까지 소득공제신고서를 제출하여야 함<br>소득공제신고서를 제출하지 않으면 본인의 기본공제와 표준세액공제만 적용 |
| 세액의 정산 | 근로소득의 연말정산과 동일함 |

* 소득률 ; 보험모집인 21.4%(수입금액 4천만원 초과분 30%), 방문판매인 24%(수입금액 4천만원 초과분 33.6%). 단, 사업기간이 1년 미만인 사업자 경우(사업소득금액 = 수입금액×12/사업연도월수×소득률×사업연도월수/12)

## 3 사업소득자의 종합소득신고

사업소득자는 다음연도 5월1일부터 5월31일까지 주소지 관할세무서에 종합소득신고 및 납부를 해야 한다. 그러나 근로소득 또는 연금소득만 있거나, 이자·배당소득으로서 기준금액 이내의 소득자, 간편장부 작성대상인 보험모집인·방문판매인으로서 사업주가 연말정산하는자 등은 종합소득 신고없이 원천징수로써 납세의무가 종결된다.

| 구 분 | 원천징수로써 납세의무 종결자 | 종합소득신고의무자 |
|---|---|---|
| 원천징수 납세의무 종결자 | 근로소득 또는 연금소득(국민연금·공무원연금 등)만 있는자 | 사업소득자 |
| | 간편장부작성대상자인 보험모집인·방문판매인으로서 사업주가 연말정산하는 자 | 부동산임대소득자 |
| | 이자·배당소득으로서 기준금액(2천만원) 이내의 소득자 | 이자·배당소득으로서 기준금액(2천만원) 초과자 |
| | 기타소득금액 300만원 이하인 자 | 기타소득금액 300만원 초과자 |

## 4 사업소득세 신고방법

사업소득세는 1년간(1. 1~12. 31)의 소득에 대하여 다음해 5. 1~5. 31까지 주소지 관할세무서에 신고하면 된다. 다만, 사업의 규모에 따라 신고하는 방법이 다르다.

### (1) 복식부기의무자

간편장부대상자 이외의 사업자를 복식부기의무자라 하며, 복식부기의무자는 기업회계기준에 의하여 장부 및 증빙서류를 비치·기장하여야 하며, 이를 근거로 재무상태표(대차대조표), 손익계산서와 합계잔액시산표 및 조정계산서를 작성하여 소득세 신고서에 첨부하여 신고하여야 한다.

재무제표와 조정계산서 등을 제출하지 않거나 기장에 의하여 신고하지 아니하고 추계신고하는 경우에는 과세표준확정신고를 하지 않은 것으로 보아, 소득공제와 각종세액감면 및 공제를 받을 수 없으며, 신고불성실 가산세를 산출세액에 따라 20%~40% 부담해야 하거나, 수입금액의 7/10,000~14/10,000를 납부해야하고, 납부불성실 가산세는 미납부세액의 일일 0.03%를 납부하여야 한다.

### (2) 간편장부대상자

간편장부대상자란 당해연도에 새로 사업을 시작했거나 직전년도 수입금액이 다음에 해당하는 사업자로서(단, 전문직 사업자 제외) 국세청이 정한 간편장부를 비치하고 간편장부에 그 사업에 관한 거래사실을 성실히 기재하여 간편장부소득금액계산서를 작성하고 이를 소득세신고서에 첨부하여 신고하여야 한다.

간편장부대상자가 장부를 비치·기장하고 간편장부소득금액계산서를 첨부하여 신고한 경우에는 산출세액의 5%(2011년 귀속 이후 폐지), 복식부기에 의하여 장부를 기장·신고하는 경우에는 산출세액의 20%의 기장세액공제(연간 100만원 한도)를 적용받을 수 있다. 그러나 장부를 비치·기장하지 않은 경우에는 20%의 무기장가산세를 부담해야 한다. 이 경우 손실이 발생했어도 이를 인정받지 못하는 불이익을 받게 된다.

| 업 종 | 직전 연도 수입금액 |
|---|---|
| ▸ 농업, 임업, 어업, 광업, 도매업, 소매업, 부동산매매업, 기타 아래에 해당하지 않는 업 | 3억원 미만 |
| ▸ 제조업, 숙박 및 음식점업, 전기·가스·수도사업, 건설업, 운수업, 통신업, 금융·보험업 | 1억5천만원 미만 |
| ▸ 부동산임대업, 사업서비스업, 교육서비스업, 보건 및 사회복지사업, 오락·문화 및 운동관련 서비스업과 기타 공공수리 및 개인서비스업, 가사서비스업 | 7천5백만원 미만 |
| ▸ 당해연도에 신규로 사업을 개시하는 사업자 | |

단, 전문직사업자 범위에 속하는 사업자[8]는 2007.1.1 이후 발생하는 소득분부터 수입금액에 상관없이 복식부기 의무가 부여되며, 복식부기 의무자는 간편장부를 작성하더라도 장부를 비치·기장하지 않은 것으로 본다.

## (3) 소규모사업자

간편장부대상자 중 당해과세기간에 신규로 사업을 개시한 사업자와 직전과세기간의 총수입금액이 4,800만원에 미달하는 사업자를 말하며 소규모사업자는 간편장부를 기장하고 간편장부소득금액계산서를 첨부하여 소득세신고를 한 경우에는 10%의 기장세액공제를 적용받을 수 있으며 장부를 비치기장하지 않은 경우에도 가산세의 적용을 받지 않는다.

이때 원천징수되는 사업소득으로서 연말정산대상자인 사업자의 경우에는 소규모사업자로 본다.

8) 전문직사업자 범위에 속하는 사업자
① 부가가치세 간이과세배제 대상 사업서비스 - 변호사, 심판변론인, 변리사, 법무사, 공인회계사, 세무사, 경영지도사, 기술지도사, 감정평가사, 손해사정인, 관세사, 기술사, 건축사, 도선사, 측량사
② 의료·보건용역을 제공하는 자 - 의사, 치과의사, 한의사, 수의사, (한)약사

# 제6절 사업소득과 절세전략

## 1 사업이 어렵다면 세금납부 연기를 신청할 수 있는지 알아보자.[9]

사업을 하다 보면 재해를 당하거나 거래처의 파업 등으로 사업이 위기에 처해 있음에도 세법이 정한 바에 따라 세금을 납부해야 할 때가 있다. 이런 경우 세금 낼 돈이 없다고 해서 아무런 조치를 취하지 않고 세금을 납부하지 않는다면, 그에 따를 가산세와 가산금이 부과돼 오히려 부담만 늘어나게 된다.

이와 같이 납세자에게 일정한 사유가 있는 경우 정부에서는 납부기한연장이나 징수유예 등 「납세유예제도」를 통해 일정기간 세금납부를 연기할 수 있도록 지원하고 있다. 따라서 아래에서 정하고 있는 사유로 인해 기한 내에 세금을 납부하기가 곤란한 경우에는 납부기한 연장 또는 징수유예를 신청해 일정기간 동안 세금납부를 연장 받으면 많은 도움이 될 것이다.

### (1) 납부기한 연장

납부해야 할 세금이 자진신고납세분인 경우에는 「납부기한연장승인신청서」를 기한만료일 3일 전까지 제출해야 한다. 납부기한을 연장할 수 있는 사유는 다음과 같다.

① 천재·지변이 발생한 경우
② 납세자가 화재·전화 기타 재해를 입거나 도난을 당한 때
③ 납세자 또는 그 동거가족이 질병으로 위중하거나 사망해 상중인 때
④ 납세자가 그 사업에 심한 손해를 입거나, 그 사업이 중대한 위기에 처한 때(납부의 경우에 한한다)

9) 국세청 블로그(http://blog.naver.com/ntscaf), "사업이 어렵다면 세금납부 연기를 신청할 수 있는지 알아보자.", 2009.

⑤ 정전, 프로그램의 오류 기타 부득이한 사유로 한국은행(그 대리점을 포함한다) 및 체신관서의 정보통신망의 정상적인 가동이 불가능한 때
⑥ 금융기관(한국은행 국고대리점 및 국고수납대리점인 금융기관에 한한다) 또는 체신관서의 휴무 그밖에 부득이한 사유로 인해 정상적인 세금납부가 곤란하다고 국세청장이 인정하는 때
⑦ 권한있는 기관에 장부·서류가 압수 또는 영치된 때
⑧ 납세자의 형편, 경제적 사정 등을 고려하여 기한의 연장이 필요하다고 인정되는 경우로서 국체청장이 정하는 기준에 해당하는 때(납부의 경우에 한한다)
⑨ ①~② 또는 ④에 준하는 사유가 있는 때

신청·청구, 기타서류제출 등의 기한연장은 3월 이내로 하시되, 당해 기한연장의 사유가 소멸되지 않은 경우 1개월의 범위 안에서 관할 세무서장이 기한을 재연장 할 수 있으며, 신고 및 납부의 기한연장은 9월의 범위 내에서 관할 세무서장이 연장·재연장 할 수 있다.

### (2) 징수유예

납부해야 할 세금이 납세고지서에 의한 고지분인 경우에는 납부기한 3일 전까지 관할 세무서장에게 「징수유예신청서」를 제출해야 한다. 징수유예 사유는 다음과 같다.

① 재해 또는 도난으로 재산에 심한 손실을 받은 때
② 사업에 현저한 손실을 받은 때
③ 사업이 중대한 위기에 처한 때
④ 납세자 또는 그 동거가족의 질병이나 중상해로 장기치료를 요하는 때
⑤ 조세의 이중과세방지를 위하여 체결한 조약에 의하여 외국의 권한 있는 당국과 상호합의절차가 진행중인 때
⑥ 위의 ①~④에 준하는 사유가 있는 때

징수유예 기간은 유예한 날의 다음날부터 9개월 이내로 해야한다. 다만, 상호합의가 진행중인 때에는 상호합의 절차가 종료한 때까지로 한다.

### (3) 납부기한 연장 및 징수유예 취소

다음의 경우에는 납부기한연장 및 징수유예를 취소하고, 연장 또는 유예된 국세를 즉시 징수해야 한다.

납부기한 연장 취소사유는 다음과 같다.

① 담보의 제공 등 세무서장의 요구에 응하지 아니한 때

② 납기전 징수 사유(국제징수법 제14조 제1항 각호의 1)에 해당돼 그 연장한 납부기한까지 당해 연장에 관계되는 국세 전액을 징수할 수 없다고 인정되는 때

③ 재산상황의 변동 등 그 연장의 필요가 없다고 인정되는 때

④ 금융기관의 정보통신망이 복구되어 정상가동 될 때

⑤ 금융기관의 부득이한 사유가 소멸되어 정상적인 세금납부가 가능한 때

징수유예 취소사유는 다음과 같다.

① 국세와 체납액을 지정된 기한까지 납부하지 아니한 때

② 담보의 변경 기타 담보보전에 필요한 세무서장의 명령에 응하지 아니한 때

③ 재산상황 기타 사정의 변화로 인해 그 유예의 필요가 없다고 인정되는 때

④ 납기전징수의 사유 중 "국세의 체납으로 체납처분을 받을 때" 이외의 사유가 발생해 유예기간까지 유예에 관계되는 국세 또는 체납액을 전액 징수 할 수 없다고 인정되는 때

## 2 중간예납제도

연간소득에 대한 세금을 한번에 납부할 경우 부담이 크므로 중간예납제도를 두어 전년에 납부한 세액의 1/2을 11월에 내도록 하고 있다. 따라서 소득세확정신고시에는 연간총소득에 대한 납부할 세금에서 미리 낸 중간예납세액을 차감하고 남은 금액을 납부하거나 환급받게 된다. 또한 납부세액이 1천만원을 초과하는 경우 중간예납납부기한으로부터 2월 내에 분할납부도 가능하다.

납부(환급)할 세액 = 연간 총납부할 세액 − 중간예납세액

## 3 회계지식이 없는 소규모 사업자의 장부기장[10)]

작은 편의점을 운영하는 노장부씨는 지금까지 장부를 쓰지 않았으나 기준경비율 제도 적용 등으로 앞으로는 어차피 장부를 써야 할 형편이다. 그런데 가족끼리 가게를 운영하고 있는 노장부씨로서는 기장을 하기 위해 직원을 새로 채용할 수도 없고 세무사에게 기장을 맡기자니 수수료도 만만치 않을것 같아 고민이다.
노장부씨가 걱정을 하자 이웃 가게의 간편해씨가 소규모 사업자가 손쉽게 작성할 수 있는 간편장부가 있으니 그것을 사용해 보라고 일러줬다.

### (1) 간편장부란?

간편장부란 소규모 사업자를 위해 국세청에서 특별히 고안한 장부로, 회계지식이 없는 사람도 쉽고 간편하게 작성할 수 있으며 이것으로 소득세와 부가가치세 신고도 가능하다.

간편장부양식

| 일자 | 거래내용 | 거래처 | 수입 | | 비용<br>(원가관련 매입포함) | | 고정자산 증감(매매) | | 비고 |
|---|---|---|---|---|---|---|---|---|---|
| | | | 금액 | 부가세 | 금액 | 부가세 | 금액 | 부가세 | |
| | | | | | | | | | |
| | | | | | | | | | |
| | | | | | | | | | |

### (2) 간편장부 기장시 혜택

① **기장세액공제** - 비치·기장한 장부에 의해 소득금액을 계산한 다음 간편장부 소득금액 계산서를 제출하고 세액공제를 신청하면, 산출세액의 5%를 공제해 준다(연간 100만원 한도).

② **이월결손금 공제** - 결손이 발생한 경우 앞으로 5년 내 발생한 소득에서 공제 받을 수 있다.

③ **기타 필요경비 인정** -감가상각비나 준비금 등을 필요경비로 인정받을 수 있다.

10) 국세청 블로그(http://blog.naver.com/ntscaf), "회계지식이 없는 소규모 사업자에요~ 장부기장 어떡하죠?", 2009.

# 연 습 문 제

**1.** 다음의 사업소득에 관한 설명 중 틀린 것은?

① 대표자의 급여는 사업소득의 필요경비에 산입된다.
② 주택신축판매업은 사업소득 중 건설업에 해당한다.
③ 농가부업규모의 축산에서 발생하는 소득은 비과세소득이다.
④ 부동산매매업도 사업소득에 해당된다.

**2.** 사업소득계산시 총수입금액에 산입하지 않는 것은?

① 거래상대방으로부터 받는 장려금
② 매출액
③ 사업과 관련된 자산수증이익·채무면제이익
④ 부가가치세의 매출세액

**3.** 다음중 소득세법상 사업소득의 총수입금액 계산 시 수입시기가 가장 잘못된 것은?

① 상품판매 - 그 상품을 인도한 날
② 시용판매 - 상대방이 구입의사를 표시한 날
③ 위탁판매 - 위탁자가 수탁자에게 물건을 인도한 날
④ 인적용역 - 대가지급약정일과 용역제공 완료일 중 빠른 날

**4.** 사업소득 금액계산시 필요경비로 인정받을 수 없는 것은?

① 사업용 자산에 대한 손해보험료 ② 종업원 급여
③ 국세징수법 등에 의한 가산금 ④ 사업용자산의 감가상각비

**5.** 다음 자료에 의하여 총수입금액을 계산하면 얼마인가?

| | |
|---|---|
| ㉠ 총매출액 : 7억원 | ㉡ 매출에누리액 : 3천만원 |
| ㉢ 매출장려금지출액 : 1천만원 | |

① 6억 9천만원 ② 6억 7천만원
③ 6억 6천만원 ④ 6억 5천만원

**6.** 영해상사를 운영하는 김대송의 다음 자료를 보고 필요경비를 계산하시오.

| | |
|---|---|
| ㉠ 상품매출원가 | : 35,000,000원 |
| ㉡ 부가가치세 매입세액 | : 3,500,000원 |
| ㉢ 상품 운반시 위법으로 벌금 | : 100,000원 |
| ㉣ 사업과 관련있는 재산의 재산세 | : 3,000,000원 |
| ㉤ 급여 | : 본인 6,000,000원/ 종업원 2,000,000원 |
| ㉥ 종합소득세 추가고지분 | : 4,100,000원 |
| ㉦ 신문광고비 | : 800,000원 |

① 45,000,000원 ② 48,500,000원 ③ 40,800,000원 ④ 53,500,000원

**7.** 다음 자료에 의해 풍각상사를 운영하는 한경구의 사업소득의 총수입 금액은?

| |
|---|
| ㉠ 총매출액 : 90,000,000원 |
| ㉡ 매출 환입 및 에누리: 4,000,000원 |
| ㉢ 부가가치세 매출세액 : 8,600,000원(위 총매출액에 포함되지 아니한 금액임) |
| ㉣ 사업용자산의 화재손실로 인한 보험 차익 : 6,000,000원 |

① 86,000,000원 ② 92,000,000원 ③ 94,000,000원 ④ 1000,00,000원

**8.** 다음 중 사업소득이 아닌 것은?

① 곡물재배업에서 발생하는 소득 ② 어업에서 발생하는 소득
③ 광업에서 발생하는 소득 ④ 제조업에서 발생하는 소득

## 정답 및 해설

| 1 | ① | 2 | ④ | 3 | ③ | 4 | ③ | 5 | ② | 6 | ③ | 7 | ② | 8 | ① | | | | |
|---|---|---|---|---|---|---|---|---|---|---|---|---|---|---|---|---|---|---|---|

1. ① 대표자의 급여는 산입하지 않는다.
2. ④ 부가가치세의 매출세액은 총수입금액 불산입항목이다.
3. ③ 위탁판매 - 수탁자가 위탁자산을 매매한 날
4. ③ 국세징수법 등에 의한 가산금은 필요경비불산입 항목이다.
5. ②
   7억원 - 3천만원 = 6억 7천만원
   * 매출장려금지출액은 필요경비에 산입한다.
6. ③ 35,000,000 + 3,000,000 + 2,000,000 + 800,000 = 40,800,000
7. ② 90,000,000 - 4,000,000 + 6,000,000 = 92,000,000
8. ① 작물재배업 중 곡물 및 기타식량재배업은 사업소득에 해당하지 아니한다.

7

CHAPTER

# 자산소득과 세금 및 절세

제1절 이자소득
제2절 배당소득
제3절 자산소득과 절세전략

자산소득이란 종합소득 중에서 이자소득과 배당소득을 말하며, 이자소득과 배당소득은 금융자산소득이라고도 한다. 이자소득과 배당소득은 종합소득이기 때문에 원칙적으로 종합과세기준금액 이하인 금융자산소득을 제외하고는 모두 종합과세되어야 한다.

# 제1절 이자소득

## 1 이자소득의 범위

이자소득이란 당해연도에 발생한 다음의 소득을 말한다.

① 채권 또는 증권의 이자와 할인액
- 국가 또는 지방자치단체가 발행한 채권 또는 증권의 이자와 할인액
- 내국법인이 발행한 채권 또는 증권의 이자와 할인액
- 외국법인의 국내지점 또는 국내영업소에서 발행한 채권이나 증권의 이자와 할인액
- 외국법인이 발행한 채권 또는 증권의 이자와 할인액

② 예금의 이자와 할인액
- 국내에서 지급받는 예금(적금, 보험금, 예탁금과 우편대체를 포함)의 이자와 할인액
- 국외에서 지급받는 예금의 이자와 신탁의 이익
- 상호저축은행법에 의한 상호신용계 또는 신용부금으로 인한 이익

③ 채권 또는 증권의 환매조건부매매차익

④ 보험계약기간이 10년 미만인 저축성보험의 보험차익

⑤ 직장공제회 초과반환금[1)]

1) 근로자들이 생활안정·복리증진·상호부조 등을 목적으로 구성한 단체로서, 근로자가 퇴직이나 탈퇴로 인하여 그 규약에 따라 직장공제회로부터 받는 반환금에서 납입공제료를 차감한 금액

⑥ 비영업대금의 이익
⑦ 위와 유사한 소득으로서 금전의 사용에 따른 대가의 성격이 있는 것

## 2 이자소득으로 보지 않는 소득

### (1) 사업소득으로 보는 경우

① 물품을 매입할 때 대금의 결제방법에 따라 에누리되는 금액
② 외상매입금이나 미지급금을 약정기일 전에 지급함으로써 받는 할인액
③ 물품을 판매하고 대금의 결제방법에 따라 추가로 받는 금액
④ 외상매출금이나 미수금의 지급기일을 연장하여 주고 추가로 받는 금액
⑤ 장기할부판매 조건으로 판매함으로써 현금거래 또는 통상적인 대금결제의 방법에 의한 경우보다 추가로 지급받는 금액

### (2) 기타소득으로 보는 경우

위약 또는 해약을 원인으로 법원의 판결에 의하여 지급받는 손해배상금에 대한 법정이자

## 3 비과세 이자소득

① 공익신탁의 이익
② 장기주택마련저축의 이자(2009년 12월 31일 이전 가입분)
③ 농협·수협 등의 조합에 대한 예탁금의 이자(2009년 12월 31일 이전 가입분)

## 4 이자소득에 대한 과세방법

### (1) 분리과세

다음에 해당하는 이자소득은 분리과세방식에 의해 소득금액의 지급자가 원천징수함으로써 납세의무가 종결된다.

① 분리과세를 신청한 장기채권 또는 장기저축의 이자와 할인액(원천징수세율 30%)
② 비실명이자소득(원천징수세율 38% 또는 90%)
③ 직장공제회 초과반환금(기본세율)
④ 비영업대금의 이익(원천징수세율 25%)
⑤ 종합과세되는 것을 제외한 이자소득(원천징수세율 14%)

### (2) 조건부종합과세

연간금융소득(이자소득+배당소득)의 합계액이 2,000만원을 초과하는 경우에는 종합과세방식에 의해 과세하는데, 이 경우 금융소득 전액에 대해서 종합과세하는 것이 아니라 그 초과하는 분에 대해서만 종합과세를 적용한다(2,000만원까지는 14%의 분리과세세율 적용). 다만, 2,000만원 이하인 경우에도 원천징수대상이 아닌 이자소득과 배당소득은 종합과세한다.

## 5 이자소득금액의 계산

이자소득은 필요경비를 인정하지 않으며 이자소득의 총수입금액이 이자소득금액이 된다.

| 이자소득금액 = 이자소득 − 비과세소득 − 분리과세소득 |
|---|

# 제2절 배당소득

## 1 배당소득

배당소득이란 당해 연도에 발생한 다음의 소득을 말한다.

① 이익배당 또는 건설이자의 배당
- 내국법인으로부터 받는 이익이나 잉여금의 배당 또는 분배금과 건설이자의 배당
- 법인으로 보는 단체로부터 받는 배당 또는 분배금
- 외국법인으로부터 받는 이익이나 잉여금의 배당 또는 분배금과 건설이자의 배당 및 이와 유사한 성질의 배당

② 국내 또는 국외에서 받는 집합투자기구로부터의 이익
③ 의제배당
④ 법인세법에 의해 배당으로 처분된 금액
⑤ 국제조세조정에 관한 법률 규정에 따라 배당받은 것으로 간주된 금액
⑥ 출자공동 사업자의 분배금
⑦ 위 ①~④와 유사한 소득으로서 수익분배의 성격이 있는 것

## 2 비과세 배당소득

① 공익신탁의 이익
② 생계형저축의 배당소득
③ 장기보유우리사주의 배당소득(개인별합계액이 5,000만원 이하에 한함)
④ 농협 등의 조합에 대한 출자금의 배당소득

## 3 배당소득에 대한 과세방법

배당소득의 과세방법도 이자소득과 마찬가지로 분리과세, 조건부 종합과세 방식으로 구분된다.

### (1) 분리과세

분리과세배당소득이란 배당소득을 지급받을 때 원천징수의무자로부터 배당소득에 대한 원천징수세액을 징수당함으로써 동 배당소득에 대한 조세부담을 종결하는 배당소득을 말한다.

① 비실명배당소득(원천징수세율 38% 또는 90%)
② 개인으로 보는 법인격이 없는 단체의 배당소득(원천징수세율 14%)
③ 기타의 배당소득(원천징수세율 14%)
④ 출자공동사업자의 배당소득(원천징수세율 25%)

### (2) 조건부 종합과세

거주자의 연간금융소득(이자소득+배당소득)의 합계액이 2,000만원을 초과하는 경우에는 종합과세방식에 의해 과세하고, 2,000만원 이하인 경우에는 분리과세방식으로 과세한다. 다만, 2,000만원 이하인 경우에도 원천징수대상이 아닌 이자소득과 배당소득은 종합과세한다(외국에서 지급받은 배당소득).

## 4 배당소득금액의 계산

배당소득금액은 당해 연도의 총수입금액으로 한다. 이 경우 배당소득금액의 계산은 Gross-up 여부에 따라 다르게 계산된다(Gross-up률; 11%(2009.1.1~2010.12.31까지의 배당소득분은 12%)).

배당소득금액 = 배당소득총수입금액+귀속법인세액(Gross-up)
배당소득총수입금액 = 배당소득-비과세소득-분리과세소득

### (1) Gross-up을 하는 배당소득

다음의 배당소득의 경우에는 총수입금액에 Gross-up 금액을 가산한 금액을 배당소득금액으로 한다.

① 내국법인으로부터 받은 이익이나 잉여금의 배당 또는 분배금과 상법 제463조의 규정에 의한 건설이자의 배당
② 법인으로 보는 단체로부터 받는 배당 또는 분배금
③ 의제배당
④ 법인세법에 의하여 배당으로 처분된 금액

### (2) Gross-up을 하는 배당소득의 요건

① 내국법인으로부터 받은 배당소득
② 종합과세되는 배당소득
③ 법인단계에서 법인세가 과세된 소득을 재원으로 하는 배당소득

# 제3절 자산소득과 절세전략

## 1 이자 수입시기를 연도별로 고르게 분산하라.

부동산임대업을 하고 있는 조경환은 상가 임대보증금을 은행에 예치하고 있는데, 지금까지는 이자율이 높고 만기에 한꺼번에 이자를 받는 방식의 예금에 가입하고 있었다. 그러나 2001년부터 금융소득 종합과세가 실시되고 있으므로, 만기에 한꺼번에 이자를 받을 경우 이자를 받는 해는 종합과세로 많은 세금을 내야 할 것 같다. 세금을 조금이라도 줄이기 위해서는 어떻게 해야 할까?

예금·적금 등의 이자는 실제로 이자를 받는 때에 수입으로 계상한다. 예를 들어 3년 만기 정기예금에 가입하고 이자도 만기에 받는 것이라면, 첫째년도와 둘째년도는 이자소득이 없고 3년째에 한꺼번에 이자소득이 발생한 것으로 본다. 반면, 금융소득 종합과세는 매년 1월 1일부터 12월 31일까지의 개인별 금융소득(이자소득·배당소득)을 합산하여 4천만원 초과여부를 따진다. 그러므로 어느 한 연도에 금융소득이 집중되면 매년 균등하게 이자를 받는 경우보다 세금면에서는 불리하게 된다.

## 2 다른 소득이 많고 금융소득이 2,000만원을 초과하는 경우에는 분리과세를 신청하라.

분리과세를 신청할지 아니면 종합과세를 받을지는 금융소득과 다른 종합소득이 얼마인지를 따져보고 결정해야 한다. 만기가 10년 이상인 장기채권의 이자는 분리과세를 신청하면 33%의 세율이 적용되어 원천징수세율 15.4%가 적용되는 경우보다 불리하다. 그러나 금융소득이 일정규모 이상인 경우에는 분리과세가 유리하지만, 그 이하인 경우에는 분리과세를 신청하는 것이 오히려 불리하다.

## 3 예금을 배우자명의로 분산시킨다.

부부간의 이자소득도 따로 각자의 소득에 대하여 별도로 세금을 계산하므로 예금이 분산되면 소득이 줄고 따라서 낮은 세율이 적용되기 때문에 절세할 수 있다. 남편의 예금을 부인명의로 변경할 때 그 금액이 6억원을 초과할 경우에는 증여세 문제가 발생한다.

**예제**

배성범의 부동산임대소득이 5천만원이고, 연간 이자소득이 2천만원이며, 부인과 미성년자인 자녀가 2명이 있다. 이자를 매년 받는 경우와 3년치 이자를 일시에 받는 경우 세금부담은 어떻게 되는가?(종합소득공제는 1천만원)

**풀이**

① 이자를 매년 받는 경우 – 종합소득세 산출세액:
과세표준 : (50,000,000−10,000,000(종합소득공제)
산출세액 : 72+2800×0.15=4,920,000
– 원천징수세액 : 2,800,000원(20,000,000×14%)
– 3년치 합계액 : 8,400,000원
– 총 부담세액 : 13,320,000원

② 3년치 이자를 일시에 받는 경우 – 종합소득세 산출세액:
과세표준 : (40,000,000(이자소득 중 2천만원초과분)+50,000,000
−10,000,000)
산출세액: 582+3400×0. 24=13,980,000원
– 원천징수세액 : 2,800,000(20,000,000×14%)
– 총부담세액 : 16,780,000원

위 사례의 경우 만기에 이자를 한꺼번에 받으면 매년 이자를 나누어 받는 경우보다 약 3,460,000원정도 세금을 많이 부담하게 된다. 따라서 만기에 지급받는 이자가 2,000만원을 초과하고 다른 종합소득이 있는 경우에는 매년 이자를 나누어 받는 것도 절세의 한 방법이다.

# 연 습 문 제

**1.** 다음 중 이자소득에 해당하지 않는 것은?

① 비영업대금의 이익
② 채권 또는 증권의 이자와 할인액
③ 예금 또는 적금의 이익
④ 상법규정에 의한 건설이자의 배당금

**2.** 다음 중 배당소득에 해당하는 것은?

① 국가 또는 지방자치단체가 발행한 채권 또는 증권의 이자와 할인액
② 내국법인이 발행한 채권 또는 증권의 이자와 할인액
③ 신용부금의 이익
④ 법인으로부터 받은 분배금

**3.** 배성범은 6월 30일 1년만기 정기예금의 계약기간이 만료되어 원금 20,000,000원과 약정에 의한 이자 2,000,000원을 받았다. 이 경우 이자소득금액은? (종합과세와 분리과세 여부를 생각하지 말 것)

① 20,000,000　② 10,000,000　③ 2,000,000　④ 22,000,000

**4.** 종합소득에 합산되는 이자소득금액은 연간 얼마인가?

① 10,000,000원 초과　② 20,000,000원 초과
③ 30,000,000원 초과　④ 40,000,000원 초과

**5.** 다음 열거한 것 중 소득세법상 이자소득에 해당하지 않는 것은?

| | |
|---|---|
| ㉠ 비영업대금의 이익 | ㉡ 은행예금이자 |
| ㉢ 매입할인 | ㉣ 매출에누리 |

① ㉠,㉣　② ㉠,㉢　③ ㉢,㉣　④ ㉡,㉢

**6.** 다음 중 소득세법상 비과세되는 이자소득은?

① 비영업대금의 이익
② 국내에서 받은 예금의 이자
③ 신용부금의 이익
④ 공인신탁의 이익

**7.** 다음은 이자소득의 수입시기에 관한 설명이다. 잘못된 것은?

① 무기명의 공채 또는 사채의 이자와 할인액은 그 지급을 받는 날로 한다.
② 기명의 공채 또는 사채의 이자와 할인액은 약정에 의한 이자지급개시일로 한다.
③ 정기예금의 이자는 실제로 이자를 지급받는 날로 한다.
④ 정기적금의 해약으로 인하여 지급되는 이자는 지급받는 날로 한다.

**8.** 배당소득이 종합과세 될 때 가산되는 귀속법인세(Gross-up) 금액은?

① 12% ② 27% ③ 17% ④ 11%

**9.** 개인이 비상장법인으로부터 잉여금처분에 의한 배당금으로 5,000,000원을 받았다면 종합소득에 포함될 배당소득금액은 얼마인가?

① 5,000,000원 ② 2,500,000원 ③ 5,800,000원 ④ 5,500,000원

**정답 및 해설**

| 1 | ④ | 2 | ④ | 3 | ③ | 4 | ② | 5 | ③ | 6 | ④ | 7 | ④ | 8 | ④ | 9 | ④ | | |
|---|---|---|---|---|---|---|---|---|---|---|---|---|---|---|---|---|---|---|---|

1. ④ 건설이자의 배당금은 배당소득에 해당된다.
3. ③ 이자소득은 필요경비를 인정하지 않는다.
4. ④ 개인의 금융소득합계액이 연간 4,000만원 초과시 종합과세한다.
5. ③ 매입할인과 매출에누리는 사업소득에서 매출의 차감항목이다.
6. ④ ④는 배당소득에 해당된다.
7. ④ 보통예금, 정기예금, 적금, 부금을 해약하는 경우에는 해약일을 이자소득의 수입시기로 한다.
8. ① 현재 과세표준 2억원 이하 법인세율이 10%이므로 배당가산율도 11%은 10% ÷ (1 - 10%) = 11%임
9. ④ 배당수입금액에 Gross up (11%)한 금액이 배당소득이 된다.

8

CHAPTER

# 기타소득 및 연금소득과 세금 및 절세

제1절 기타소득
제2절 연금소득
제3절 기타소득과 절세전략

# 제1절 기타소득

## 1 기타소득이란?

### (1) 기타소득의 범위

기타소득이란 소득의 원천이 일시적이며 우발적인 것으로 이자소득, 배당소득, 부동산임대소득, 사업소득, 근로소득, 연금소득, 퇴직소득, 양도소득 및 산림소득이 아닌 그 밖의 소득을 말한다. 소득세법에서 열거하고 있는 기타소득은 다음과 같다.

① 상금, 현상금, 포상금, 보조금 또는 이에 준하는 금품
② 복권, 경품권, 기타 추첨권에 의하여 받는 당첨금품
③ 사행행위 등 규제 및 처벌특례법에 규정하는 행위에 참가하여 얻은 재산상의 이익
④ 승마투표권 및 승자투표권의 구매자가 받는 환급금
⑤ 저작자 또는 연기자, 음반제작자, 방송사업자 이외의 사람이 저작권 또는 저작인접권의 양도 또는 사용의 대가로서 받는 금품
⑥ 영화필름 또는 라디오·텔레비전방송용 테이프나 필름 기타 이와 유사한 자산이나 권리의 양도 또는 대여 및 사용의 대가로 받는 금품
⑦ 광업권, 어업권, 산업재산권, 상업정보·산업상 비밀, 상표권·영업권, 토사석의 채취허가에 따른 권리, 지하수의 개발·이용권 기타 이와 유사한 자산이나 권리를 양도하거나 대여하고 그 대가로 받은 금품
⑧ 물품 또는 장소를 일시적으로 대여하고 사용료로서 받는 금품
⑨ 지역권·지상권(지하 또는 공중에 설정된 권리를 포함 한다)을 대여하고 사용료로서 받는 금품

⑩ 계약의 위약 또는 해약으로 인하여 받는 위약금 또는 배상금
⑪ 유실물의 습득 또는 매장물의 발견으로 인하여 받는 보상금이나 새로 소유권을 취득하는 경우 그 보상금이나 자산
⑫ 주인이 없는 물건의 점유로 소유권을 취득하는 자산
⑬ 특수관계에 있는 사람으로부터 받는 경제적 이익으로 급여나 배당 증여로 보지 아니하는 금품
⑭ 고용관계가 없는 자가 다수인에게 강연을 하고 지급받는 강연료 기타 이와 유사한 성질의 보수
⑮ 라디오, 텔레비전방송 등을 통하여 해설, 계몽 또는 연기의 심사 등을 하고 지급받는 사례금 기타 이와 유사한 성질의 보수
⑯ 재산권에 대한 알선수수료
⑰ 사례금
⑱ 소기업·소상공인 공제부금의 해지 일시금
⑲ 일시적인 문예창작소득(작가의 문예창작은 사업소득에 해당)
⑳ 법인세법에 의하여 처분된 기타소득
㉑ 개인연금저축의 해지일시금
㉒ 퇴직 후 또는 고용 관계없이 주식매수선택권을 부여받아 이를 행사함으로써 얻는 이익
㉓ 뇌물
㉔ 알선수재 및 배임수재에 의하여 받는 금품

## (2) 비과세 기타소득

다음과 같은 기타소득은 소득세를 부과하지 아니한다.

① 국가유공자 예우 및 지원 등에 관한법률에 의해서 받는 보상금·학자금 및 북한이탈주민의 보호 및 정착지원에 관한 법률에 의하여 받는 정착금 기타 보조금 및 기타 금품
② 국가보안법에 의하여 받는 상금과 보조금

③ 상훈법에 의하여 훈장과 관련하여 받는 부상 및 기타 세법이 정하는 상금과 부상
④ 종업원의 직무와 관련된 우수발명으로서 사용자로부터 받는 보상금
⑤ 국군포로 대우 등에 관한 법률에 따라 국군포로가 지급받는 정착금 그 밖의 금품

### (3) 기타소득과 근로·사업소득의 구분

기타소득과 근로소득 및 사업소득의 구분은 소득을 지급받는 자의 전문적인 지식과 고용 관계 및 계속성의 여부에 따라 결정된다. 전문지식인이 고용관계가 없는 독립된 자격으로 강의를 직업적으로 하고 받는 강사료는 사업소득에 속한다. 그러나 고용관계에 있는 사람이 강의를 하고 지급받는 강사료는 근로소득에 속한다. 예를 들면 갑회사의 부장이 근무하는 갑회사의 부설 연수기관에서 강의를 하면 근로소득이지만 다른 회사에서 초청을 받아 강의를 하면 계속적·반복적으로 강의하는 경우에는 사업소득에 해당하고 일시적으로 강의하고 지급받은 소득은 기타소득이 된다. 또한 대학교수가 기업에서 초청을 받아 특강을 하거나 TV에 출연하여 지급받는 강의료, 출연료를 받으면 기타소득이고, 타 대학에 출강하여 받는 강의료는 3개월 이상의 계약관계에 의해서 이루어지기 때문에 근로소득이 된다.

그리고 문예·학술활동을 전문으로 하는 사람이 소설·수필·평론·또는 전문도서 등을 저술하고 받는 원고료 및 저작권·사용료 등은 사업소득에 속한다. 예를 들면 소설가나 대학교수가 받는 인세 등을 말한다. 그러나 문예·학술활동을 전문으로 하지 않는 사람이 일시적인 문예창작을 하여 받은 소득은 기타소득에 속한다. 예를 들면, 대학교수가 신문이나 잡지 등에 원고를 써주고 받는 원고료, 갑회사 사원이 을회사 사보에 기고를 하고 받는 원고료 등을 말한다.

## 2 기타소득금액의 계산

기타소득금액의 계산은 총수입금액에서 필요경비를 공제한 금액으로 한다.

기타소득금액=총수입금액(비과세소득과 분리과세소득 제외)－필요경비

### (1) 총수입금액

기타소득의 총수입금액은 당해연도에 수입하였거나 수입할 금액의 합계액으로 한다.

### (2) 필요경비

기타소득의 필요경비는 총수입금액에 대응하여 발생한 필요경비로 하며 필요경비가 확인되지 않는 경우에는 다음의 금액을 필요경비로 한다.

#### ① 승마투표권 또는 승자투표권의 구매자가 받는 환급금

승마투표적중자 또는 승자투표적중자가 구입한 승마투표권 또는 승자투표권의 단위 투표금액의 합계액을 필요경비로 한다.

#### ② 슬럿머신 등의 당첨금품 등

당해 당첨금품 등의 당첨 당시에 슬럿머신 등에 투입한 금액을 필요경비로 한다.

#### ③ 지급받는 금액의 80%를 필요경비로 하는 기타소득

- 공익법인이 주무관청의 승인을 얻어 시상하는 상금과 부상
- 지역권·지상권(지하 또는 공중에 설정된 권리 포함)을 설정 또는 대여하고 받는 금품

- 계약의 위약 또는 해약으로 인하여 받는 위약금과 배상금 중 주택입주 지체상금
- 소기업·소상공인 공제부금의 해지 일시금
- 기타 전문지식 또는 특별한 기능을 가진 자가 세법상의 인적용역을 일시적으로 제공하고 받는 대가
- 문예창작소득
- 산업재산권 등을 대여하고 그 대가로 받는 금품으로서 필요경비가 확인되지 아니하는 것

## 3 기타소득의 과세방법

기타소득금액이 300만원 이하인 경우에는 분리과세하지만 300만원을 초과할 경우에는 종합소득세신고기간에 확정신고납부하여야 한다. 그러나 300만원 이하인 경우에도 종합과세와 분리과세 중 소득자가 유리한 방향으로 선택할 수 있다.

### (1) 종합과세

무조건 분리과세와 선택적 분리과세 기타소득을 제외한 기타소득금액에 대해서는 20%로 미리 원천징수하고 종합소득에 합산하여 과세한다.

### (2) 분리과세

분리과세되는 기타소득에는 무조건 분리과세와 선택적 분리과세가 있다.

#### ① 무조건 분리과세

기타소득금액을 지급받을 때 20%(복권당첨소득 중 3억원 초과분은 30%)에 상당하는 소득세를 원천징수함으로써 조세부담을 종결시키는 복권당첨소득, 승마투표권의 구매자가 받은 환급금 등, 슬럿머신 등을 이용하는 행위에 참가

하는 당첨금품, 신용카드 등의 사용자에 대한 보상금 등에 해당하는 기타소득을 말한다.

② **선택적 분리과세**

연 300만원 이하의 기타소득금액(기타수입금액-필요경비)에 대하여는 당해 소득이 있는 거주자의 선택에 따라 분리과세 할 수도 있고, 종합과세 할 수도 있다.

### (3) 기타소득의 과세최저한

기타소득금액이 다음 금액 이하인 때에는 소득세를 과세하지 않는다.

① 기타소득금액이 매건마다 5만원 이하인 때

② 승마투표권 또는 승자투표권의 권면 표시금액이 매건마다 10만원 이하이고 단위투표금액당 환급액이 단위 투표금액의 100배 이하인 때

③ 슬럿머신 등의 당첨금품 등이 매건마다 500만원 미만인 때

**예제**

고용관계가 없는 자가 강연을 하고 강의료 800,000원을 받을 경우 원천징수되는 금액은 얼마인가?

풀이

800,000×(1－80%)×20% = 32,000원

※ 기타소득의 경우 소득의 80%를 필요경비로 인정을 해주며, 원천징수세율은 20%이다.

답 32,000원

# 제2절 연금소득

## 1 연금소득의 종류

연금소득은 당해 연도에 발생한 다음의 소득으로서 2002년 1월 1일 이후에 불입된 연금기여금 및 사용자 부담금 또는 2002년 1월 1일 이후에 제공한 근로를 기초로 하여 지급받는 연금소득 등을 말한다.

① 국민연금법에 의하여 지급받는 각종 연금
② 공무원연금법·군인연금법·사립학교 교직원연금법 또는 별정우체국법에 의하여 지급받는 각종 연금
③ 퇴직보험의 보험금을 연금형태로 지급받는 경우 당해 연금 또는 이와 유사한 것으로서 퇴직자가 지급받는 연금
④ 연금저축에 가입하고 연금형태로 지급받는 소득
⑤ 상기 ① 내지 ④의 소득과 유사한 소득으로서 연금형태로 지급받는 것

## 2 비과세 소득

① 국민연금법에 의하여 지급받는 유족연금·장애연금
② 공무원연금법·군인연금법·사립학교교직원연금법 또는 별정우체국법에 의하여 지급받는 유족연금·장애연금·상이연금
③ 산업재해보상보험법에 의하여 지급받는 각종 연금

## 3 연금소득금액의 계산

연금소득금액은 먼저 총연금액을 연금소득의 합계액에서 비과세연금소득을 차감하여 구하고 이러한 총연금액에서 연금소득공제를 차감하여 구한다.

- 연금소득금액 = 총연금액 − 연금소득공제
- 총연금액 = 연금소득의 합계액 − 비과세소득

## 4 연금소득공제

연금소득공제는 900만원한도 내에서만 공제할 수 있다. 즉, 900만원을 초과하는 경우에는 900만원을 공제한다. 구체적인 연금소득 공제 내역은 다음과 같다.

| 총연금액 | 공 제 액 |
|---|---|
| 350만원 이하 | 총연금액 |
| 350만원 초과 700만원 이하 | 350만원+350만원 초과액의 40% |
| 700만원 초과 1,400만원 이하 | 490만원+700만원 초과액의 20% |
| 1,400만원 초과 | 630만원+1,400만원 초과액의 10% |

## 5 연금소득의 과세방법

비과세 또는 분리 과세되는 연금소득을 제외하고 종합과세한다. 연금소득의 총액이 1,200만원 이하인 경우에는 분리과세를 선택할 수 있다. 다만, 당해 연금소득이 있는 거주자가 종합소득과세표준의 계산에 있어서 이를 합산하고자 하는 경우에는 종합소득에 합산하여 과세할 수 있다.

# 제3절 기타소득과 절세전략

## 1 300만원 이하 기타소득, 분리과세 or 종합과세

기타소득금액 300만원 이하인 경우 분리과세를 적용 받을 것인지 종합과세를 적용 받을 것인지 소득자가 유리한 방향으로 선택할 수 있다. 기타소득의 경우 '필요경비 공제(80%)'를 적용하기 때문에 기타소득금액 300만원은 실제로는 1500만원을 말한다. 분리과세 원천징수세율은 20%이고 종합소득세율은 6~38%이므로 소득금액의 규모에 따라 달라진다.

예를 들어 기타소득과 근로소득이 있는 경우 기타소득금액의 합계액과 연말정산한 근로소득원천징수영수증 상의 과세표준을 합한 금액(종합소득과세표준)이 4600만원 이하인 경우 종합과세를 적용받으면 세액의 일부를 환급받을 수도 있다. 왜냐하면, 종합소득과세표준이 1200만원 이하이면 6%, 4600만원 이하이면 15%의 세율이 적용되지만 원천징수를 할 때는 20%의 세율이 적용되기 때문이다. 따라서 조금 귀찮더라도 종합소득세 신고를 통해 환급받는 방법을 택할 필요가 있다.

그러나 종합소득과세표준이 4600만원을 넘으면 24%의 세율이 적용되기 때문에 분리과세가 유리하다. 기타소득과 근로소득 외에 부동산임대소득 등이 있는 경우에도 기타소득금액 및 부동산임대소득금액 합계액과 근로소득원천징수영수증상 과표를 합한 금액이 4600만원을 초과하는지 여부를 보고 분리과세 또는 종합과세를 판단하면 된다.

**예제**

근로소득금액이 2,000만원인 김학송이 복권1억에 당첨되었다. 부양가족은 없으며 계산의 편의상 기본공제 외의 공제사항은 없다고 가정하자. 김학송의 종합소득세는 어떻게 되는가?

**풀이**

① 분리과세할 경우
- 원천징수세액 : 100,000,000원×20%=20,000,000원
- 근로소득세액 : 20,000,000원−1,500,000원(기본공제)=18,500,000원
  18,500,000원×15%−1,080,000원=1,695,000원
- 총괄납부세액 : 21,695,000원(20,000,000+1,695,000)

② 종합과세할 경우
- 근로소득금액 : 20,000,000원
- 기타소득 : 100,000,000원
- 종합소득금액 : 120,000,000원
- 공제액 : 1,500,000원(기본공제)=1,500,000원
- 과세표준 : 118,500,000원(120,000,000원−1,500,000원)
- 납부세액 : 26,575,000원(1590+(30,500,000원×0.35))

위의 경우 분리과세를 하지 않고 종합과세할 경우 대략 4,880,000원의 세금을 더 부담하게 된다. 따라서 이 경우에는 분리과세 신고를 하는 것이 세금을 줄일 수 있다.

## 2 기타소득을 지급할 때 반드시 원천징수 대상인지 여부를 확인하라![2)]

이장훈은 공장을 지방으로 이전하기 위해 현재의 공장을 팔려고 매매계약을 체결한 후 계약금 5,000만원을 받았다. 그러나 이전 하려고 하는 공장부지 취득에 문제가 있어 부득이 매매계약을 해지하고 계약금 외에 위약금으로 5,000만원을 추가로 지급했다.

2) 국세청 블로그(http://blog.naver.com/ntscaf), "위약금을 지급할 때도 원천징수 해야되나요?", 2009.

이와 같이 위약금을 지급하는 경우에도 원천징수를 해야 할까?

위약금 같은 기타소득은 일반국민들에게는 자주 발생하는 소득이 아니기 때문에 대부분의 사람들은 기타소득에 대해 잘 모르고 있지만, 국내에서 개인에게 기타소득을 지급하는 경우에도 소득세를 원천징수 해야 한다. 원천징수대상이 되는 기타소득을 지급하고도 원천징수를 하지 않으면 지급하는 자가 세금을 물어야 하니 기타소득을 지급할 때는 원천징수 대상인지 여부를 반드시 확인해야 한다. 원천징수 대상 기타소득은 본장의 '기타소득 범위'를 참고한다.

### 원천징수세액 계산

원천징수세액은 지급금액에서 필요경비를 뺀 금액에 원천징수세율(20%)을 곱해 계산한다. 이때에는 소득세의 10%인 주민세도 함께 원천징수 해야 한다. 따라서 위 사례 이장훈의 경우는 소득세 1,000만원(계약해지로 인한 위약금은 필요경비가 인정되지 않으므로 5,000만원 전액에 원천징수 세율을 적용함)과 주민세 100만원을 원천징수 해야 한다.

# 연 습 문 제

**1.** 연금소득에 대한 다음의 설명으로서 옳지 않은 것은?

① 장애연금, 상해연금 등은 비과세 한다.
② 연금소득공제액의 한도는 연 900만원이다.
③ 연금소득금액이 연 600만원 이하인 경우에는 분리과세를 선택할 수 있다.
④ 연금소득은 원칙적으로 종합과세한다.

**2.** 고용관계가 없는 자가 강연을 하고 강의료 500,000원을 받을 경우 원천징수되는 금액은 얼마인가?

① 10,000원 ② 20,000원 ③ 40,000원 ④ 50,000원

**3.** 다음 중 소득세법상 기타소득에 속하는 소득이 아닌 것은?

① 복권·경품권·기타 추첨권에 의하여 받는 당첨금품
② 저작자 또는 연기자·음반제작자 등이 저작권 또는 저작인접권의 사용료로서 받는 금품
③ 물품 또는 장소를 일시적으로 대여하고 사용료로서 받는 금품
④ 계약의 위약으로 인하여 받는 위약금

**4.** 다음 중 소득세법상 비과세 연금소득이 아닌 것은?

① 국민연금법에 의해 지급받는 장애연금
② 산업재해보상보험법에 의해 지급 받는 연금
③ 국민연금법에 의해 지급 받는 유족연금
④ 공무원연금법에 의해 지급 받는 각종연금

**5.** 연금소득에 해당하지 않는 것은?

① 국민연금 ② 개인연금저축으로부터 받게 되는 연금
③ 공무원연금 ④ 퇴직보험의 일시보험금수령액

**6.** 기타소득에 속하지 않는 것은?

① 상금 ② 현상금 ③ 상여금 ④ 포상금

**7.** 유비랑은 7월 1일 산업재산권을 10,000,000원에 양도하였다. 양도한 산업재산권은 같은 해 2월 1일 4,000,000원에 취득하였고, 다른 필요경비는 없는 경우 세부담 최소화를 가정하였을 때 산업재산권 양도에 따른 기타소득금액은 얼마인가?

① 2,000,000원 ② 4,000,000원 ③ 6,000,000원 ④ 8,000,000원

**8.** 다음 중 현행 소득세법상 기타소득이 아닌 것은?

① 상금, 사례금
② 작가의 문예창작 소득
③ 개인연금저축의 해지일시금
④ 법인세법에 의하여 처분된 기타소득

**9.** 기타소득의 매건마다 과세최저한에 해당하는 것은?

① 5,000원 이하
② 50,000원 이하
③ 15,000원 이하
④ 20,000원 이하

**10.** 다음 중 비과세소득과 분리과세소득을 제외한 기타소득금액을 계산하면 얼마인가?

| | |
|---|---|
| ㉠ 고용관계없는 자가 받는 강연료 | 5,000,000원 |
| ㉡ 국가로부터 받는 상금 | 3,000,000원 |
| ㉢ 복권당첨소득 | 10,000,000원 |

① 1,000,000원 ② 1,600,000원 ③ 3,000,000원 ④ 3,600,000원

**정답 및 해설**

| 1 | ③ | 2 | ② | 3 | ② | 4 | ④ | 5 | ④ | 6 | ③ | 7 | ① | 8 | ② | 9 | ② | 10 | ① |
|---|---|---|---|---|---|---|---|---|---|---|---|---|---|---|---|---|---|---|---|

1. ③ ③의 경우 총연금액이 연 600만원 이하인 경우 무조건 분리과세한다.
2. 500,000×(1−80%)×20% = 20,000원
5. ③ 퇴직보험금을 일시금으로 수령하는 경우에는 퇴직소득에 해당한다.
6. ③ 상여금은 근로소득에 해당한다.
7. ① 10,000,000−8,000,000(필요경비 80%) = 2,000,000
8. ② 작가의 문예창작은 사업소득에 해당된다.
9. ② 매건 마다 5만원 이하는 과세최저한이다.
10. 5,000,000×(1−80%) = 1,000,000
국가로부터 받는 상금은 비과세이며, 복권당첨금은 무조건분리과세한다.

9

CHAPTER

# 부가가치세와 절세


제1절　부가가치세의 기초

제2절　과세거래 및 공급시기

제3절　영세율 제도와 면세

제4절　세금계산서

제5절　과세표준과 납부세액

제6절　부가가치세와 절세전략

# 제1절 부가가치세의 기초

## 1 부가가치세의 의의 및 특징

부가가치세(value added tax; VAT)란 재화나 용역의 생산 또는 유통단계에서 발생되는 부가가치에 대해 부과되는 조세이다. 여기서 부가가치란 생산 또는 유통단계에서 사업자가 독자적으로 새로이 창출한 가치이다.

사업자는 물건 값에 부가가치세를 포함시켜 팔기 때문에 실지 세금을 소비자가 부담하므로, 부가가치세는 간접세의 대표적인 세금이다. 따라서 물건을 구입할 대 지급하는 물건 값에는 부가가치세가 포함되어 있다. 예를 들면, 택시요금, 고속버스 요금, 빵값, 냉장고 값에는 부가가치세가 포함되어 있다.

### (1) 우리나라 부가가치세법의 특징

① 국세 : 부가가치세는 국가가 부과하는 조세이다.(≠지방세)

② 일반소비세 : 부가가치세는 부가가치세법상 면세로 열거되어 있지 아니한 모든 재화와 용역의 소비에 대하여 포괄적으로 과세하므로 일반세이며, 소비를 담세력으로 하므로 소비세이다.(≠개별소비세)

③ 다단계거래세 : 부가가치세는 재화 또는 용역이 생산되거나 유통되는 제조·도매·소매 등 모든 거래의 자기단계에서 부가되는 가치에 대해 과세하는 다단계거래세이다.

④ 간접세 : 부가가치세는 각 단계의 사업자가 납부하여야 하나 실질적인 세부담은 최종소비자가 지게 되는 간접세이다.(≠직접세)

⑤ 물세 : 부가가치세는 납세의무자의 부양가족이나 교육비·의료비 등 인적사정이 전혀 고려되지 않는 물세이다.(≠인세)

⑥ 전단계세액공제법 : 부가가치세는 매출세액에서 전단계에서 지급한 매입

세액을 공제하는 전단계세액공제법을 채택하고 있다.

⑦ 소비지국 과세원칙 : 수출의 경우 영세율을 적용함으로써 완전면세하여 주고 수입재화에 대하여는 과세함으로써 결국 국내소비에 대하여만 과세하는 소비지국과세원칙을 채택하고 있다.(≠생산지국 과세원칙)

⑧ 신고납세제도 : 원칙적으로 납세의무자의 과세표준신고에 의해 납세의무가 확정된다.(≠정부부과제도)

### (2) 부가가치세의 효과

① 수출의 촉진 : 부가가치세는 수출 또는 수출지원 사업에 대하여 영세율을 적용하여 거래 징수당한 매입세액을 전액 환급해 줌으로써 수출촉진에 기여한다.

② 투자촉진 : 소비형 부가가치세에서는 제작·매입한 자본재에 대한 매입세액을 공제 또는 환급 받기 때문에 투자를 촉진한다.

③ 근거과세의 확립 : 매입세액을 공제받기 위해서는 세금계산서가 수수되어야 하므로 근거과세확립에 공헌한다.

④ 세부담의 역진성 : 부가가치세는 최종소비자에게 조세부담이 전가되고 단일세율이므로 소득이 달라도 동일한 세부담을 해야 하는 조세부담의 역진성을 갖는다.

## 2 부가가치와 부가가치세의 계산방법

### (1) 부가가치의 계산 방법

#### ① 가산법

가산법은 부가가치를 구성하는 생산요소의 가치를 직접 계산하고 이를 합산하여 부가가치를 계산하는 방법이다.

부가가치 = 지대 + 임금 + 이자 + 이윤
(토지) (노동) (자본) (경영활동의 댓가)

② **공제법**

공제법은 다음단계에 제공한 총부가가치(매출액)에서 직전 단계까지 형성된 총 부가가치를 차감하여 부가가치를 계산하는 방법이다.

부가가치 = 매출액 – 매입액

## (2) 부가가치세의 계산방법

부가가치세는 부가가치에 일정한 세율을 곱하여 계산한다.

① **가산법**

부가가치를 구성하는 생산요소를 합계한 금액에 세율을 곱하여 부가가치세를 계산하는 방법이다.

부가가치 = (지대 + 임금 + 이자 + 이윤) × 세율
→ 부가가치합계액

② **공제법**

- 전단계거래액공제법 : 매출액에서 매입액을 공제하여 부가가치를 계산하고 이에 세율을 곱하여 부가가치세를 계산하는 방법이다.

부가가치세 = (매출액 – 매입액) × 세율

- 전단계세액공제법 : 일정기간의 매출액에 세율을 곱하여 매출세액을 계산하고

매입액에 세율을 곱하여 매입세액을 계산한 다음, 매출세액에서 매입세액을 공제하여 부가가치세를 계산하는 방법이다. 현재 우리나라는 전단계세액공제법을 채택하고 있다.

부가가치세 = 매출세액 − 매입세액
(매출액×세율) (매입액×세율)

**예제**

다음 자료에 의하여 납부해야 할 부가가치세액은?

- 제품 현금판매 : 공급가액 40,000,000원
- 제품 외상판매 : 공급가액 20,000,000원
- 원재료 현금매입 : 공급가액 20,000,000원
- 원재료 외상매입 : 공급가액 10,000,000원

**풀이**

- 매출세액 : (40,000,000×10%)+(20,000,000×10%)=6,000,000
- 매입세액 : (20,000,000×10%)+(10,000,000×10%)=3,000,000
- 납부세액 : 6,000,000−3,000,000=3,000,000

## 3 과세대상

과세대상이란 세금을 부과할 수 있는 대상을 말한다. 부가가치세는 재화 또는 용역의 공급, 재화의 수입 거래에 대하여 부과한다.

### (1) 재화

재화라 함은 재산적 가치가 있는 모든 유체물과 무체물을 말한다.

① 유체물 : 상품·제품·원료·기계·건물과 기타 모든 유형적 물건을 포함한다. 유체물에는 토지도 포함된다. 그러나 수표·어음 등 화폐대용증권은 재화로 보지 않는다.

② 무체물 : 동력·열, 기타 관리할 수 있는 자연력 및 권리 등으로서 재산적 가치가 있는 유체물 이외의 모든 것을 포함한다.

### (2) 용역

용역이라 함은 재화 이외의 재산적 가치가 있는 모든 역무 및 기타 행위를 말한다. 부가가치 세법시행령 제2조 제1항에서는 ① 건설업 ② 숙박 및 음식점업 ③ 운수업 ④ 통신업 ⑤ 금융 및 보험업 ⑥ 부동산업 및 임대업(단, 전·답·과수원·목장용지·임야 또는 염전임대업은 제외) ⑦ 사업서비스업 ⑧ 교육서비스업 등을 용역의 범위로 열거하고 있다.[1)]

## 4 납세의무자

부가가치세의 납세의무자는 사업자이다. 사업자란 영리목적의 유무에 관계없이 사업상 독립적으로 재화 또는 용역을 공급하는 자와 재화를 수입하는자를 말한다.

### (1) 사업자의 요건

① 재화 또는 용역의 공급 : 부가가치세의 과세대상인 재화 또는 용역의 공급은 사업자가 되기 위한 기본적인 요건이다.

② 사업성 : 사업성이란 최소한 부가가치를 창출할 수 있을 정도의 실체적인 사업형태를 갖추고, 사회통념상 인정될 수 있는 정도의 계속적·반복적 공급이 있는 것을 말한다.

③ 사업상 독립성 : 타인에게 고용된 지위에 있지 않아야 하며(인적독립), 주된 사업에 부수되거나 연장이 아닌 별도의 것이어야 한다(물적독립).

④ 영리목적 유무와 무관 : 부가가치세는 사업자가 얻은 소득에 대해 과세

---

1) 건설업과 부동산업 중 다음의 사업은 재화를 공급하는 것으로 본다.
① 부동산의 매매(주거용 또는 비주거용 및 기타 건축물을 자영 건설하여 분양·판매하는 경우를 포함함) 또는 그 중개를 사업목적으로 나타내어 부동산을 판매하는 경우
② 사업상 목적으로 1과세기간 중에 1회 이상 부동산을 취득하고 2회 이상 판매하는 경우

하는 것이 아니라 그가 창출하여 공급한 부가가치에 대하여 공급받는자로부터 세액을 징수하여 납부하는 것이므로 사업의 영리목적 유무와는 무관하다. 따라서 사업자에는 국가·지방자치단체와 지방자치단체조합도 포함된다.

### (2) 사업자의 분류

부가가치세법상의 사업자는 납세의무를 진다. 그러므로 납세의무가 없는 면세사업자를 제외한 사업자, 즉 과세사업자만이 부가가치세법상의 사업자이다. 과세사업자는 업종과 매출규모에 따라 일반과세자와 간이과세자로 구분한다. 일반 과세자와 간이 과세자는 소득세의 계산에서는 차이가 없지만, 부가가치세에 있어서는 세금 계산 방식, 세금 계산서 발행 의무 등 여러 가지 차이가 있다.

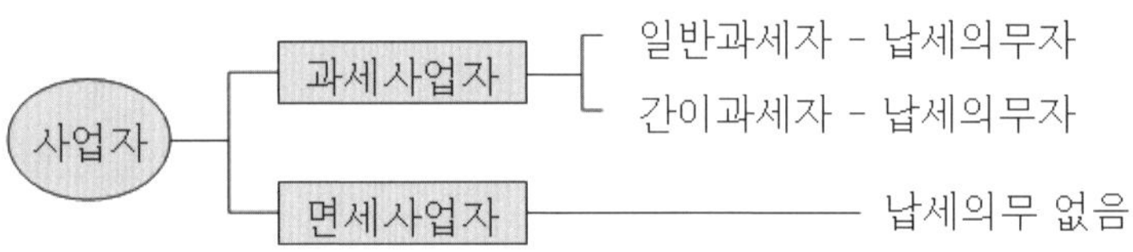


#### ① 일반 과세자

법인은 모두 일반 과세자에 해당하며 개인의 경우는 간이 과세 기준에 해당하지 않는 경우, 즉 매출액이 4,800만원 이상이 되는 경우와 업종 및 지역 등이 간이 과세 기준에 해당하지 않는 경우에는 반드시 일반 과세자로 사업자 등록을 해야 한다.

#### ② 간이 과세자

간이 과세자는 업종별로 주로 소매 등 최종 소비자를 상대로 하는 경우로, 매출 규모가 크지 않은 소규모 사업자에 해당된다. 소규모 사업자들이기 때문에 체계적인 자료의 관리, 사업 실적의 관리 등이 이루어지지 않는 경우가 많고, 납세 의무를 이행하는데 따라 비용의 부담이 상대적으로 크기 때문에 법령에서는 간편한 방식으로 의무를 이행할 수 있도록 편의를 제공하고 있다.

간이과세자는 직전 1역년의 공급대가의 합계액이 4,800만원에 미달하는 개인 사업자로 공급대가의 수준에 관계없이 광업, 제조업 등 일정한 사업은 간이과세적용이 배제된다. 납부세액은 "공급대가×당해 업종의 부가가치율[2]×10%"로 계산되며, 세금계산서를 발급할 수 없고 영수증만을 발급한다. 또한 당해 과세기간(6개월)에 대한 공급대가가 1,200만원 미만인 경우에는 납부세액을 납부할 의무를 면제하며, 예정신고 의무 및 예정고지도 생략한다. 그러므로 간이 사업자 중에서 부가세를 내는 사업자는 연간 매출액이 2,400~4,800만원 미만인 판매자들이다. 간이 과세자 중 연간 매출액이 4,800만원 이상일 경우에는 자동으로 일반 과세자로 변경된다.

| 구 분 | 일반과세자 | 간이과세자 |
|---|---|---|
| 대상 사업자 | 간이 과세자가 아닌 모든 과세 사업자 | 1년간 매출액 4,800만원 미만이고 간이과세가 배제되는 사업 및 지역에 해당되지 않는 경우의 개인사업자 |
| 과세표준 | 부가가치세가 포함되지 않은 공급가액 | 부가가치세가 포함된 공급대가 |
| 세율 | 10% | 10% × 업종별 부가가치율 |
| 거래징수 | 세액을 별도로 거래 징수 | 대가에 포함하여 영수 |
| 세금 계산서 | 세금계산서 발급 | 세금계산서 발급이 불가능하고 영수증 발급만 가능 |
| 납부 세액 | 매출세액 - 공제 대상 매입세액 | 공급대가×업종별 부가가치율×10% - 매입 세금 계산서 등의 매입 세액×업종별 부가가치율 |
| 예정신고 의무 | 예정신고 있으며, 개인 사업자는 고지 납부(예정고지액이 10만원 이하일 경우 고지 생략) | 예정신고 없이 확정신고 함 |
| 세액 공제 및 환급 | 매출 세액을 초과하는 매입 세액은 환급 | 납부 세액을 초과하는 매입 세액 공제액은 환급하지 않음 |
| 납부의무 면제 | 없음 | 1과세 기간(6개월)의 공급대가가 1,200만원 미만인 경우 부가세 신고는 하되, 부가세 납부 의무가 면제됨 |
| 가산세 | 부가가치세법상 모든 가산세 적용 | 미등록 가산세 0.5% |
| 기장 의무 | 장부 비치·기장의무 있음 | 영수 보관의 의무 |

2) <<간이과세자에 적용되는 업종별 부가가치율>>

| 업 종 | 부가가치율 |
|---|---|
| ·소매업 | 15% |
| ·제조업, 전기·가스 및 수도사업, 재생재료 수집·판매업 | 20% |
| ·건설, 부동산임대, 농·수·임·어업, 기타 서비스업, 음식·숙박업 | 30% |
| ·운수·창고 및 통신업 | 40% |

## 5 과세기간

과세기간이란 세법에 의하여 국세의 과세표준 계산의 기초가 되는 기간을 말한다. 여기서 과세표준이란 세법에 의하여 직접적으로 세액산출의 기초가 되는 과세대상, 즉 과세물건의 수량 또는 가액을 말한다.

### (1) 일반적인 경우

사업자에 대한 부가가치세의 과세기간은 다음과 같다.

| 과세기간 | | 신고납부기한 | | |
|---|---|---|---|---|
| 구 분 | 대상기간 | 구 분 | 신고대상기간 | 신고납부기한 |
| 제1기 | 1.1 ~ 6.30 | 예정신고 | 1.1 ~ 3.31 | 4.25 |
| | | 확정신고 | 4.1 ~ 6.30 | 7.25 |
| 제2기 | 7.1 ~ 12.31 | 예정신고 | 7.1 ~ 9.30 | 10.25 |
| | | 확정신고 | 10.1 ~ 12.31 | 익년 1.25 |

단, 간이과세자의 과세기간은 1.1.-12.31이다.

### (2) 기타의 경우

① 신규사업개시자 : 신규로 사업을 개시하는 자에 대한 최초의 과세기간은 사업개시일부터 그 날이 속하는 과세기간의 종료일까지로 한다.

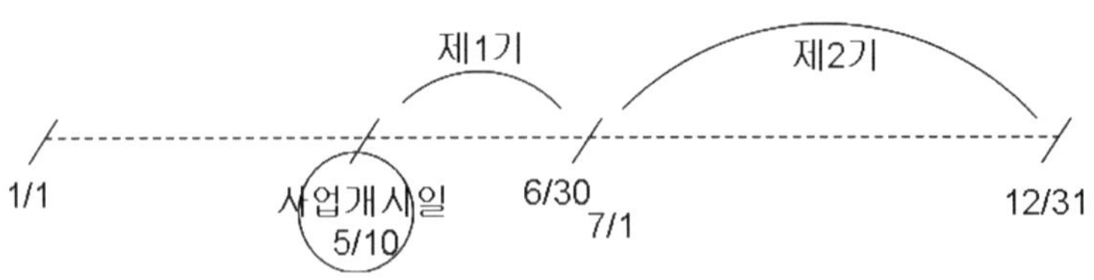


다만, 사업개시 전에 사업자등록을 한 경우에는 그 등록일로부터 그 날이 속하는 과세기간의 종료일까지로 한다.

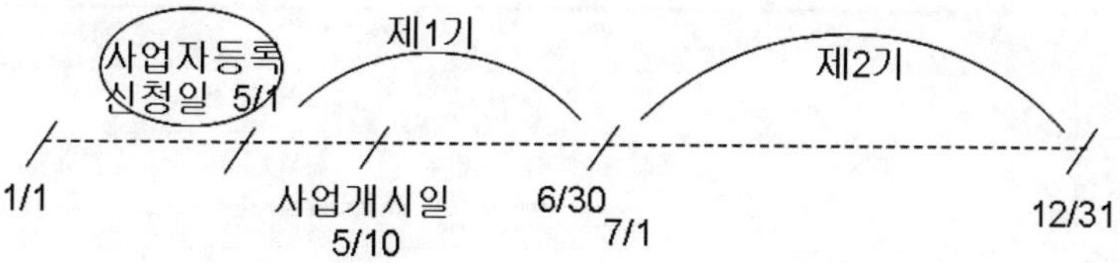


② 폐업자 : 사업자가 폐업하는 경우의 과세기간은 폐업일이 속하는 과세기간의 개시일로부터 폐업일까지로 한다.

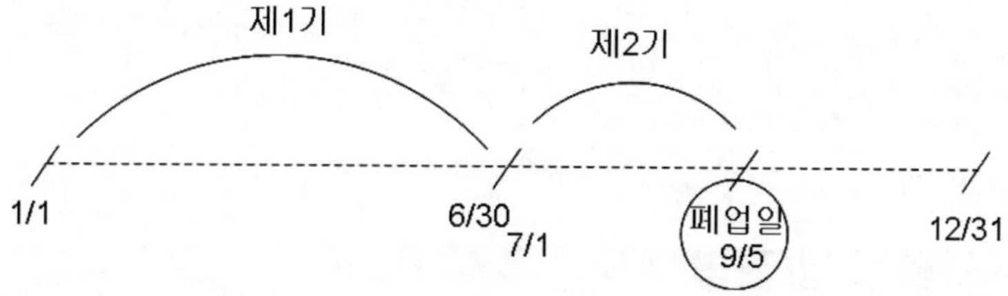


## 6 신고·납세지

납세지는 납세의무자가 납세의무를 이행하고 세무관청이 과세권을 행사하는 기준이 되는 장소이다. 부가가치세는 사업장마다 신고·납부하여야 한다.

### (1) 사업장

사업장이란 사업자 또는 그 사용인이 상시 주재하여 거래의 전부 또는 일부를 행하는 장소를 말한다. 사업자가 자기의 사업과 관련하여 생산 또는 취득한 재화를 직접 판매하기 위하여 특별히 판매시설을 갖춘 직매장은 사업장으로 보며, 재화의 보관·관리시설만을 갖춘 하치장은 사업장으로 보지 않는다.

| 구 분 | 사 업 장 |
|---|---|
| (1) 광업 | 광업사무소의 소재지 |
| (2) 제조업 | 최종제품을 완성하는 장소(따로 제품의 포장만을 하거나 용기에 충전만을 하는 장소는 제외) |
| (3) 건설업·운수업·부동산매매업 | ① 사업자가 법인인 경우: 그 법인의 등기부상의 소재지<br>② 사업자가 개인인 경우: 그 업무를 총괄하는 장소 |
| (4) 부동산 임대업 | 그 부동산의 등기부상 소재지 |
| (5) 무인자동판매기를 통하여 재화·용역을 공급하는 사업 | 그 사업에 관한 업무를 총괄하는 장소 |
| (6) 비거주자 또는 외국법인의 경우 | 비거주자 또는 외국법인의 국내사업장 |
| (7) 사업장을 설치하지 아니한 경우 | 사업자의 주소 또는 거소 |

### (2) 주사업장 총괄납부

부가가치세는 사업장 단위로 납세의무를 이행하는 것이 원칙이나 사업자에게 둘 이상의 사업장이 있는 경우에는 주된 사업장 관할세무서장에게 신청하면 주된 사업장에서 총괄하여 납부할 수 있는데, 이를 "주사업장 총괄납부"라 한다. 주된 사업장에서 총괄하여 납부하려는 자는 그 납부하려는 과세기간 개시 20일 전에 주된 사업장의 관할세무서장에게 신청하여야 한다. 다만, 신규로 사업을 개시하는 자가 총괄하여 납부하려는 경우에는 주된 사업장의 사업자등록증을 받은 날부터 20일 이내에 신청하여야 하며, 이 경우에는 해당 신청일이 속하는 과세기간부터 총괄하여 납부한다.

### (3) 사업자단위과세

둘 이상의 사업장이 있는 사업자로서 사업자단위로 사업자등록을 한 사업자(사업자단위과세사업자)는 그 사업자의 본점 또는 주사무소에서 총괄하여 신고 · 납부할 수 있는데 이를 "사업자단위과세"라고 한다.

주사업장 총괄납부는 납부에 대해서만 신청의 효력이 있는 반면에, 사업자단위과세는 부가가치세법에 따른 모든 납세의무에 관한 사항을 사업자단위로 이행한다는 점에서 차이가 있다.

# 7 사업자등록

사업자등록이란 납세의무가 있는 사업자를 관할세무서의 대장에 등록하는 것을 말하며, 이로 인하여 관세관청은 납세의무자를 파악할 수 있고 사업자는 고유의 등록번호를 부여받아 거래시에 이를 활용하게 된다.

## (1) 사업자등록의 신청

신규로 사업을 개시하는 자는 사업장마다 사업개시일부터 20일 이내에 "사업자등록신청서"를 작성하고 다음의 서류를 첨부하여 사업장 관할세무서장에게 등록하여야한다. 다만, 신규로 사업을 개시하고자 하는 자는 사업개시일[3] 전이라도 등록할 수 있다.

① 법령에 의하여 허가를 받거나 등록 또는 신고를 하여야 하는 사업의 경우 : 사업허가증 사본·사업등록증 사본 또는 신고필증 사본
② 사업장을 임차한 경우 : 임대차계약서 사본
③ 상가건물임대차보호법의 적용이 되는 상가건물의 일부분을 임차한 경우 : 해당 부분의 도면
④ 금지금(金地金) 도·소매업 및 개별소비세 과세유흥장소에의 영업을 영위하려는 경우 : 사업자금 내역 또는 재무상황 등을 확인할 수 있는 자금출처명세서
⑤ 사업자단위로 등록하려는 사업자의 경우 : 사업자단위과세적용사업장 외의 종된 사업장에 대한 위 ①~④에 따른 서류 및 사업장 소재지·업태·종목 등 기획재정부령으로 정하는 서류

3) 사업개시일이란 다음의 날을 말한다.
① 제조업: 제조장별로 재화의 제조를 개시한 날
② 광업: 사업장별로 광물을 채취·채광을 개시한 날
③ 기타: 재화 또는 용역의 공급을 개시한 날

## (2) 사업자등록증의 발급

사업자등록 신청을 받은 사업장 관할세무서장은 사업자의 인적사항과 기타 필요한 사항을 기재한 사업자등록증을 신청일부터 3일 내에 신청자에게 발급하여야 한다. 다만, 사업장시설이나 사업현황을 확인하기 위하여 국세청장이 필요하다고 인정하는 경우에는 발급기한을 5일에 한하여 연장하고 조사한 사실에 따라 사업자등록증을 발급할 수 있다.

## (3) 사업자등록증의 사후관리

### ① 사업자등록의 정정

사업자의 등록사항에 다음의 변동사항이 발생한 때에는 지체없이 세무서장(관할 또는 그 밖의 모든 세무서장)에게 신고하여야 하며, 신고를 받은 세무서장은 다음의 기한내에 정정내용을 확인하고 사업자등록증의 기재사항을 정정하여 등록증을 재발급하여야 한다.

| 사업자등록 정정사유 | 재발급기한 |
|---|---|
| ① 상호를 변경하는 때<br>② 사이버몰에 인적사항 등의 정보를 등록하고 재화나 용역을 공급하는 사업자(통신판매업자)가 사이버몰의 명칭 또는 인터넷 도메인 이름을 변경하는 때 | 신청일 당일 |
| ③ 법인의 대표자를 변경하는 때<br>④ 사업의 종류에 변경이 있는 때<br>⑤ 사업장을 이전 하는 때<br>⑥ 상속으로 인하여 사업자의 명의가 변경되는 때<br>⑦ 공동사업자의 구성원 또는 출자지분의 변경이 있는 때<br>⑧ 상가건물임대차보호법을 적용받는 경우에 임대인, 임대차 목적물이나 그 면적, 보증금, 차임 또는 임대차기간의 변경이 있거나 새로이 상가건물을 임차한 때<br>⑨ 사업자단위과세사업자가 사업자단위과세적용사업장을 변경하는 때<br>⑩ 사업자단위과세사업자가 종된 사업장을 신설·이전하는 때<br>⑪ 사업자단위과세사업자가 종된 사업장의 사업을 휴업·폐업하는 때 | 신청일부터 3일 내 |

부가세 특집

**의심스러운 거래처, 정상 사업자인지 확인하는 방법은?**[4)]

왕성실 씨는 모든 일을 규정대로 처리하는 사람으로, 물건을 구입할 때도 세금계산서를 철저히 받고 있다. 그런 그가 며칠 전 세무서로부터 1년 전 부가가치세를 신고할 때 공제 받은 매입세액 중 1백만원은 폐업자로부터 받은 세금계산서이기 때문에 공제 받을 수 없으니 이를 해명하라는「과세자료 소명 안내문」을 받았다. 왕성실 씨는 그럴 리가 없다고 생각하여 내용을 확인해 보니, 지난해 평소 거래관계가 없던 사람으로부터 시가보다 싼 가격에 물건을 한 번 구입했던 것이 문제가 된 것이다. 그러나 이제 와서 달리 해명할 방법이 없어 꼼짝없이 세금을 낼 수밖에 없는 처지가 되었다.

**거래상대방이 정상사업자인지 여부가 의심스러울 땐 어떻게 해야 될까?**

사업을 하다 보면 평소 거래를 하지 않던 사람으로부터 시세보다 싸게 물품을 대 줄 테니 사겠냐는 제의를 받아 이를 구입하는 경우가 있다. 이런 경우에는 거래상대방이 정상사업자인지, 세금계산서는 정당한 세금계산서인지 여부를 우선 확인해 봐야 한다. 왜냐하면 거래상대방이 폐업자이거나, 세금계산서가 다른 사업자 명의로 발행된 때에는 실제 거래를 하였더라도 매입세액을 공제 받을 수 없기 때문이다. 그러므로 거래상대방이 의심스러우면 세금계산서를 받을 때 다음 사항을 반드시 확인해 보는 것이 좋다.

첫째, 물건을 판 사업자가 발행하는 세금계산서인지를 확인해봐야 한다.
최근에는 물건을 판매하는 사람이 자신의 매출을 숨기기 위해 다른 사람 명의로 세금계산서를 발행하는 경우가 많은데, 이런 세금계산서를 "위장세금계산서"라 한다. 위장세금계산서를 받은 경우에는 매입세액을 공제 받을 수 없다!

둘째, 세금계산서 발행이 가능한 정상사업자인지를 확인해야 한다.
폐업자나 간이과세자, 면세사업자는 세금계산서를 발행할 수 없기 때문에 이들이 발행한 세금계산서는 세금계산서로서의 효력이 없어 매입세액을 공제 받을 수 없다. 특히, 폐업자가 폐업신고를 하고 난 후 재고품을 처리하는 과정에서 종전의 사업자등록번호로 세금계산서를 발행하는 경우가 종종 있으므로, 거래상대방이 의심스러울 때는 반드시 확인해 보는 것이 좋다.

거래상대방이 일반과세자인지, 폐업자인지 알고 싶을 때는 인터넷 국세청 홈페이지를 방문해서 확인할 수 있다.
홈택스에서도 서비스를 하고 있으며, 홈택스에서는 국세청 홈페이지와 달리 로그인을 해야 하지만 매일 업데이트를 하고 있어, 국세청 홈페이지보다 7일 정도 최신의 자료를 제공하고 있다. 즉 국세청 홈페이지의 휴폐업 조회는 실제와 최대 7일의 차이가 발생한다는 사실과 거래증빙으로 사용할 수 없다는 점은 명심하여야 한다.

–국세청 홈페이지 과세유형 및 휴·폐업 여부 조회(http://www.nts.go.kr/cal/cal_check_02.asp)

4) 국세청 블로그(http://blog.naver.com/ntscaf), "[부가세 특집] 의심스러운 거래처, 정상 사업자인지 확인하는 방법은?".

### ② 휴 · 폐업신고

등록한 사업자가 휴업 또는 폐업하거나 사업개시 전에 등록한 자가 사실상 사업을 개시하지 아니하게 되는 때에는 지체없이 "휴업(폐업)신고서"에 사업자등록증과 폐업신고확인서(법령에 의하여 허가를 받거나 등록 또는 신고를 하여야 하는 사업에 한하며, 폐업신고를 한 사실을 확인할 수 있는 서류의 사본을 말함)를 첨부하여 세무서장에게 제출하여야 한다.

다만, 사업자가 부가가치세 확정신고서에 폐업연월일 및 사유를 기재하고 사업자등록증과 폐업신고 확인서를 첨부하여 제출하는 경우에는 폐업신고서를 제출한 것으로 본다. 사업장 관할세무서장은 사업자가 폐업한 때에는 지체없이 그 등록을 말소하여야 한다.

## 제2절 과세거래 및 공급시기

부가가치세는 재화 또는 용역의 공급, 재화의 수입 거래에 대하여 부과한다.

## 1 재화의 공급

재화의 공급이란 사업자가 계약상 또는 법률상의 모든 원인에 의하여 재화를 인도 또는 양도하는 것을 말한다.

### (1) 재화의 실질적 공급

① 매매계약에 의한 공급 : 현금판매 · 외상판매 · 할부판매 · 장기할부판매 · 조건부 및 기한부판매 · 위탁판매 · 기타 매매계약에 의하여 재화를 인도 또는 양도하는 것

② 가공계약에 의한 공급 : 자기가 주요자재의 전부 또는 일부를 부담하고 상대방으로부터 인도받은 재화에 공작을 가하여 새로운 재화를 만드는 가공계약에 의하여 재화를 인도하는 것

③ 교환계약에 의한 공급 : 재화의 인도대가로서 다른 재화를 인도받거나 용역을 제공받는 교환계약에 의하여 재화를 인도 또는 양도하는 것

④ 기타 계약상·법률상 원인에 의한 공급 : 현물출자·경매·수용 등(법률에 따른 공매·강제경매 및 일정한 수용은 제외) 기타 계약상·법률상 원인에 의하여 재화를 인도 또는 양도하는 것

## (2) 재화의 공급의제(간주공급)

부가가치세법에서는 재화의 실질적 공급에 해당하지는 않지만 일정한 사건들을 재화의 공급으로 간주하여 과세대상으로 보도록 하고 있는데, 이를 재화의 공급의제 또는 재화의 간주공급이라 한다.

### ① 자가공급

사업자가 자기의 사업과 관련하여 생산·취득한 재화를 자기의 사업을 위하여 직접 사용·소비하는 것을 말하는데, 다음의 3가지 경우에 한하여 이를 재화의 공급으로 간주한다.

- 면세사업에의 전용 : 자기의 사업과 관련하여 생산·취득한 재화를 자기의 면세사업을 위하여 직접 사용·소비하는 것은 재화의 공급으로 본다.
- 비영업용 소형승용자동차 또는 그 유지에의 비용 : 자기의 사업과 관련하여 생산·취득한 재화를 비영업용 소형승용자동차로 사용하거나 또는 그 유지에 사용·소비하는 것은 재화의 공급으로 본다.
- 판매목적 타사업장 반출 : 둘 이상의 사업장이 있는 사업자가 자기 사업과 관련하여 생산·취득한 재화를 타인에게 직접 판매할 목적으로 자기의 다른 사업장으로 반출하는 것은 재화의 공급으로 본다.

### ② 개인적 공급

사업자가 자기의 사업과 관련하여 생산·취득한 재화를 사업과 직접 관련없이 사업자가 자신의 개인적인 목적 또는 기타의 목적을 위하여 사용·소비하거나, 사용인 또는 기타의 자가 재화를 사용·소비하는 것으로서 사업자가 그 대가를 받지 않거나 시가보다는 낮은 대가를 받는 경우에는 재화의 공급으로 본다.

### ③ 사업상 증여

사업자가 자기의 사업과 관련하여 생산·취득한 재화를 자기의 고객이나 불특정다수인에게 증여하는 경우에는 재화의 공급으로 본다.

### ④ 폐업시 잔존재화

사업자가 사업을 폐지하는 때에 잔존하는 재화는 자기에게 공급하는 것으로 본다.

## (3) 재화의 공급으로 보지 않는 경우

① 담보의 제공 : 질권[5]·저당권 또는 양도담보의 목적으로 동산·부동산 및 부동산상의 권리를 제공하는 경우는 재화의 공급으로 보지 않는다.

② 사업의 양도 : 사업장별로 그 사업에 관한 모든 권리와 의무를 포괄적으로 승계시키는 것은 재화의 공급으로 보지 않는다. 단 부가가치세를 징수하여 납부하는 경우에는 재화의 공급으로 본다.

③ 조세의 물납 : 사업용 자산을 상속세및증여세법 또는 지방세법 및 종합부동산세법의 규정에 의하여 물납하는 것은 재화의 공급으로 보지 않는다.

④ 공매·강제경매 : 국세징수법의 규정에 따른 공매 및 민사집행법의 규정에 따른 강제경매에 따라 재화를 인도·양도하는 것은 재화의 공급으로 보지 않는다.

⑤ 수용 : 도시 및 주거환경정비법·공익사업을 위한 토지 등의 취득 및 보

5) 질권[質權] : 채권자가 채권의 담보로서 채무자 또는 제3자(물상보증인)로부터 받은 담보물권

상에 관한 법률 등에 따라 수용절차에 있어서 수용대상인 재화의 소유자가 해당 재화를 철거하는 조건으로 그 재화에 대한 대가를 받는 경우에는 재화의 공급으로 보지 않는다.

## 2 용역의 공급

용역의 공급이란 사업자가 계약상 또는 법률상의 모든 원인에 의하여 역무를 제공하거나 재화·시설물 또는 권리를 사용하게 하는 것을 말한다. 대가를 받지 않고 타인에게 용역을 공급하는 것은 용역의 공급으로 보지 않으며, 가공계약에 의한 공급의 경우에는 다음과 같이 판정한다.

① 상대방으로부터 인도받은 재화에 자기가 주요자재를 전혀 부담하지 않고 단순히 가공만하여 주는 것 : 용역의 공급
② 자기가 주요자재의 전부 또는 일부를 부담하고 상대방으로부터 인도받은 재화에 공작을 가하여 새로운 재화를 만드는 것 : 재화의 공급

다만, 건설업에 있어서는 건설업자가 건설자재의 전부 또는 일부를 부담하는 경우에도 용역의 공급으로 본다.

## 3 재화의 수입

재화의 수입이란 다음 중 어느 하나에 해당하는 물품을 우리나라에 반입(보세구역을 거치는 것은 보세구역에서 반입하는 것)하는 것을 말한다.

① 외국으로부터 우리나라에 들어온 물품(외국 선박에 의하여 공해에서 채취되거나 잡힌 수산물 포함)
② 수출신고가 수리된 물품(다만, 수출신고가 수리된 물품으로서 선적되지 않은 물품을 보세구역에서 반입하는 경우는 제외)

## 4 부수재화 또는 용역

부수재화 또는 용역이란 주된 재화 또는 용역의 공급에 필수적으로 부수되는 다음의 재화 또는 용역을 말한다.

### (1) 주된 "거래"에 부수되는 재화 · 용역

주된 거래인 재화·용역의 공급에 필수적 부수되는 재화·용역의 공급은 별도의 독립된 거래로 보지 않고 주된 거래인 재화·용역의 공급에 포함되는 것으로 본다. 따라서 부수 거래의 과세여부는 주된 거래에 따라 결정된다. 즉, 주된 거래가 과세이면 부수거래도 과세하며, 주된 거래가 면세이면 부수거래도 면세한다.

① 당해 대가가 주된 거래인 재화·용역의 공급대가에 통상적으로 포함되어 공급되는 재화·용역 (예: 쌀을 공급하면서 제공하는 운송용역)

② 거래의 관행으로 보아 통상적으로 주된 거래인 재화·용역의 공급에 부수하여 공급되는 것으로 인정되는 재화·용역 (예: 자동차를 공급하면서 제공하는 보증수리용역)

### (2) 주된 "사업"에 부수되는 재화 용역

주된 사업에 부수되는 재화·용역의 공급은 사업에 부수되는 것이지 거래에 부수되는 것이 아니므로 별도의 독립된 거래로 본다.

① 주된 사업과 관련하여 우발적 또는 일시적으로 공급되는 재화·용역 (예: 사업용 고정자산 매각)의 경우 부수 거래의 과세여부는 "면세우선의 원칙"에 따른다.
즉, 주된 사업이 면세대상이면 부수 거래는 면세하고, 주된 사업이 과세대상이라 하더라도 부수 거래가 면세 대상이면 주된 사업과 무관하게 부수 거래는 면세한다. 예를 들면, 제조업자(과세사업)가 사업용 차량운반

구(과세대상)를 매각한 경우 그 차량의 매각은 과세하고, 금융보험업자(면세사업)가 사업용 차량운반구(과세대상)를 매각한 경우 그 차량의 매각은 면세한다. 그리고 제조업자(과세사업)자가 토지(면세)를 매각한 경우 그 토지의 매각은 면세하고, 금융보험업자(면세사업)가 토지(면세)를 매각한 경우 그 토지의 매각은 면세 한다.

② 주된 사업과 관련하여 주된 재화의 생산에 필수적으로 부수하여 생산되는 재화(예: 부산물·작업폐물 매각)의 경우 과세여부는 주된 사업에 따른다. 즉, 주된 사업이 과세대상이면 필수적으로 부수하여 생산되는 재화도 과세하며, 주된 사업이 면세대상이면 필수적으로 부수하여 생산되는 재화도 면세한다.

## 5 재화·용역의 공급시기

부가가치세는 과세기간을 단위로 과세하므로 재화·용역의 공급이 발생하면 이를 어느 과세기간에 속하는지를 결정할 필요가 있는데 이를 공급시기라 한다. 즉, 재화 또는 용역의 공급시기는 재화·용역의 공급이 어느 과세기간에 귀속되는가를 결정하는 기준이 된다. 또한 공급시기가 도래하면 공급자는 공급받는자에게 세금계산서를 발급하여야 하므로 공급시기는 세금계산서 발급의 기준시점이 된다.

### (1) 재화의 공급시기

#### 1) 일반원칙

재화가 공급되는 시기는 다음에 규정하는 때로 한다.

① 재화의 이동이 필요한 경우 : 재화가 인도되는 때

② 재화의 이동이 필요하지 아니한 경우 : 재화가 이용가능하게 되는 때

③ 위 ①, ②의 규정을 적용할 수 없는 경우 : 재화의 공급이 확정되는 때

## 2) 거래 형태별 공급시기

① 현금판매·외상판매·할부판매 : 재화가 인도되거나 이용가능하게 되는 때

② 장기할부판매[6)]·완성도기준지급[7)]·중간지급조건부공급[8)] 또는 전력 기타 공급단위를 구획할 수 없는 재화의 계속적 공급 : 대가의 각 부분을 받기로 한 때

③ 반환조건부·동의조건부·기타 조건부 및 기한부 판매 : 조건이 성취되거나 기한이 경과되어 판매가 확정되는 때

④ 재화의 공급으로 보는 가공 : 가공된 재화를 인도하는 때

⑤ 자가공급·개인적공급·사업상증여 : 재화가 사용 또는 소비되는 때

⑥ 폐업시 잔존재화 : 폐업하는 때

⑦ 무인판매기에 의한 재화공급 : 무인판매기에서 현금을 인취하는 때

⑧ 기타의 경우 : 재화가 인도되거나 인도가능한 때

⑨ 상품권 등을 현금 또는 외상으로 판매하고 그 후 상품권 등이 현물과 교환되는 경우 : 재화가 실제로 인도되는 때

⑩ 수출의 경우

- 내국물품을 외국으로 반출하거나 대외무역법에 의한 중계무역방식으로 수출하는 경우 : 수출재화의 선(기)적일
- 원양어업 및 위탁판매수출 : 수출재화의 공급가액이 확정되는 때
- 위탁가공무역방식의 수출 및 외국인도수출 : 외국에서 해당 재화가 인도되는 때

---

6) 장기할부판매란 재화를 공급하고 그 대가를 월부 기타 부불방법에 따라 받는 것 중 2회 이상으로 분할하여 대가를 받고, 당해 재화의 인도일의 다음날부터 최종 부불금의 지급기일까지의 기간이 1년 이상인 것을 말한다.

7) 완성도기준지급이란 재화의 완성비율(작업진행률)에 따라 대금을 지급받는 경우를 말한다.

8) 중간지급조건부공급이란 재화가 인도되기 전(또는 이용가능하게 되기 전)에 계약금 이외의 대가를 분할하여 지급하고, 계약금을 지급하기로 한 날부터 잔금을 지급하기로 한 날까지의 기간이 6월 이상인 경우를 말한다.

### (2) 용역의 공급시기

#### 1) 일반원칙

용역이 공급되는 시기는 역무가 제공되거나 재화·시설물 또는 권리가 사용되는 때로 한다.

#### 2) 거래형태별 공급시기

① 통상적인 공급 : 역무의 제공이 완료되는 때

② 완성도기준지급·중간지급·장기할부·기타 조건부공급 또는 그 공급단위를 구획할 수 없는 용역의 계속적 공급 : 그 대가의 각 부분을 받기로 한 때

③ 간주임대료 : 예정신고기간의 종료일 또는 과세기간의 종료일

④ 2과세기간 이상에 걸쳐 부동산임대용역을 공급하고 그 대가를 선불 또는 후불로 받는 경우에 월수로 안분 계산한 임대료 : 예정신고기간 또는 과세기간의 종료일

⑤ 다음 중 어느 하나에 해당하는 용역을 둘 이상의 과세기간에 걸쳐 계속적으로 제공하고 그 대가를 선불로 받는 경우 : 예정신고기간 또는 과세기간의 종료일

- 헬스클럽장 등 스포츠센터를 운영하는 사업자가 연회비를 미리 받고 회원들에게 시설을 이용하게 하는 것
- 사업자가 다른 사업자와 상표권 사용계약을 할 때 사용대가 전액을 일시불로 받고 상표권을 사용하게 하는 것
- 노인복지시설을 설치·운영하는 사업자가 그 시설을 분양받은 자로부터 입주 후 수영장·헬스클럽장 등을 이용하는 대가를 입주 전에 미리 받고 시설 내 수영장·헬스클럽장 등을 이용하게 하는 것

⑥ 위 규정을 적용 할 수 없는 경우 : 역무의 제공이 완료되고 그 공급가액이 확정되는 때

제3절

# 영세율 제도와 면세

## 1 영세율 제도

### (1) 영세율 제도의 의의

영세율제도란 일정한 재화 또는 용역의 공급에 대하여 영(zero)의 세율을 적용하는 제도를 말한다. 영세율이 적용되는 경우에는 과세대상거래의 매출에 영(zero)의 세율을 적용하여 매출단계의 부가가치세는 면제하고 매입단계에서 부담한 매입세액은 공제 또는 환급받게 된다. 그 결과 당해 재화·용역의 부가가치세 부담이 완전히 제거되고 거래상대방은 부가가치세를 전혀 부담하지 않게 되므로 이를 완전면세라고 한다.

### (2) 영세율 적용대상자

영세율이 적용되는 거래는 영의 세율이 적용되는 것 외에는 일반적인 과세거래와 동일하므로 영세율 적용대상자는 과세사업자이어야 한다. 따라서 면세사업자는 영세율 적용을 받을 수 없으며, 간이과세자는 영세율 적용을 받을 수 있다. 다만, 간이과세자의 경우 매입세액을 환급받지는 못한다.

### (3) 영세율 적용대상

#### 1) 수출하는 재화

① 내국물품(우리나라 선박에 의하여 채포[9])된 수산물을 포함)을 외국으로 반출하는 것

② 국내의 사업장에서 계약과 대가수령 등 거래가 이루어지는 것으로서 대외

---

9) 채포[採捕] : 해산물 따위를 채취하거나 잡음.

무역법에 의한 중계무역방식의 수출·위탁판매수출·외국인도수출·위탁가공무역 방식의 수출

본래의 수출은 아니지만 내국신용장[10] 또는 구매확인서[11]에 의하여 공급하는 재화는 수출하는 재화에 포함한다.

### 2) 국외에서 제공하는 용역

우리나라의 거주자 또는 내국법인이 제공하는 용역으로서 해외건설공사와 같이 용역제공의 장소가 국외인 경우를 말한다.

### 3) 선박 또는 항공기의 외국항행용역

선박 또는 항공기에 의하여 여객이나 화물을 국내에서 국외로, 국외에서 국내로 또는 국외에서 국외로 수송하는 것을 말한다.

### 4) 기타의 외화획득 재화 또는 용역

국내거래지만 그 실질이 수출 등과 동일하거나 외화획득사업을 장려하기 위한 취지에서 일정한 경우에는 영세율을 적용한다.

① 국내에서 비거주자 또는 외국법인에게 공급되는 일정한 재화 또는 용역
② 수출업자와 직접 도급계약[12]에 의하여 수출재화를 임가공하는 수출재화임가공용역
③ 내국신용장 또는 구매확인서에 의하여 공급하는 수출재화임가공용역
④ 외국을 항행하는 선박·항공기 또는 원양어선에 공급하는 재화 또는 용역

10) 신용장(Letter of Credit)이란 신용장개설은행(수입상의 거래은행)이 신용장개설의뢰인(수입상)의 신용을 보증하는 증서이다. 내국신용장(Local Letter of Credit)이란 수출자가 국내에서 수출용 원자재 또는 완제품을 조달하기 위하여 거래은행에 의뢰하여 수출상품을 생산하는데 필요한 원료 또는 완제품을 공급하는 자 앞으로 원 신용장을 근거로 개설하는 신용장을 말한다.
11) 구매확인서란 외국환은행장이 내국신용장에 준하여 발급하는 확인서를 말한다.
12) 도급계약 [都給契約] 당사자 가운데 한쪽이 어떤 일을 완성할 것을 약속하고, 상대편이 그 일의 결과에 대하여 보수를 지급할 것을 약속함으로써 성립하는 계약. ≒ 도급(都給)·청부 계약.

⑤ 일반 여행업자가 외국인 관광객에게 공급하는 관광알선용역 등

⑥ 국내에 주재하는 외국정부기관·국제기구·국제연합군 또는 미국군에게 공급하는 재화 또는 용역

## 2 면세

### (1) 면세의 개념

면세란 일정한 재화 또는 용역의 공급과 재화의 수입에 대하여는 부가가치세의 납세의무를 면제하는 제도를 말한다. 면세에는 "부분면세제도"와 "완전면세제도"가 있다. 부분면세제도는 면세대상거래의 매출에서 산출하는 매출세액만을 면제하는 것이므로 전 단계에서 부담한 매입세액은 공제 또는 환급하지 않는다. 반면 완전면세제도는 과세대상거래의 매출에 영(zero)의 세율을 적용하여 매출단계에서 부담한 부가가치세는 면제하고 매입단계에서 부담한 매입세액은 공제 또는 환급해 주는 것을 말한다.

이와 같은 면세제도 중 부가가치세법에서 규정하는 면세란 부분면세를 뜻하며, 주로 최종소비자에게 부가가치세의 부담을 경감시키기 위하여 이 면세제도를 활용하고 있다.

### (2) 재화 · 용역의 공급에 대한 면세

#### 1) 기초생활필수품

① 미가공식료품[13](식용에 공하는 농산물, 축산물, 수산물과 임산물을 포함)

13) 미가공식료품이란 농 · 축 · 수 · 임산물과 소금(식품으로 정해진 것)으로서 가공되지 아니하거나 기타 원생산물의 본래의 성질이 변하지 아니하는 정도의 1차가공(탈곡, 정미, 제분, 정육, 건조, 냉동, 염장, 포장 등)을 거쳐 식용에 공하는 것을 말한다. 미가공식료품은 국산, 외국산을 불문하고 면세하나, 식용으로 제공되지 않는 미가공 농 · 축 · 수 · 임산물(관상용 새, 열대어, 금붕어 등)은 국산만 면세하고 외국산은 면세하지 않는다.
면세 ex) 김치, 김, 젓갈류, 간장, 된장 고추장, 단무지, 장아찌, 두부, 메주 등 단순가공식품
과세 ex) 맛김, 바나나우유, 딸기우유, 생크림 등

및 우리나라에서 생산된 식용에 공하지 아니하는 미가공 농산물, 축산물, 수산물과 임산물

② 수돗물(전기는 과세)

③ 연탄과 무연탄(유연탄, 갈탄, 착화탄은 과세)

④ 여성용 생리처리 위생용품

⑤ 영유아용 기저귀와 분유

## 2) 국민후생관련 재화와 용역

① 의료보건용역(수의사의 용역포함)과 혈액(약사가 의약품을 판매하는 것은 과세)

② 교육용역(주무관청의 인가·허가를 받지 않은 학원·강습소 등에서 지식·기술 등을 가르치는 것은 과세)

③ 여객운송용역(항공기·고속버스·전세버스·택시·특수자동차·특종선박 또는 고속철도에 의한 여객운송 용역은 과세)

④ 우표·인지·증지·복권과 공중전화(수집용 우표는 과세)

⑤ 판매가격이 200원 이하인 제조담배와 특수제조용 담배

⑥ 주택과 이에 부수되는 토지의 임대용역

## 3) 문화관련 재화와 용역

① 예술창작품, 예술행사, 문화행사와 비직업 운동경기(골동품, 모조품은 과세)

② 도서(도서대여용역 포함), 신문, 잡지, 관보, 뉴스통신 및 방송(광고는 과세)

③ 도서관, 과학관, 박물관, 미술관, 동물원 또는 식물원에의 입장

## 4) 부가가치 구성요소

① 토지

② 저술가, 작곡가 기타 일정한 자가 직업상 제공하는 인적 용역

③ 금융, 보험용역

### 5) 기타의 재화와 용역

① 종교, 자선, 학술, 구호 기타 공익을 목적으로 하는 단체가 공급하는 재화 또는 용역 등
② 국가, 지방자치단체 또는 지방자치단체조합이 공급하는 재화 또는 용역
③ 국가, 지방자치단체, 지방자치단체조합 또는 공익단체에 무상으로 공급하는 재화 또는 용역 등

## (3) 면세포기

면세포기란 면세되는 재화, 용역을 공급하는 사업자가 면세를 포기하고 과세로 전환하는 것을 말하는데 다음 2가지 경우에 한하여 면세포기를 인정하고 있다.

① 영세율이 적용되는 재화 또는 용역
② 학술연구단체 또는 기술연구단체가 공급하는 재화 또는 용역

면세를 포기하고자 하는 사업자는 관할세무서장에게 포기신고를 하고 지체없이 사업자등록을 하여야 한다. 이러한 면세포기는 언제든지 가능하며, 관할관청의 승인을 요하지 않는다. 한편, 면세포기를 한 사업자는 신고한 날로부터 3년간은 부가가치세의 면제를 받지 못하며 그 후 다시 면세를 적용받고자 하는 경우에는 면세적용신고와 함께 사업자등록증을 제출하여야 한다. 면세적용신고를 하지 않은 경우에는 계속하여 면세를 포기한 것으로 본다.

## (4) 면세제도와 영세율제도의 비교

면세사업자가 공급하는 재화 또는 용역이 수출 등에 해당되어 영세율 적용대상이 되는 경우에는 부분면세제도인 면세를 포기하고 완전면세제도인 영세율적용을 선택함으로써 보다 유리한 방법으로 부가가치세의 납세의무를 이행할 수 있다.

면세사업자는 매입세액을 공제받을 수 없지만 영세율대상 사업자는 매입세액을 공제 또는 환급받을 수 있다.

| 구 분 | 면세제도 | 영세율제도 |
|---|---|---|
| 목 적 | 최종소비자의 부가가치세 경감 | 소비자과세원칙 실현 |
| 적용대상 | 기초생필품 등 | 수출 등 |
| 면세효과 | 부분면세제도(매입세액공제불가) | 완전면세제도(매입세액 전액공제) |
| 부가가치세 법상의 제반의무 이행 | 사업자등록, 세금계산서발급, 부가가치세신고 등 부가가치세법상의 납세의무가 해당되지 않음 | 사업자등록. 세금계산서발급. 부가가치세신고 등 부가가치세법상의 모든 납세의무를 이행해야 함(수출의 경우 세금계산서 발급 의무 면제) |

# 제4절 세금계산서

세금계산서란 납세의무자로 등록한 사업자가 재화 또는 용역을 공급하는 때에 부가가치세를 거래 상대방으로부터 징수하고 그 징수사실을 증명하기 위하여 발급하는 증서를 말한다.

세금계산서는 (1) 매입세액공제의 필수자료 (2) 거래에 있어서 송장의 역할 (3) 대금청구서 및 영수증 역할 (4) 기장의 기초적인 증빙자료 (5) 거래의 증빙 및 과세자료와 같은 기능을 수행한다.

## 1 세금계산서의 종류

### (1) 세금계산서

세금계산서는 공급하는 사업자가 공급자 보관용(매출세금계산서), 공급받는 자 보관용(매입 세금계산서)으로 각 2매를 발행하여 1매를 발급한다. 공급자는 매출처별 세금계산서합계표를 정부에 제출하고, 공급받는 자는 매입처별 세금계산서합계표를 정부에 제출한다.

| 구 분 | 내 용 | 비 고 |
|---|---|---|
| 필요적 기재사항 | (1) 공급하는 사업자의 등록번호와 성명 또는 명칭<br>(2) 공급받는 자의 등록번호<br>(3) 공급가액과 부가가치세액<br>(4) 작성연월일 | 그 전부 또는 일부가 기재되지 않았거나 그 내용이 사실과 다른 경우에는 세금계산서로서의 효력이 인정되지 않는다. |
| 임의적 기재사항 | (1) 공급하는 자의 주소<br>(2) 공급받는 자의 상호, 성명, 주소<br>(3) 단가와 수량<br>(4) 공급연월일 등 | 세금계산서의 효력에는 아무런 영향을 미치지 않는 사항들이다. |

## 세금계산서(공급자보관용)

책 번 호 권 호

일련번호

| 구분 | 항목 | 내용 | 항목 | 내용 |
|---|---|---|---|---|
| 공급자 | 등록번호 | 107-81-40544 | | |
| 공급자 | 상호(법인명) | 세무전자㈜ | 성명(대표자) | 조경환 |
| 공급자 | 사업장주소 | 서울 영등포 여의도 136 | | |
| 공급자 | 업태 | 제조 | 종목 | 컴퓨터 |
| 공급받는자 | 등록번호 | 128-81-42248 | | |
| 공급받는자 | 상호(법인명) | 주영상사㈜ | 성명(대표자) | 최주영 |
| 공급받는자 | 사업장주소 | 경기 고양 식사 712 | | |
| 공급받는자 | 업태 | 도매 | 종목 | 컴퓨터 외 |

| 작성 연 | 월 | 일 | 공란수 | 공급가액 | 세액 | 비고 |
|---|---|---|---|---|---|---|
| 2007 | 7 | 3 | 4 | 1500000 | 150000 | |

| 월 | 일 | 품목 | 규격 | 수량 | 단가 | 공급가액 | 세액 | 비고 |
|---|---|---|---|---|---|---|---|---|
| 7 | 3 | 컴퓨터 | | | | 1,500,000 | 150,000 | |
| | | | | | | | | |
| | | | | | | | | |

| 합계금액 | 현금 | 수표 | 어음 | 외상미수금 | 이 금액을 영수/청구 함 |
|---|---|---|---|---|---|
| 1,650,000 | | 1,650,000 | | | |

## (2) 영수증

영수증이란 간이과세자 또는 다음과 같이 최종소비자에게 재화나 용역을 공급하는 사업자가 발급하는 것으로 공급받는 자의 등록번호와 부가가치세를 따로 기재하지 않은 세금계산서를 말한다. 따라서 영수증에는 부가가치세가 포함된 금액(공급대가)을 기재한다. 다만, 영수증 발급대상 사업자가 신용카드기 또는 직불카드기 등 기계적 장치에 의하여 영수증을 발급하는 때에는 공급가액과 세액을 별도로 구분하여 기재하여야 한다.

① 소매업
② 음식점업(다과점업을 포함)
③ 숙박업
④ 목욕, 이발, 미용업
⑤ 여객운송업
⑥ 입장권을 발행하여 영위하는 사업
⑦ 변호사업, 공인회계사업, 세무사업 등 기타 이와 유사한 사업서비스업(사업자에게 공급하는 것은 제외)
⑧ 우정사업조직이 소포우편물을 방문접수하여 배달하는 용역을 공급하는 사업
⑨ 주로 사업자가 아닌 소비자에게 재화 또는 용역을 공급하는 사업으로서 세금계산서 발급이 불가능하거나 현저히 곤란한 사업 등

영수증발급대상거래라 하더라도 공급받는 사업자가 사업자등록증을 제시하고 세금계산서의 발급을 요구하는 때에는 세금계산서를 발급하여야 한다. 이 경우 신용카드매출전표 등에 부가가치세액을 별도로 기재하여 발급한 경우에는 세금계산서를 발급하지 아니한다.

또한, 목욕, 이발, 미용업, 여객운송업(전세버스운송업은 제외), 입장권을 발행하여 영위하는 사업의 경우에는 공급받는 자가 요구하더라도 세금계산서를 발급하지 않는다. 다만, 이러한 사업의 경우에도 사업자가 감가상각자산을 공급하는 때에는 공급받는 자가 요구하면 세금계산서를 발급하여야 한다.

## 2 세금계산서 발급대상 거래

### (1) 발급의무자

세금계산서의 발급의무자는 납세의무자로 등록한 과세사업자이다. 면세사업자는 납세의무가 없으므로 세금계산서를 발급할 수 없다.

### (2) 발급대상 거래

과세되는 재화 또는 용역의 공급에 대하여는 원칙적으로 모두 세금계산서를 발급하여야 한다. 따라서 면세되는 재화 또는 용역의 공급에 대하여는 세금계산서를 발급하지 않는다. 한편 과세되는 재화 또는 용역의 공급이라 하더라도 영수증의 발급만으로 세금계산서의 발급을 대신하거나 영수증 발급을 아예 면제하는 경우도 있다.

### (3) 세금계산서 및 영수증 발급의무의 면제

① 택시운송 사업자, 노점 또는 행상을 하는 사업자
② 무인자동판매기를 이용하여 재화 또는 용역을 공급하는 자
③ 소매업 또는 목욕, 이발, 미용업을 영위하는 자가 공급하는 재화 또는 용역. 다만, 소매업의 경우에는 공급받는 자가 세금계산서의 발급을 요구하지 아니하는 경우에 한한다.
④ 자가공급(판매목적 타사업장 반출의 경우는 제외), 개인적 공급, 사업장 증여, 폐업시 잔존재화로서 공급의제 되는 재화
⑤ 영세율 적용대상이 되는 일정한 재화·용역 ; 수출하는 재화(내국신용장·구매확인서에 의하여 공급하는 재화는 제외), 국외에서 제공하는 용역, 항공기의 외국항행용역, 기타 외화획득 재화 또는 용역 중 일정한 것
⑥ 부동산임대용역 중 간주임대료에 해당하는 부분

## 3 세금계산서의 발급시기

### (1) 원칙

세금계산서는 원칙적으로 재화 또는 용역의 공급시기에 발급하여야 한다. 다만, 공급시기가 도래하기 전에 대가의 전부 또는 일부를 받고, 그 받은 대가에 대하여 세금계산서 또는 영수증을 발급한 경우에는 그 발급하는 때를 공급시기로 본다.

### (2) 발급시기의 특례

① 공급시기 전 발급특례 : 사업자가 재화 또는 용역의 공급시기가 도래하기 전에 세금계산서를 발급하고 그 세금계산서 발급일로부터 7일 이내에 대가를 지급받은 경우에는 정당한 세금계산서를 발급한 것으로 본다.

② 공급시기 후 발급특례 : 사업자가 다음 중 어느 하나에 해당하는 경우에는 재화 또는 용역의 공급일이 속하는 달의 다음달 10일까지 세금계산서를 발급할 수 있다.

- 거래처별로 1역월의 공급가액을 합계하여 당해 월의 말일자를 발행일자로 하여 세금계산서를 발급하는 경우
- 거래처별로 1역월 이내에서 거래관행상 정해진 기간의 공급가액을 합계하여 그 기간의 종료일자를 발행일자로 하여 세금계산서를 발급하는 경우

### (3) 세금계산서의 수정

세금계산서를 발급한 후 그 기재사항에 관하여 착오 또는 정정사유가 발생한 경우에는 세금계산서를 수정하여 발급할 수 있다.

① 당초 공급한 재화가 환입된 경우 : 재화가 환입된 날을 작성일자로 기재하여 발급(비고란에 당초 세금계산서 작성일자를 부기한 후 붉은색 글씨로 쓰거나 부(負)의 표시)

② 계약의 해제로 인하여 재화, 용역이 공급되지 않은 경우 : 계약이 해제된 때에 그 작성일자는 당초 세금계산서 작성일자를 기재하고 발급(비고란에 계약 해제일을 부기한 후 붉은색 글씨로 쓰거나 부(負)의 표시)
③ 공급가액의 증감이 발생한 경우 : 증감사유가 발생한 날을 작성일로 기재하여 발급(추가되는 금액은 검은 글씨로 쓰고 차감되는 금액은 붉은색 글씨로 쓰거나 부(負)의 표시)
④ 필요적 기재사항 등이 착오로 잘못 기재된 경우 : 세무서장이 경정하여 통지하기 전까지 작성하여 발급(당초에 발급한 세금계산서의 내용대로 세금계산서를 붉은색 글씨로 작성하고, 수정하여 발급하는 세금계산서는 검은색 글씨로 작성)

### (4) 매입자발행(self-billing)세금계산서 제도

① 발행 대상 사업자(매출사업자) : 세금계산서 발급의무가 있는 일반과세자로서 세금계산서를 발행할 수 없는 간이과세자는 제외
② 발행할 수 있는 사업자 : 매입자발행세금계산서를 발행할 수 있는 자는 면세사업자를 포함한 모든 사업자(과세사업자+면세사업자)이다. 면세사업자는 매입자발행세금계산서를 발행하여 지출증빙으로 사용가능하므로 발행대상에서 면세사업자를 제외할 경우 지출증빙미수취가산세를 추징당하므로 이를 해소하기 위함
③ 대상 거래 : 사업자별로 거래건당 공급대가가 10만원 이상의 거래
④ 확인 신청 및 확인 방법 : 매입자가 세금계산서 발급시키부터 3개월 이내에 신청인의 관할 세무서에 "거래사실확인신청서"와 거래증빙서류를 함께 제출하면, 신청인의 관할세무서장은 거래사실확인신청서가 제출된 날부터 7일 이내에 신청서와 제출된 증빙서류를 공급자의 관할세무서장에게 송부하여야 한다. 공급자 관할세무서장은 신청일의 다음달 말일까지 거래사실을 확인하여 신청인 관할세무서장에 통지하고, 신청인 관할세무서장은 통지를 받은 후 즉시 신청인에게 통지하여야 한다.

## (5) 전자세금계산서 발급 전송 의무

법인사업자와 복식부기의무자인 개인사업자(2014년부터 매출액이 3억원 이상인 사업자)는 전자적 방법으로 세금계산서를 발급하여야 한다. 다만 법인사업자는 2010년 12월 31일까지, 개인사업자는 2011년 12월 31일까지 전자세금계산서 이외의 세금계산서도 발급할 수 있다. 전자세금계산서를 발급하였을 때에는 그 발급일이 속하는 다음달 15일까지 전자세금계산서 발급명세를 국세청장에게 전송하여야 한다. 이처럼 전자세금계산서 발급명세를 전송한 경우에는 매출·매입처별세금계산서합계표를 제출하지 않아도 되며, 5년간 세금계산서를 보존하는 의무가 면제된다.

또한 사업자가 2010년 1월 1일부터 2015년 12월 31일까지 전자세금계산서를 발급하고 그 발급명세를 국세청장에게 전송하고, 예정신고 및 확정신고시 "전자세금계산서 발급세액공제신고서"를 제출한 경우에는 다음의 금액을 납부세액에서 공제할 수 있다.

> 전자세금계산서 발급·전송에 대한 세액공제 : Min(①, ②)
> ① 전자세금계산서 발급 건수×200원
> ② 연간 100만원

그러나 법인사업자의 경우 2011년부터, 개인사업자는 2012년부터 전자세금계산서 발급명세 미전송, 지연전송에 따른 가산세를 적용한다.

# 제5절 과세표준과 납부세액

## 1 과세표준

과세표준이란 납세의무자가 납부해야 할 세액산출의 기준이 되는 과세대상, 즉 과세물건의 금액 또는 수량을 말한다.

### (1) 과세표준 계산의 기본원칙

재화 또는 용역의 공급에 대한 부가가치세의 과세표준은 공급가액으로 한다.

① 금전으로 대가를 받는 경우 : 그 대가
② 금전 이외의 대가를 받는 경우 : 자기가 공급한 재화 또는 용역의 시가
③ 자가공급(판매목적 타사업장 반출의 경우는 제외), 개인적 공급, 사업상 증여 및 폐업시 잔존재화의 경우 : 당해 재화의 시가
④ 판매목적 타사업장 반출의 경우 : 당해 재화의 취득가액, 다만, 취득가액에 일정액을 가산하여 공급하는 경우에는 그 공급가액
⑤ 재화의 공급에 대하여 부당하게 낮은 대가를 받거나 대가를 받지 아니하는 경우 : 자기가 공급한 재화의 시가
⑥ 용역의 공급에 대하여 부당하게 낮은 대가를 받는 경우 : 자기가 공급한 용역의 시가
⑦ 대가를 외국통화 기타 외국환으로 받는 때에는 다음과 같은 금액을 그 대가로 한다.
- 공급시기 도래 전에 원화로 환가한 경우 : 그 환가한 금액
- 공급시기 이후에 외국통화 기타 외국환 상태로 보유하거나 지급받은 경우 : 공급시기의 기준환율 또는 재정환율에 의하여 계산한 금액

⑧ 재화의 수입에 대한 과세표준 : 관세의 과세가격과 관세, 개별소비세, 주세, 교통·에너지·환경세 및 교육세, 농어촌특별세의 합계액

## (2) 과세표준에 포함되지 않는 금액[14)]

과세표준에는 거래상대자로부터 받은 대금, 요금, 수수료 기타 명목여하에 불구하고 대가관계에 있는 모든 금전적 가치가 있는 것을 포함한다. 다만, 다음의 금액은 과세표준에 포함되지 않는다.

① 에누리액
② 환입된 재화의 가액
③ 재화 또는 용역을 공급한 후의 그 공급가액에 대한 할인액
④ 공급받는 자에게 도달하기 전에 파손, 훼손 또는 멸실된 재화의 가액
⑤ 재화·용역의 공급과 직접 관련되지 아니하는 국고보조금·공공보조금
⑥ 계약 등에 의하여 확정된 대가의 지급지연으로 인하여 지급받는 연체이자
⑦ 대가와 구분 기재한 종업원의 봉사료

## (3) 과세표준에서 공제하지 않는 금액

재화 또는 용역을 공급한 후에 그 공급가액에 대한 대손금, 장려금과 이와 유사한 금액은 과세표준에서 공제하지 않는다.

**예제**

다음 자료에 의하여 부가가치세 과세표준을 계산하면?

| | |
|---|---|
| • 총매출액 : 30,000,000원 | • 매출에누리액 : 5,000,000원 |
| • 매출할인 : 4,000,000원 | • 대손금 : 2,000,000원 |

풀이

• 과세표준 : 30,000,000 − 5,000,000 − 4,000,000 = 21,000,000원

☞ 대손금은 과세표준에서 공제하지 않음.

14) 과세표준에 포함되는 금액의 예시
① 장기할부판매 또는 할부판매 경우의 이자상당액
② 대가의 일부로 받는 운송비 · 포장비 · 하역비 · 운송보험료 등
③ 사업자가 고객에게 매출액의 일정비율에 상당하는 마일리지를 적립해 주고 향후 해당 고객이 재화를 공급받고 그 대가의 일부 또는 전부를 적립된 마일리지로 결제하는 경우 해당 마일리지 상당액

# 2 납부세액

## (1) 부가가치세의 계산구조

일반과세자가 각 과세기간별로 신고·납부하는 부가가치세의 계산구조는 다음과 같다.

| | |
|---|---|
| | 과세표준 |
| × | 세율 |
| | 매출세액 |
| − | 매입세액 |
| | 납부(환급)세액 |
| + | 가산세 |
| − | 경감·공제세액 |
| | 차가감납부(환급)세액 |

## (2) 매출세액의 계산

매출세액 = 매출액 × 10%

### 1) 대손세액공제

사업자가 과세되는 재화·용역을 공급하는 경우 공급받는 자의 파산 등으로 인하여 당해 재화 또는 용역의 공급에 대한 매출채권의 전부 또는 일부가 대손되어 회수할 수 없는 경우에는 그 대손세액을 매출세액에서 차감할 수 있는데 이를 대손세액공제라 한다.

### 2) 대손기간

재화 또는 용역의 공급일로부터 5년이 경과한 날이 속하는 과세기간에 대한 확정신고기한까지 대손세액공제대상이 되는 사유로 인하여 확정되는 대손세액이 있어야 한다.

### 3) 대손세액 공제사유

① 파산법에 의한 파산
② 민사집행법에 의한 강제집행
③ 사망, 실종신고, 납세지 관할세무서장으로부터 국제결손처분을 받은 채무자에 대한 채권
④ 회사정리법에 의한 회사정리계획인가의 결정
⑤ 상법상 소멸시효의 완성
⑥ 부도발생일로부터 6개월이 경과한 어음·수표. 다만, 사업자가 채무자의 재산에 대하여 저당권을 설정하고 있는 경우는 제외
⑦ 화의인가의 결정으로 회수불능이 확정된 경우
⑧ 회수기일을 6월 이상 경과한 10만원 이하의 채권으로서 회수비용이 당해 채권가액을 초과하여 회수실익이 없다고 인정되는 경우

### 4) 대손세액

대손세액 = 대손금액(부가가치세를 포함한 금액) × 10/110

## (3) 매입세액의 계산

| | 세금계산서 등에 의한 매입세액 |
|---|---|
| + | 의제매입세액 |
| + | 재고매입세액 |
| + | 변제대손세액 |
| − | 공제받지 못할 매입세액 |
| − | 공통매입세액 면세사업분 |
| − | 대손처분받은 세액 |
| | 매입세액공제액 |

### 1) 공제가능 매입세액

사업자가 재화 또는 용역을 공급받을 때 거래징수를 당한 매입세액 중 자기의 사업을 위하여 사용되었거나 사용될 재화 또는 용역의 공급에 대한 세액과 자기의 사업을 위하여 사용되었거나 사용될 재화의 수입에 대한 세액은 매출세액에서 공제된다. 이 경우 매입세액은 발급받은 세금계산서 등에 의하여 확인되는 것에 한한다.

### 2) 공제불가능 매입세액

① 세금계산서 미수취·필요적 기재사항 불분명분 매입세액
② 매입처별세금계산서합계표의 미제출·부실기재분 매입세액
③ 사업과 직접 관련없는 지출에 대한 매입세액
④ 비영업용 소형승용차의 구입과 임차 및 유지에 관한 매입세액
⑤ 접대비 및 이와 유사한 비용의 지출에 관련된 매입세액
⑥ 면세사업에 관련된 매입세액과 토지관련 매입세액
⑦ 사업자등록 전 매입세액. 단, 등록신청일로부터 역산하여 20일 이내의 것은 공제가능
⑧ 대손처분 받은 매입세액

### 3) 의제매입세액

사업자가 면세로 공급받은 농산물·축산물·수산물·임산물을 원재료로 하여 제조·가공한 재화 또는 창출한 용역의 공급이 과세되는 경우(단, 면세포기에 의하여 영세율이 적용되는 경우는 제외)에는 일정금액을 매입세액으로서 공제할 수 있는데 이를 의제매입세액이라 한다.

#### ① 의제매입세액의 계산

의제매입세액 = 면세구입 농·축·수·임산물의 매입가액 × 2/102
(음식점은 8/108)

겸업사업자가 면세원재료를 구입한 경우에는 실지귀속에 따라 의제매입세액 공제대상 원재료인지 여부를 구분하고, 실지귀속이 불분명한 경우에는 다음의 산식에 의한다.

> 의제매입세액 = 면세농산물 등의 매입가액 × (과세공급가액/총공급가액) × 2/102
> (음식점은 8/108)

② 의제매입세액의 공급시기

의제매입세액의 공제는 면세농산물 '구입한 시점'을 기준으로 공제한다.

### 4) 재활용폐자원 매입세액

> 재활용폐자원 등 매입세액 = 재활용폐자원 등의 취득가액 × 6/106
> (중고자동차는 10/110)

### 5) 재고매입세액

간이과세자가 일반과세자로 변경된 경우에는 간이과세자인 경우에 매입한 재고품과 감가상각자산에 대한 매입세액을 추가로 공제하는데 이를 재고매입세액공제라 한다.

## (4) 공통매입세액의 안분계산

겸영사업자의 매입세액은 실지귀속에 따른다. 그러나 과세사업관련인지 면세관련인지 그 실지귀속이 불분명한 경우에 이를 공통매입세액이라 하고, 공통매입세액은 안분계산을 통하여 면세사업분을 계산하고 이에 대하여는 매입세액을 공제한지 않는다.

### 1) 매입세액 안분계산

$$\text{면세사업관련 매입세액(매입세액 불공제액)} = \text{공통매입세액} \times \frac{\text{면세공급가액(당해 과세기간)}}{\text{총공급가액(당해 과세기간)}}$$

동일한 과세기간에 매입하여 공급하는 공통사용재화에 대한 공통매입세액은 직전과세기간의 공급가액을 기준으로 안분계산한다.

$$\text{면세사업관련 매입세액(매입세액 불공제액)} = \text{공통매입세액} \times \frac{\text{면세공급가액(직전 과세기간)}}{\text{총공급가액(직전 과세기간)}}$$

당해 과세기간 중 과세사업과 면세사업의 공급가액이 없거나 어느 한 사업의 공급가액이 없는 경우에 공통매입세액 안분계산을 다음 순서에 의한다.

① 총 매입가액(공통매입가액 제외)에 대한 면세사업에 관련된 매입가액의 비율
② 총예정공급가액에 대한 면세사업에 관련된 예정공급가액의 비율
③ 총예정사용면적에 대한 면세사업에 관련된 예정사용면적의 비율

### 2) 안분계산의 생략

다음의 경우에는 공통매입세액 전액을 공제받는 매입세액으로 한다.

① 당해 과세기간의 총공급가액 중 면세공급가액이 5% 미만인 경우의 공통매입세액
② 당해 과세기간의 공통매입세액이 2만원 미만인 경우의 매입세액
③ 재화를 공급하는 날이 속하는 과세기간에 신규로 사업을 개시하여 직전과세기간이 없는 경우 당해 공통사용재화에 대한 매입세액

### 3) 안분계산의 적용시기

예정신고를 하는 때에는 예정신고기간의 면세비율에 의하여 안분계산하고, 확정신고를 하는 때에 정산한다.

**예제**

다음 자료에 의하여 납부해야 할 부가가치세액은?

| | |
|---|---|
| • 제품 매출 | : 공급가액 100,000,000원 |
| • 제품 직수출 | : 공급가액 20,000,000원 |
| • 신용카드 매출 | : 공급대가 33,000,000원 |
| • 원재료 매입 | : 공급가액 10,000,000원 |
| • 비품 매입 | : 공급가액 20,000,000원 |
| • 승용차 매입 | : 공급가액 50,000,000원 |

**풀이**

- 매출세액
  : (100,000,000×10%)+(20,000,000×0%)+(33,000,000÷11)
  =13,000,000
- 매입세액
  : (10,000,000×10%)+(20,000,000×10%)=3,000,000
- 납부세액 : 13,000,000−3,000,000=10,000,000

☞ 승용차는 매입세액 불공제 대상임.

## (5) 차감납부세액

일반과세자의 부가가치세 차감납부세액은 납부세액에 가산세를 더하고 공제세액을 차감하여 계산한다. 이 경우 가산세는 예정신고시에는 적용되지 않는 반면 공제세액은 예정신고시에도 적용된다.

> 차감납부(환급)세액 = 납부세액+가산세−공제세액

### 1) 가산세

가산세란 세법에 규정하는 의무의 성실한 이행을 확보하기 위하여 의무태만에 대하여 본세에 가산하여 부과하는 금액을 말한다.

### ① 매출처별세금계산서합계표 불성실 가산세

| 구 분 | 내 용 | 가산세 |
|---|---|---|
| • 미제출 가산세 | 매출처별세금계산서합계표를 제출하지 아니한 경우 | 공급가액 × 1%<br>(1개월이내 50% 감면) |
| • 부실기재 가산세 | 제출한 매출처별세금계산서합계표의 기재사항 중 필요적 기재사항이 누락되거나 사실과 다르게 기재된 경우 | 공급가액 × 1% |
| • 지연제출 가산세 | 예정신고시 매출처별세금계산서 합계표를 제출하지 못하고 확정신고시 제출하는 경우 | 공급가액 × 0.5% |

### ② 신고불성실 가산세

| 내 용 | 가산세 |
|---|---|
| • 무신고한 경우 | 납부세액 × 20%<br>(1개월이내 50% 감면) |
| • 납부세액 과소신고 및 초과환급신고* | 납부세액 × 10% |
| • 영세율과세표준 신고불성실 가산세* | 과세표준 × 1% |

* 6개월이내 50%, 1년이내 20%, 2년이내 10% 감면

### ③ 납부불성실 가산세

| 내 용 | 가산세* |
|---|---|
| • 무납부 및 과소납부한 경우 | 납부세액 × 3/10,000 × 일수 |
| • 초과환급 받은 경우 | 초과환급세액 × 3/10,000 × 일수 |

* 일수 : 신고기한 다음날부터 ~ 납부일
(1기예정 → 1기확정 91일, 2기예정 → 2기확정 92일)

### ④ 사업자등록 불성실 가산세

| 내 용 | 가산세 |
|---|---|
| • 미등록 가산세 | 공급가액 × 1%<br>(1개월이내 50% 감면) |
| • 허위등록 가산세 | 공급가액 × 1% |

### ⑤ 수입금액명세서 미제출 가산세

| 내 용 | 가산세* |
|---|---|
| • 미제출한 경우 | 미제출분 수입금액 × 0.5%<br>(1개월이내 50% 감면) |
| • 사실과 다르게 기재된 경우 | (실제수입금액 - 제출한 수입금액) × 0.5% |

### ⑥ 세금계산서 불성실 가산세

| 내 용 | 가산세* |
|---|---|
| • 부실기재 | 공급가액 × 1% |
| • 미발급 | 공급가액 × 2% |
| • 가공발급 | 공급가액 × 2% |
| • 가공수취 | 공급가액 × 2% |
| • 허위발급 | 공급가액 × 2% |
| • 허위수취 | 공급가액 × 2% |

### ⑦ 매입처별세금계산서합계표 제출불성실가산세

매입처별세금계산서합계표를 제출하지 아니한 경우에는 매입세액을 공제받지 못하므로 가산세를 부과하지 않는 것이 원칙이다. 다만 다음의 경우에는 매입처별세금계산서합계표 제출불성실가산세를 부과한다.

- 재화 또는 용역의 공급시기 이후에 발급받은 세금계산서로서, 해당 공급시기가 속하는 과세기간 내에 발급받아 매입세액공제를 받은 경우
- 매입처별세금계산서합계표를 제출하지 아니한 경우 또는 매입처별세금계산서합계표의 기재사항 중 거래처별 등록번호 또는 공급가액의 전부 또는 일부가 기재되지 아니하거나 사실과 다르게 기재된 경우로 임하여, 예정신고 또는

확정신고시 공제받지 못한 매입세액을 추후 경정시에 세금계산서에 의한 확인을 거쳐 매입세액공제를 받은 경우 (다만, 다음의 경우에는 동 가산세를 부과하지 아니한다. ㉠ 매입처별세금계산서합계표를 수정신고, 경정청구, 기한후과세표준신고서와 함께 제출한 경우, ㉡ 매입처별 세금계산서합계표의 거래처별 등록번호 또는 공급가액이 착오로 사실과 다르게 기재된 경우로서 발급받은 세금계산서에 의하여 거래사실이 확인되는 경우)

- 매입처별세금계산서합계표의 기재사항 중 공급가액을 사실과 다르게 과다하게 적어 신고한 경우

매입처별세금계산서합계표 제출불성실가산세 = 공급가액 × 1%

### 2) 공제세액

#### ① 신용카드매출전표 세액공제

개인사업자(영수증발급대상 사업자에 한함)가 부가가치세 과세대상 재화 또는 용역을 공급하고 신용카드매출전표, 직불카드영수증, 선불카드 및 현금영수증을 발행하는 경우에는 신용카드매출전표 등 세액공제액을 납부세액에서 공제할 수 있다.

**신용카드매출전표 세액공제 = 신용카드매출전표 발행금액 × 1%**

* 2010. 12. 31까지는 1.3%
* 간이과세자인 음식점업 및 숙박업은 2%(2010. 12. 31까지는 2.6%)
* 연간 500만원 한도(2010. 12. 31까지는 연간 700만원 한도)

#### ② 예정신고 미환급세액과 예정신고기간 고지세액

예정신고시의 환급세액 중 환급되지 아니한 세액과 예정신고기간에 대한 고지납부세액은 확정신고시 납부세액에서 공제하거나 환급세액에 가산한다.

**예제**

다음은 제1기 예정신고에 누락된 자료이다.
제1기 확정신고시 부가가치세 신고서에 반영하고자 한다. 가산세는?

① • 원재료 매입 : 공급가액 25,000,000원
  • 제품 매출 : 공급가액 30,000,000원

② • 원재료 매입 : 공급가액 1,300,000원
  • 제품 매출 : 공급가액 2,700,000원
  • 카드 매출 : 공급대가 880,000원

**풀이**

① ∴188,650원

- 매출처별세금계산서합계표 지연제출가산세 : 30,000,000×0.5% = 150,000
- 신고불성실가산세 : (3,000,000−2,500,000)×10%×50% = 25,000
- 납부불성실가산세 : (3,000,000−2,500,000)×3/10,000×91일 = 13,650

② ∴30,506원

- 매출처별세금계산서합계표 지연제출가산세 : 2,700,000×0.5% = 13,500
- 신고불성실가산세 : (270,000+80,000−130,000)×10%×50% = 11,000
- 납부불성실가산세 : (270,000+80,000−130,000)×3/10,000×91일 = 6,006

# 제6절 부가가치세와 절세전략

## 1 공급자가 세금계산서를 발행하여 주지 않을 경우, 어떻게 해야 하죠?[15)]

의류 소매업을 하고 있는 최성실씨는 다른 업자보다 좀 더 싼 가격으로 판매한다는 의류 도매업자 강배짱씨로부터 330만원(공급대가)의 의류를 구입하고 세금계산서 발행을 요구하였지만 거절 당하였다. 최성실씨는 세금계산서를 교부받지 못하여 매입세액을 공제받지 못하게 되었다.

이 경우 매입세액 공제를 받을 수 있는 방법은 없는 것일까?

2007. 7. 1부터 시행되는 매입자발행세금계산서 제도에 의하여 최성실씨는 매입세액 공제를 받을 수 있습니다.

### (1) 매입자발행세금계산서 제도란?

세금계산서 교부의무가 있는 사업자(일반과세자)가 재화 또는 용역을 공급하고 그에 대한 세금계산서를 발행하지 않는 경우, 재화 또는 용역을 공급받은 사업자(매입자)가 관할세무서장의 확인을 받아 세금계산서를 발행할 수 있는 제도입니다.

### (2) 입법취지

경제적으로 우월한 지위에 있는 재화 또는 용역의 공급자가 과세표준이 노출되지 않도록 하기 위하여 세금계산서를 발행하지 않는 사례를 방지하기 위한 것입니다.

15) 국세청 블로그(http://blog.naver.com/ntscafe), "공급자가 세금계산서를 발행하여 주지 않을 경우, 어떻게 해야 하죠?", 2010.

일반과세자로부터 재화나 용역을 공급받은 모든 사업자(면세사업자 포함)는 매입자발행세금계산서를 발행할 수 있습니다.

1) 재화 또는 용역을 공급하는 일반과세자가 세금계산서를 발행하지 않는 경우 매입자(신청인)는 거래시기 이후 3개월 이내에 거래사실 확인신청서에 대금결제 등 거래사실 입증자료를 첨부하여 신청인의 관할세무서장에게 거래사실의 확인을 신청하여야 합니다.

거래사실 입증책임은 매입자에게 있으므로 대금 결제 등 증빙자료(영수증, 거래명세표, 거래사실 확인서 등)를 확보하여야 합니다.

2) 신청인 관할세무서장은 신청인이 제출한 자료를 공급자 관할세무서장에게 통보합니다.

3) 공급자 관할세무서장은 신청일의 익월 말일까지 공급자의 거래사실여부를 확인하고 그 결과를 공급자와 신청인 관할세무서장에게 통보합니다.

## - 매입자발행세금계산서 발급절차

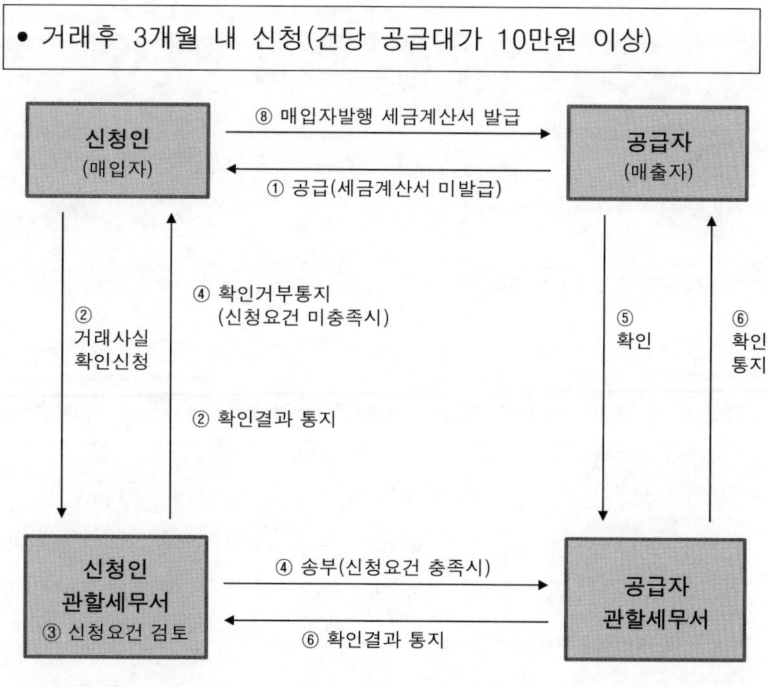

4) 공급자 관할세무서장으로부터 거래사실확인 통지를 받은 신청인 관할세무서장은 즉시 신청인에게 그 결과를 통지하고, 그 통지를 받은 신청인은 매입자발행세금계산서를 발행하여 공급자에게 교부하여야 합니다.
다만, 신청인 및 공급자가 관할세무서장으로부터 거래사실 확인통지를 받은 경우에는 매입자발행세금계산서를 교부한 것으로 봅니다.

5) 신청인이 부가가치세 신고 또는 경정청구시 매입자발행세금계산서합계표를 제출한 경우, 매입자발행세금계산서에 기재된 매입세액을 공제받을 수 있습니다.

※ 매입자가 세금계산서를 발행하기 위하여 세무서장에게 거래사실 확인신청하는 경우, 거래건당 공급대가(부가가치세 포함 가격)이 10만원 이상이면 됩니다.

## 2 가공 세금계산서 구입은 절대 NO![16]

사업을 하다가 자금사정이 어렵거나 세금이 너무 많다고 생각되면 실물거래 없이 세금계산서만 구해서 세금을 줄여볼까 하는 유혹을 느낄 수 있다. 실제로 주변에서 가공 세금계산서를 사서 세금을 신고했다가 나중에 이 사실이 적발돼 세금은 세금대로 물고 검찰에 고발돼 벌금까지 무는 경우를 가끔 본다.

가공 세금계산서를 샀다가 적발되면 어떤 불이익을 받을까?

### (1) 가공 세금계산서 관리

가공 세금계산서란 실제 재화나 용역의 거래 없이 주고받은 세금계산서, 즉, 세금 포탈을 목적으로 실물거래 없이 세금계산서에 기재된 금액에 대해 일정 비율의 수수료로 지급하고 주고받는 가짜 세금계산서를 말한다.

혹자는 개인간에 이뤄진 거래라 세무서에서 모를거라 생각하고 가공 세금계산서를 사는 경우가 있다. 그러나 요즘에는 모든 사업자들의 신고내용이 전산처리돼 당해 사업자의 연도별 신고추세, 같은 업종의 다른 사업자와의 신고상황 비교, 거래처의 신고내역 등이 전산으로 분석돼 나타나므로 혐의자를 쉽게

16) 국세청 블로그(http://blog.naver.com/ntscaf), “가공 세금계산서 구입은 절대 안돼요!”, 2009.

찾아낼 수 있다.

예를들어 화물 자동차나 중기 사업자가 특정 주유소 명의의 가공 세금계산서를 매입한 경우, 이들의 신고내역을 분석해 보면 정상적인 사업자에 비해 유류비 매입비율이 훨씬 높게 나타날 것이므로 일단은 의심을 받게 된다. 또한 가공 세금계산서만을 전문으로 파는 '자료상'의 경우는 통상 단기간에 거액의 자료를 발생시키고 폐업하므로 쉽게 파악이 가능하며 자료상과 거래한 사업자는 나중에 철저한 세무조사를 받게 되므로 적발되지 않고 넘어가기란 사실상 불가능하다고 봐야한다.

## (2) 가공 세금계산서를 산 경우 불이익

사업자 A씨가 실물거래 없이 공급가액이 1억원인 가공 세금계산서를 샀다고 가정할 경우 이때 탈세한 세액과 적발됐을 때 추징되는 세액을 비교해 보면 다음과 같다.

(단위 : 만원)

| 구분 | 개인사업자 | | 법인사업자 | |
|---|---|---|---|---|
| | 탈세액 | 추징세액 | 탈세액 | 추징세액 |
| 계 | 4,500 | 6,992 | 3,500 | 10,765 |
| 부가가치세 | 1,000 | 1,709 | 1,000 | 1,709 |
| 법인세 | – | – | 2.500 | 3,773 |
| 소득세 | 3,500 | 5,283 | – | 5,283 |
| 조세범 처벌 | 3년 이하 징역 또는 부가가치세 탈세액의 2배이하 벌금 | | | |
| 기타 | 세무조사 실시 | | | |

※ 가산세는 신고기한 경과 후 1년이 되는 날에 고지하는 것으로 계산함

이와같이 가공 세금계산서를 받은 사실이 적발되면 탈세액에 비해 훨씬 무거운 세금이 부과되는 것은 물론 세무조사 실시, 조세범 처벌 등으로 인해 사업자체가 존폐위기에 처할 수도 있다. 가공 세금계산서를 사는 행위는 직접적으로 국가의 세금을 횡령하는 것일 뿐만 아니라 거래질서를 문란하게 하기 때문에 무거운 처벌을 받게 된다. 따라서 눈앞의 작은 이익을 쫓다가 나중에 큰 손해를 보는 일이 없도록 주의하는 것이 좋다.

# 연 습 문 제

**1.** 다음 중 부가가치세법상 재화의 공급으로 보는 것은?

① 증여세를 건물로 물납하는 경우　② 사업의 포괄양수도
③ 차량을 담보목적으로 제공하는 경우　④ 폐업시 잔존재화

**2.** 다음 (　　　)안에 들어갈 말은 무엇인가?

| 부가가치세법상 사업자가 재화 또는 용역을 공급하고 세금계산서를 발급하지 아니한 경우 당해 재화 또는 용역을 공급받은 자는 관할세무서무장의 확인을 받아 (　　　)발행 세금계산서를 발행할 수 있다. |
|---|

① 사업자　② 매입자　③ 중개인　④ 매출자

**3.** 다음 중 부가가치세의 과세표준에서 공제하지 않는 것은 어느 것인가?

① 대손금과 장려금　② 환입된 재화의 가액
③ 매출할인　④ 에누리액

**4.** 현행 부가가치세법상 용역의 공급으로 과세하지 않는 경우는 어느 것인가?

① 건설업자가 건설자재의 전부 또는 일부를 부담하는 경우
② 상대방으로부터 인도받은 재화에 주요자재를 전혀 부담하지 아니하고 단순히 가공만 하여 주는 경우
③ 산업상, 상업상 또는 과학상의 지식, 경험 또는 숙련에 관한 정보를 제공하는 경우
④ 용역의 무상공급의 경우

5. 다음 중 부가가치세가 면세되는 재화 또는 용역의 공급의 개수는?

| | |
|---|---|
| 1. 단순가공된 두부 | 2. 신문사광고 |
| 3. 연탄과 무연탄 | 4. 시내버스 운송용역 |
| 5. 의료보건용역 | 6. 금융·보험용역 |

① 3개 ② 4개 ③ 5개 ④ 6개

6. (주)씨엘은 수출을 하고 그에 대한 대가를 외국통화 기타 외국환으로 수령하였다. 이 경우 공급가액으로 올바르지 않은 것은?

① 공급시기 이후 대가 수령 – 공급시기의 기준환율 또는 재정환율로 환산한 가액
② 공급시기 이전 수령하여 공급시기 도래 전 환가 – 공급시기의 기준환율 또는 재정환율로 환산한 가액
③ 공급시기 이전 수령하여 공급시기 도래 이후 환가 – 공급시기의 기준환율 또는 재정환율로 환산한 가액
④ 공급시기 이전 수령하여 공급시기 도래 이후 계속 외환 보유 – 공급시기의 기준환율 또는 재정환율로 환산한 가액

7. 홍길동은 일반과세사업자로 9월 1일에 사업을 시작하여 당일 사업자 등록 신청을 하였다. 홍길동의 부가가치세법상 제2기 과세기간은?

① 1월 1일 ~ 12월 31일 ② 9월 1일 ~ 12월 31일
③ 1월 1일 ~ 9월 1일 ④ 7월 1일 ~ 12월 31일

8. 다음 중 부가가치세법상 공급시기가 잘못된 것은?

① 외상판매의 경우 : 재화가 인도되거나 이용가능하게 되는 때
② 장기할부판매의 경우 : 대가의 각 부분을 받기로 한 때
③ 무인판매기로 재화를 공급하는 경우 : 무인판매기에서 현금을 인취하는 때
④ 폐업시 잔존재화의 경우 : 재화가 사용 또는 소비되는 때

9. 제1기 부가가치세 확정신고시 과세표준에 포함되지 않는 것은?

① 토지의 임대 ② 수출하는 재화
③ 영유아용 기저귀와 분유 ④ 국민주택 초과 규모 주택의 공급

**10.** (주)태호상사는 다음 매입세액을 추가로 반영하고자 한다. 부가가치세 매출세액에서 공제가능한 매입세액은?(정당하게 세금계산서를 수취하였음)

① 접대비관련매입세액
② 업무관련매입세액
③ 비영업용소형승용차(2,000CC)의 구입관련매입세액
④ 면세사업관련매입세액

**11.** 다음은 사업장의 범위를 업종별기준으로 설명한 것이다. 다음 중 가장 틀린 것은?

① 무인자동판매기에 의한 사업 : 무인자동판매기의 설치장소
② 부동산매매업 : 법인은 법인의 등기부상 소재지
③ 사업장을 설치하지 않은 경우 : 사업자의 주소 또는 거소
④ 비거주자와 외국법인 : 국내사업장 소재지

**12.** 다음 중 부가가치세법상 공급대가란?

① 매입가액에 부가가치세를 포함시킨 것
② 공급가액에 부가가치세를 포함시킨 것
③ 매입가액에 부가가치세를 포함시키지 않은 것
④ 공급가액에 부가가치세를 포함시키지 않은 것

## 정답 및 해설

| 1 | ④ | 2 | ② | 3 | ① | 4 | ④ | 5 | ③ | 6 | ② | 7 | ② | 8 | ④ | 9 | ③ | 10 | ② |
|---|---|---|---|---|---|---|---|---|---|---|---|---|---|---|---|---|---|---|---|
| 11 | ① | 12 | ② | | | | | | | | | | | | | | | | |

1. 사업자가 사업을 폐업하는 경우 남아 있는 재화(제17조 제2항 각 호에 따라 매입세액이 공제되지 아니한 재화는 제외한다)는 자기에게 공급하는 것으로 본다.
2. 부가가치세법 제16조 매입자발행 세금계산서에 기재된 부가가치세액은 공제받을 수 있다.
4. 용역의 무상공급의 경우는 현행 부가가치세법상 용역의 공급으로 보지 않는다.
5. 광고는 면세에서 제외된다.
6. ① 공급시기 도래 전에 원화로 환가한 경우에는 그 환가한 금액
   ② 공급시기 이후에 외국통화 기타 외국환의 상태로 보유하거나 지급받는 경우에는 공급시기의 기준환율 또는 재정환율에 의하여 계산한 금액
7. 신규사업자의 최초 과세기간은 사업개시일로부터 당해 과세기간의 종료일까지이다.
8. 폐업시 잔존재화는 의제공급에 해당하는 것으로 공급시기는 폐업하는 때로 한다.
9. 영유아용 기저귀와 분유는 부가가치세가 면제되는 항목이다.
10. 업무관련매입세액은 매입세액공제됨. 나머지는 불공제매입세액임
11. 무인자동판매기에 의한 사업 : 그 사업에 관한 업무총괄장소
12. 부가가치세법상 공급가액에 부가가치세를 포함시킨 것을 말한다. 부가가치세법상 공급가액에 부가가치세를 포함시킨 것을 말한다.

10

CHAPTER

# 부동산의 취득 및 보유와 세금 및 절세


제1절 부동산의 취득과 세금

제2절 종합부동산세

제3절 재산세

# 제1절 부동산의 취득과 세금

## 1 부동산과 관련된 세금 및 부담금

정부는 여러 종류의 부동산 관련 세금을 부과 징수한다. 부동산 관련 세제를 만든 근본적인 목적은 부동산가격을 안정시키고 부동산투기를 방지하는데 있다. 이러한 부동산 관련 조세의 근본적인 목적을 달성하기 위해 부동산관련 세금은 여러 가지 다양한 세목으로 분화하여 발전하게 되었다.

즉, 부동산을 취득하면 취득에 관련된 세금이 있고, 부동산을 보유하고 있으면 보유에 관련된 세금, 양도하면 양도에 따른 세금이 있다. 또한 부동산을 증여 또는 상속받았을 경우에는 증여세와 상속세를 내야하고, 매매계약서를 작성할 때 인지세를 내야한다. 부동산에 관련된 세금을 취득·보유·양도의 단계별로 열거하면 다음과 같다.

### 부동산의 단계별 세금

| 취득단계 | 보유단계 | 양도단계 |
|---|---|---|
| 취득세 | 종합부동산세 | 양도소득세(개인) |
| 농어촌특별세 | 재산세 | 지방소득세 |
| 지방교육세 | 지방교육세 | |
| 인지세 | | |
| 상속세 | | |
| 증여세 | | |

그리고 부동산에 관련된 세금의 구체적 내용을 요약하면 다음 표와 같다.

| 구 분 | 세금/부담금 | 대 상 | 내 용 |
|---|---|---|---|
| 취 득 단 계 | 취득세 | 부동산의 취득 | 취득가액의 4%<br>(단, 1 주택자(9억원이하)의 매매 거래 2%) |
| | 농어촌특별세 | 부동산의 취득 | 취득가액의 0.2% |
| | 지방교육세 | 부동산의 등기 | 취득가액의 0.4% |
| 보 유 개 발 단 계 | 종합부동산세 | 토지 및 주택의 보유 | 주택: 1~3%<br>토지: 종합합산대상: 1~4%<br>별도합산대상: 0.6~1.6% |
| | 지방교육세 | 토지・건물의 보유 | 종합부동산세・재산세의 20% |
| | 재산세 | 건축물・선박・항공기의 보유 | 과세시가표준액의 0.15~5% |
| | 지역자원시설세 | 부동산의 보유 | 과세시가표준액의 0.05~0.13% |
| 양 도 단 계 | 양도소득세 | 개인소유부동산 양도 | 과세표준의 9~70% |
| | 지방소득세 | 개인소유부동산 양도 | 양도소득세의 10% |

## 2 취득자금의 자금출처 조사기준

세금을 회피하기 위하여 세대주의 재산을 배우자나 자녀들에게 분산시키는 방법이 이용되고 있다. 예를 들면, 증여세를 회피하기 위해서 세대주의 부동산을 팔아 배우자와 자녀들 명의로 다른 부동산을 취득한다거나, 상속세를 회피하기 위해서 죽기 전에 배우자나 자녀의 명의로 명의이전을 시키는 것들이다.

따라서 자금출처조사란 부동산 등의 재산을 취득한 경우, 그 재산의 취득경위와 들어간 자금의 출처를 확인하여 증여세 과세자료로 활용하는 절차를 말한다. 자금출처조사는 부녀자와 미성년자 등 소득이 없는 사람에 대한 재산증여와 연령, 직업 등을 감안하여 자기 스스로 재산을 취득할 수 없다고 판단되는 사람이 재산을 취득하는 경우, 재산권의 양도가 생전에 재산을 물려주는 등 불로소득의 이전방법으로 이용됨으로써 부당하게 세금을 누락시키는 사례를 막기 위하여 마련된 제도이다. 그러나 부녀자나 미성년자가 부동산을 취득하였다고 하여 무조건 증여세를 부과하는 것은 아니다. 직업·성별·연령·소득 및 재산상태 등으로 보아 재산을 자력으로 취득하였다고 인정하기 어려운 경우로서 세법이 정하는 경우에 한하여 당해 자산의 취득자가 다른 사람으로부터 취득자금을 증여받은 것으로 추정한다. 여기서 세법이 정하는 경우라 함은 아래의 입증된 금액의 합계액이 취득재산의 가액에 미달하는 경우를 말한다.

그 입증금액은 ① 신고 또는 과세받은 소득금액(비과세·감면 포함) ② 신고하였거나 과세받은 상속 또는 수증재산의 가액 ③ 재산을 처분한 대가로 받은 금전이나 부채를 부담하고 받은 금전으로 당해 자산의 취득에 직접 사용한 금액이다. 그러나 어느 경우에나 자금출처로 확인된 금액이 취득자산가액의 80% 이상(10억 이상인 경우는 2억을 제외한 나머지를 규명해야함) 되는 때에는 증여세를 과세하지 않는다.

재산취득일전 또는 채무상환일전 10년 이내에 당해 재산취득가액 및 상환가액이 아래의 기준금액 미만인 경우에는 증여추정규정을 적용하지 않는다.

**증여추정 배제기준**

| 구 분 | 취득자산 | | 채무상환 | 총 액 |
|---|---|---|---|---|
| | 주 택 | 주택이외 | | |
| 1. 세대주인 경우 | | | | |
| 1) 30세 이상인 자 | 2억원 미만 | 5천만 미만 | 5천만 미만 | 2억5천만 미만 |
| 2) 40세 이상인 자 | 4억원 미만 | 1억원 미만 | | 5억원 미만 |
| 2. 세대주가 아닌 경우 | | | | |
| 1) 30세 이상인 자 | 1억원 미만 | 5천만 미만 | 5천만 미만 | 1억5천만 미만 |
| 2) 40세 이상인 자 | 2억원 미만 | 1억원 미만 | | 3억원 미만 |
| 3. 30세 미만인 자 | 5천만원 미만 | 3천만 미만 | 3천만 미만 | 8천만 미만 |

※ 기준금액 이내라 하더라도 객관적으로 증여 사실이 확인되면 증여세가 과세

부동산을 취득한 사람의 당해연도와 직전 5년간의 소득 및 재산의 양도상태와 직업, 경력, 연령 등을 검토하여 증여혐의 및 부동산투기혐의자는 중점조사대상자로 선정한다. 또한 3년 이내에 부동산을 3회 이상 취득한 경우로서

그 취득가액의 합계가 컴퓨터상 본인의 누적소득금액의 70%를 넘는 경우에는 해당 자료가 작성되어 관할세무서로 보내진다. 관할세무서는 전산출력자료 등을 검토하여 증여혐의가 있거나 부동산투기혐의가 있는 사람에 대해서만 소명자료 제출요구서를 제출하도록 요구하게 된다.

소명자료 제출요구서를 받은 사람은 그 요구서에 표시된 취득재산의 자금출처를 기입하고 증빙서류와 함께 관할세무서에 우편으로 보내면 된다. 제출해야 할 증빙서류로는 ① 소득이 있는 경우에는 소득세납세증명서 또는 납세영수증사본 1부 ② 융자나 남의 돈을 빌린 경우에는 부채증명서 ③ 다른 재산을 처분한 경우에는 매매계약서·등기부등본 ④ 전세보증금이 있는 경우에는 전세계약서 등이다. 소명자료제출요구서는 이를 받은 날로부터 15일 안에 회신하여야 한다. 소명자료제출요구서에 의거 제출된 증빙서류를 검토하여 자력으로 취득한 것이 인정되면 자금출처조사가 종결된다. 재산취득자금에 대한 소명자료제출요구서를 받고 이에 대한 회신을 하지 아니하거나 제출된 소명자료를 검토하여 증여혐의 등이 있는 경우에는 실지조사대상자로 선정된다.

재산의 증여행위에 대하여는 증여재산가액에 대하여 최저 10%에서 최고 50%에 해당하는 증여세가 부과되며, 자진신고 및 납부를 하지 아니하면 납부할 세금의 20%인 신고불성실가산세(부당과소신고금액은 40%)와 1일 0.03%의 납부불성실가산세를 더 내야 한다.

## 3 취득세의 과세대상 및 세액

부동산관련세금 중 부동산의 취득에 관련된 주요한 세금으로는 취득세가 있다. 이러한 세금은 지방세법상의 세금으로 지방세에 속한다.

### (1) 취득세의 과세대상 및 세액

취득세는 부동산 등을 취득한 사람에게 시·도에서 부과하는 세금이다. 취득세는 토지·건물뿐만 아니라 골프회원권·콘도미니엄회원권·차량·건설기계·입목·항공기를 취득하였을 때에 부과된다. 또한 매매, 신축, 상속, 증여, 교환 등

일체의 방법에 의하여 유·무상으로 인하여 부동산을 취득하였을 경우에도 취득세를 부과하게 된다. 취득세의 세율은 일반적으로 2%이나 고급주택이나 별장 등의 사치성재산은 일반취득세의 5배이고 대도시내 공장 등을 신설·증설하기 위한 부동산은 일반취득세의 3배이다. 취득세의 과세대상에 따른 세율을 요약하면 다음과 같다.

| 과세표준 | 과 세 대 상 | 세 율 |
|---|---|---|
| 취득가액 | ① 일반물건<br>(1주택자(9억원 이하)의 매매거래) | 4%<br>(2%) |
| | ② 별장·골프장·고급오락장 등<br>③ 고가주택<br>④ 고급선박 | 4%의 2배(8%) |
| | ⑤ 과밀억제권 내에서 공장을 신·증설하기 위한 사업용 과세물건과 본점 또는 주사무소를 위한 부동산 | 4%의 3배(12%) |

취득세를 납부할 때에는 취득가액의 0.2%에 해당하는 농어촌특별세와 취득가액의 0.4%에 해당하는 지방교육세를 납부하여야 한다(감면시에는 감면세액의 20%에 해당하는 농어촌특별세). 취득세의 과세표준은 원칙적으로 취득자가 신고한 실제 취득가액이다. 그러나 취득자가 신고하지 아니하거나 신고한 금액이 시가표준액보다 적을 때에는 시가표준액을 과세표준으로 한다. 그리고 개인간의 부동산 거래시에 작성된 검인계약서에 의하여 과세할 때에는 검인계약서상의 금액에 의해 산출된 취득세 산출세액이 시가표준액에 의하여 산출된 세액에 미달한 경우에는 시가표준액에 의하여 산출된 세액으로 한다. 취득세는 취득일로부터 30일 이내에 부동산 소재지의 시·군·구청에 자진신고납부하여야 한다. 취득일은 계약서상의 잔금지급일이 되고 계약서상 잔금지급일이 명시되지 아니한 때에는 계약일로부터 60일이 경과한 날에 취득한 것으로 본다. 신축건물·아파트는 사용승인서 발급일을 취득일로 본다.

취득세의 자진신고납부시 첨부하여야 할 서류로는 검인계약서·도장·분약계약서(공동주택)·관련된 대금납부영수증을 제출하여야 한다. 취득세를 기한내 자진신고하지 않거나 적게 신고·납부할 때에는 20%의 가산세가 부과되고, 취득일로부터 2년내 자진신고·납부하지 않고 매각한 경우에는 80%의 가산세가 부과된다. 또한, 취득가액이 50만원 이하인 경우에는 취득세를 징수하지 않는다.

**예제**

무주택자인 이민철은 건설회사로부터 35평형 아파트를 구입하여 계약서에 2억원으로 기재하여 검인받았다. 시가표준액이 1억일 때 이민철의 아파트 취득과 관련된 납부세액은 얼마인가?

**풀이**

취 득 세 : 200,000,000×2% = 4,000,000원
농어촌특별세 : 200,000,000×0.1% = 200,000원
농특세(감면분): 4,000,000×20% = 800,000원
교 육 세 : 200,000,000×0.2% = 400,000원

※ 취득세 과세표준은 검인계약서상 금액과 과세시가표준액 중 큰 금액으로 한다.

**답** 5,400,000원

## 4 인지세

부동산의 취득과 관련하여 매매계약서 등 증서를 작성하는 경우, 증서의 기재금액별 인지세액에 상당하는 수입인지를 구입하여 증서에 첨부하고 인장 또는 서명으로 소인하면 된다. 증서의 기재금액별 인지세액은 아래와 같다.

| 기 재 금 액 | 세 액 |
|---|---|
| 1천만원 초과 3천만원 이하 | 2만원 |
| 3천만원 초과 5천만원 이하 | 4만원 |
| 5천만원 초과 1억원 이하 | 7만원 |
| 1억원 초과 10억원 이하 | 15만원 |
| 10억원 초과 | 35만원 |

※ 주택의 경우 매매계약서상 기재금액이 1억원 이하인 때에는 인지세가 비과세 됨.

# 제2절 종합부동산세

## 1 종합부동산세의 의의

종합부동산세란 전국의 부동산을 인별로 합산하여 일정가액의 초과분에 대하여 세금을 부과하는 제도이다. 주로 고액의 부동산 보유자에 대하여 종합부동산세를 부과하여 부동산 보유에 대한 조세부담의 형평성을 제고하고 부동산가격의 안정을 도모하기 위하여 입법된 세제로서 2005년부터 시행되어 오늘에 이르고 있다.

종합부동산세는 그동안 시행되어 왔던 종합토지세를 폐지하고 마련된 세제로써 지방세제하에 시행되는 부동산보유세의 일종이지만 특별히 국가에서 시행하는 국세이다. 즉, 종전의 보유세는 보유한 부동산에 대하여 건물은 재산세가, 토지는 종합토지세가 부과되었으나, 보유세제가 전면 개편된 2005년부터 주택은 건물과 부속 토지를 통합평가하여 1차로 지방세인 재산세를 통합 과세하고 과세표준이 일정기준을 초과할 경우에 2차로 국세인 종합부동산세를 과세하게 된다.

## 2 종합부동산세의 납세의무

종합부동산세의 납세의무자란 과세기준일(6월 1일) 현재 주택 및 토지의 소유자로서 전국의 부동산을 유형별로 구분한 후 인별로 보유하고 있는 부동산의 공시가격을 기준으로 전국 합산하였을 때 그 합산 가액이 과세기준금액을 초과하여 종합부동산세에 대한 납부 의무가 발생한 자를 말한다.

| 과세대상유형 및 과세단위 | | 과세기준금액 |
|---|---|---|
| 주택 | 인별합산 | 인별(공통)주택공시가격 : 6억원 |
| 비사업용토지 | | 개별공시지가 : 5억원 |
| 사업용토지 | 전체 : 인별합산 | 개별공시지가 : 80억원 |

## 3 종합부동산세의 과세대상

종합부동산세에서 부동산은 주택(부속토지포함), 종합합산토지(비사업용토지), 별도합산토지(사업용토지인 빌딩·상가·사무실 등의 부속토지)로 구분되며 일정한 기준금액 초과시 과세대상이 된다. 부동산 유형별로 과세대상을 구분하면 다음과 같다.

<table>
<tr><th>구분</th><th colspan="2">부동산의 종류</th><th>재산세</th><th>종합<br>부동산세</th></tr>
<tr><td rowspan="5">건물</td><td rowspan="4">주거용</td><td>주택(아파트, 단독·다가구·다세대), 오피스텔(주거용)</td><td>○</td><td>○</td></tr>
<tr><td>별장(주거용 건물로서 휴양·피서용으로 사용되는 것)</td><td>○</td><td>×</td></tr>
<tr><td>일정한 건설임대주택·매입임대주택 등 장기임대주택</td><td>○</td><td>×</td></tr>
<tr><td>일정한 미분양주택·사원주택·기숙사·주거겸용어린이놀이방</td><td>○</td><td>×</td></tr>
<tr><td>기타</td><td>일반건축물(상가·사무실·빌딩·공장·기타사업용건물)</td><td>○</td><td>×</td></tr>
<tr><td rowspan="9">토지</td><td rowspan="4">종합합산</td><td>나대지, 잡종지, 일부 농지·임야··목장용지 등</td><td>○</td><td>○</td></tr>
<tr><td>재산세 분리과세대상 토지 중 기준초과 토지</td><td>○</td><td>○</td></tr>
<tr><td>재산세 별도합산과세대상 토지 중 기준초과 토지</td><td>○</td><td>○</td></tr>
<tr><td>재산세 분리과세·별도합산과세대상이 아닌 모든 토지</td><td>○</td><td>○</td></tr>
<tr><td rowspan="2">별도합산</td><td>일반건축물의 부속토지(기준면적 범위내의 것)</td><td>○</td><td>○</td></tr>
<tr><td>법령상 인·허가 받은 사업용 토지(운송사업 차고용 토지 등)</td><td>○</td><td>○</td></tr>
<tr><td rowspan="3">분리과세</td><td>일부 농지, 임야, 목장용지(재산세 0.07%)</td><td>○</td><td>×</td></tr>
<tr><td>공장용지 일부, 공급용 토지(재산세 0.2%)</td><td>○</td><td>×</td></tr>
<tr><td>골프장, 고급오락장용 토지(재산세 40%)</td><td>○</td><td>×</td></tr>
</table>

그러나 인적 사항을 고려하여 장기임대주택, 기숙사, 사원용주택(종업원과의 관계가 친족이나 과점주루에 해당하는 주택은 제외), 가정보육시설용주택(주거

겸용 어린이 놀이방), 미분양주택(비과세기간 : 5년), 비수도권 소재 1주택, 주택건설업자 취득토지(취득 후 5년 이내 미사용시 추징), 공사대금으로 받은 미분양주택 등은 과세대상에서 제외된다.

## 4 종합부동산세의 계산방법

### (1) 주택을 보유하고 있는 경우

인별로 합산한 주택의 공시가액이 6억원을 초과하는 경우에 다음과 같이 계산한다.

[인별 합산할 주택공시가액 −6억원− 기초공제 (1세대 1주택자 3억원)] ×세율−법정차감세액− 세액공제 (10−40%)

* 기초공제 : 1세대 1주택자(단독명의)에 대해 기초공제 3억원 인정
* 법정차감세액 : - 과세기준금액 초과분에 부과된 재산세 상당액 중 일정액
- 세부담상한액을 초과하는 금액
* 세액공제액

주택분 종합부동산세 납세의무자가 1세대 1주택자에 해당하는 경우의 주택분 종합부동산세액은 위 산출된 세액에서 다음의 공제액을 공제한 금액으로 하며 다음 두 가지를 중복하여 적용할 수 있다.

#### ① 과세기준일 현재 만60세 이상인 1세대 1주택의 공제액

| 연 령 | 공제율 |
|---|---|
| 만 60세 이상 ~ 만 65세 미만 | 10% |
| 만 65세 이상 ~ 만 70세 미만 | 20% |
| 만 70세 이상 | 30% |

② 1세대 1주택자로서 해당 주택을 과세기준일 현재 5년 이상 보유한 자의 공제액

| 보유기간 | 공제율 |
|---|---|
| 5년 이상 ~ 10년 미만 | 20% |
| 10년 이상 | 40% |

## (2) 토지를 보유하고 있는 경우

토지의 용도에 따라 종합합산과세, 별도합산과세로 구분하여 다음과 같이 계산한다.

① 종합합산과세의 경우

(합산할 토지의 공시가격－5억원)×세율×적용비율(80%)－법정차감세액

② 별도합산과세의 경우

(합산할 토지의 공시가격－80억원)×세율×적용비율(80%)－법정차감세액

## (3) 세부담 상한액

각 과세대상별로 당해 연도에 부과된 재산세액과 세부담상한액 적용 전 종합부동산세의 합계액이 전년도 재산세와 종합부동산세합계액의 150%를 초과하는 경우 그 초과액은 종합부동산세액에서 공제된다(단, 공시가격 3억원 이하 주택: 105%, 공시가격 3억~6억원 주택 : 110%).

세부담상한액 = (재산세+종합부동산세)×150%

### (4) 세율

| 과세대상 | 과세표준 | 세 율 | 누진공제액 |
|---|---|---|---|
| 주 택 | 6억원 이하 | 0.5% | – |
| | 6억원 초과 12억원 이하 | 0.75% | 150만원 |
| | 12억원 초과 50억원 이하 | 1% | 450만원 |
| | 50억원 초과 94억원 이하 | 1.5% | 2,950만원 |
| | 94억원 초과 | 2% | 7,650만원 |
| 나대지 등 (종합합산토지) | 15억원 이하 | 0.75% | – |
| | 15억원 초과 45억원 이하 | 1.5% | 1,125만원 |
| | 45억원 초과 | 2% | 3,375만원 |
| 사업용토지 (별도합산토지) | 200억원 이하 | 0.5% | – |
| | 200억원 초과 400억원 이하 | 0.6% | 2,000만원 |
| | 400억원 초과 | 0.7% | 6,000만원 |

### (5) 종합부동산세의 신고와 납부

매년 6월 1일 현재 소유 부동산을 기준으로 종합부동산세 과세대상 여부를 결정한다. 관할세무서장은 종합부동산세액을 결정하여 납부기한 개시 5일전까지 납세고지서를 발부하여 해당연도 12월 1일부터 12월 15일 까지 징수한다.

한편, 일정한 요건을 갖춘 장기임대주택 및 기타주택 등을 소유하고 있는 자는 임대사업등록과 사업자등록을 한 후 종합부동산세 신고기한까지 합산배제신청을 하여야 과세되지 않는다.

### (6) 물납 및 분납

#### ① 물납

종합부동산세로 납부하여야 할 세액이 1천만원을 초과하는 경우에는 종합부동산세 과세대상인 해당 주택 및 토지로 물납을 허가할 수 있다.

#### ② 분납

납부할 세액이 500만원을 초과하는 경우에는 다음의 금액을 납부기한 경과 후 2개월 이내에 나누어 낼 수 있다.

- 납부할 세액이 1천만원 이하인 때 : 500만원을 초과하는 금액
- 납부할 세액이 1천만원 초과하는 때 : 납부할 세액의 50% 이하의 금액

### (7) 농어촌 특별세

종합부동산세가 과세되는 경우에는 종합부동산세 납부할 세액의 20%의 농어촌특별세를 납부하여야 한다.

# 제3절 재산세

## 1 재산세의 과세대상

재산세는 납세의무자가 소유하고 있는 토지, 건축물, 주택, 선박, 항공기 등에 대하여 부과하는 세금으로서 시·군·구와 같은 지방자치단체에서 징수하는 세금이다.

## 2 과세대상 토지의 분류

재산세 과세대상 토지는 종합합산과세대상, 별도합산과세대상 및 분리과세대상 등 3가지로 구분된다.

### (1) 종합합산과세대상

재산세의 과세기준일 현재 납세의무자가 소유하고 있는 시·군의 관할 구역내에 있는 토지 중 별도합산과세대상, 분리과세대상, 비과세와 감면대상을 제외한 토지이다.

### (2) 별도합산과세대상

과세기준일 현재 납세의무자가 소유하고 있는 시·군의 관할 구역내에 있는 토지 중 건축물 부속토지로서 건축물 바닥면적에 용도별 적용 배율을 곱하여 산정한 면적을 초과하지 아니한 토지이다. 용도지역별 적용배율은 다음과 같다.

① 도시지역 -전용주거지역 : 5배
-준주거지역·상업지역 : 3배
-일반주거지역·공업지역 : 4배
-녹지지역 : 7배
-미계획지역 : 4배

② 도시지역 외 -7배

### (3) 분리과세대상

분리과세대상이 되는 토지에는 자경농지 및 공장부속토지(공장 입지기준 면적내의 토지)와 같이 생산적 용도로 이용되고 있는 토지와 별장·골프장·고급오락장 등 사치성으로 이용되고 있는 토지가 있다. 전자는 세제상 지원을 위해서 종합합산과세 대상에서 분리하여 저율의 세율을 적용하고, 후자에 대하여는 조세부담을 무겁게 하기 위하여 고율의 세율을 부과하고 있다.

## 3 납세의무자

재산세 과세기준일 현재 재산을 사실상 소유하고 있는 자는 재산세를 납부할 의무가 있다. 다만, 공유재산인 경우에는 그 지분에 해당하는 부분(지분의 표시가 없는 경우에는 지분이 균등한 것으로 본다)에 대하여 그 지분권자를 납세의무자로 보며, 주택의 건물과 부속토지의 소유자가 다를 경우에는 당해 주택에 대한 산출세액을 건축물과 그 부속토지의 시가표준액 비율로 안분계산하고 계산 내역에 의해 납세액을 소유자별로 안분한다.

## 4 재산세의 과세기준일과 납기

재산세의 과세기준일은 매년 6월 1일이고 납부기간은 다음과 같다.

| 구 분 | 납 기 |
|---|---|
| 토 지 | 매년 9월 16일부터 9월 30일까지 |
| 건축물 | 매년 7월 16일부터 7월 31일까지 |
| 주 택 | 산출세액의 2분의 1은 매년 7월 16일부터 7월 31일까지,<br>나머지 2분의 1은 9월 16일부터 9월 30일까지 |
| 선 박 | 매년 7월 16일부터 7월 31일까지 |
| 항공기 | 매년 7월 16일부터 7월 31일까지 |

## 5 재산세의 과세표준과 세율

재산세의 과세표준은 다음과 같다.

- 토지, 건축물, 주택 : 시가표준액×적용비율
- 선박, 항공기 : 시가표준액

재산세의 세율은 다음과 같다.

## (1) 일반세율

### ① 토 지

| 구 분 | 과세표준 | 세 율 |
|---|---|---|
| 종합합산과세대상 | 5,000만원 이하<br>5,000만원 초과 1억원 이하<br>1억원 초과 | 0.2%<br>10만원+5,000만원 초과금액의 0.3%<br>25만원+1억원 초과금액의 0.5% |
| 별도합산과세대상 | 2억원 이하<br>2억원 초과 10억원 이하<br>10억원 초과 | 0.2%<br>40만원+2억원 초과금액의 0.3%<br>2백80만원+10억원 초과금액의 0.4% |
| 분리과세대상 | 전·답·과수원·목장용지 및 임야<br>골프장 및 고급오락장용 토지<br>위 이외의 토지 | 0.07%<br>4%<br>0.2% |

### ② 건축물

| 과세표준 | 세 율 |
|---|---|
| 골프장·고급오락장용 건축물 | 4% |
| 주거지역 및 조례로 정하는 지역 안의 공장용 건축물 | 0.25% |

### ③ 주 택

㉠ 별장 : 과세표준액의 4%

㉡ 위 이외의 주택

| 과세표준 | 세 율 |
|---|---|
| 6,000만원 이하<br>6,000만원 초과 1억 5천만원 이하<br>1억원 5천 초과 3억원 이하<br><br>3억원 초과 | 0.1%<br>6만원+6,000만원 초과금액의 0.15%<br>19만 5천원+1억원 5천만원 초과금액의 0.25%<br>57만원 + 3억원 초과금액의 0.4% |

④ 선박과 항공기

| 과세표준 | 세 율 |
|---|---|
| 선 박<br>항공기 | 0.3%(고급선박 5%)<br>0.3% |

## (2) 중과세율

환경이나 공해 등의 이유로 과밀억제권역(산업단지 및 유치지경과 공업지역 제외)으로 지정된 곳에서 공장 신설이나 증설을 하는 경우 당해 건축물에 대한 재산세의 세율은 최초의 과세기준일부터 5년간 0.25%의 5배로 한다.

## (3) 소액 부징수

재산세의 세액이 1매당 2,000원 미만인 때에는 재산세를 징수하지 않는다.

## (4) 지방교육세

지방교육세는 재산세액의 20%가 부과된다.

# 연 습 문 제

**1.** 종합부동산세의 과세표준과 세율 및 세액에 대한 설명 중 틀린 것은?

① 주택에 대한 종합부동산세의 과세표준은 납세의무자별로 주택의 공시가격을 합산한 금액에서 6억원을 공제한 금액에 공정시장가액비율을 곱한 금액으로 한다.

② 단독명의 1세대 1주택자는 3억원을 추가 공제 받을 수 있다.

③ 주택에 대한 종합부동산세는 과세표준에 1%~3%의 4단계 추과누진세율을 적용하여 계산한 금액을 그 세액으로 한다.

④ 종합부동산세는 주택에 대한 종합부동산세와 토지에 대한 종합부동산세의 세액을 합한 금액을 그 세액으로 한다.

**2.** 종합부동산의 과세대상에 대한 설명으로 틀린 것은?

① 주택이라 함은 세대의 세대원이 장기간 독립된 주거생활을 영위할 수 있는 구조로 된 건축물의 전부 또는 일부 및 그 부속토지를 말한다.

② 주택 중에서 별장은 종합부동산세의 과세대상이 된다.

③ 종합부동산세는 재산세 과세대상토지 중 종합합산과세대상 및 별도합산과세대상만 종합부동산세 과세대상에 해당되고 분리과세대상은 종합부동산세 과세대상에 제외된다.

④ 종업원의 주거에 공하기 위한 기숙사 및 사원용주택, 주택건설사업자가 건축하여 소유하고 있는 미분양주택, 가정보육시설용주택, 수도권 외의 지역에 소재하는 1주택 등은 합산의 대상이 되는 주택의 범위에 포함되지 아니한 것으로 본다.

**3.** 지방세법상 취득세의 과세표준에 대한 설명 중 옳은 것은?

① 토지의 시가표준액은 당해 토지의 개별공시지가에 국세청장이 정하는 적용비율을 곱하여 산정한 가액이다.
② 모든 주택의 시가표준액은 건축원가를 참작하여 지방세법에 의하여 지방자치단체의 장이 결정한 가액이다.
③ 지방자치단체로부터 부동산을 취득하는 경우 시가표준액이 과세표준이 된다.
④ 취득세의 과세표준은 취득당시의 가액으로 한다. 다만, 연부로 취득하는 경우 연부금액으로 한다.

**4.** 부동산 취득단계의 세금이 아닌 것은?

① 농어촌특별세 ② 인지세
③ 상속세 ④ 주민세

**5.** 전용면적이 160제곱미터인(공동주택가격 : 12억원) 아파트를 유상으로 취득하였다. 이 아파트가 세법에 따른 과세제외 대상이 아니라고 할 때, 다음 중 아파트의 취득 및 보유와 관련하여 부담하는 세목이 아닌 것은?

① 취득세 ② 종합소득세
③ 지방교육세 ④ 종합부동산세

**6.** 다음 중 취득세의 중과대상이 아닌 것은?

① 별장·골프장 ② 고급주택·고급오락장
③ 대도시 내의 신·증설 공장 ④ 공한지

**7.** 다음은 재산세에 대한 설명이다, 맞는 것은?

① 재산세의 과세대상은 당해 시·관할구역 안에 소재하는 건축물·선박·항공기에 대하여 부과한다.
② 선박의 경우는 원칙적으로 그 선박의 소유자 주소지에 부과한다.
③ 소유권 소속이 불분명하여 소유권자가 알 수 없는 경우에는 그 사용자가 재산세를 납부할 의무를 진다.
④ 재산세 세액을 신고 납부하지 않는 경우 가산세를 가산하여 보통징수방법에 의해 징수한다.

**8.** 재산세의 납세의무자의 설명 중 틀린 것은?

① 과세기준일 현재 재산을 사실상 소유하고 있는 자가 재산세를 납부할 의무가 있다.
② 공유재산인 경우에는 그 지분에 해당하는 부분에 대하여 그 지분권자를 재산세의 납세의무자로 본다.
③ 소유권의 귀속이 분명하지 아니하며 소유권자를 알 수 없는 경우에는 그 사용자가 재산세 납세의무자가 된다.
④ 신탁법에 의하여 수탁자 명의로 된 재산의 경우 그 명의자가 재산세를 납부할 의무를 진다.

**9.** 재산세에 있어서 종합합산과세대상이 되는 토지가 아닌 것은?

① 잡종지
② 나대지
③ 공장구내의 건축물 이외의 건축물로서 건축물의 시가표준액이 당해 부속토지의 시가표준액의 100분의 3에 미달하는 건축물
④ 군지역의 공장 중 입지기준면적 내 토지

**정답 및 해설**

| 1 | ③ | 2 | ② | 3 | ④ | 4 | ④ | 5 | ② | 6 | ④ | 7 | ③ | 8 | ④ | 9 | ④ |
|---|---|---|---|---|---|---|---|---|---|---|---|---|---|---|---|---|---|

1. ③ 주택에 대한 종합부동산세는 과세표준에 0.5%~2%, 5단계 초과누진세율을 적용한다.
2. ② 주택 중에서 별장은 4%의 세율로 재산세가 과세되므로 종합부동산세 과세대상이 아니다.
3. ④ 토지의 시가표준액은 당해 토지의 개별공시지가로 한다.
   공동주택의 경우에는 국세청장이 토지와 건물을 일괄 평가한 가액으로 한다.
   지방자치단체로부터 부동산을 취득하는 경우 사실상의 가액을 과세표준으로 한다.
4. ④ 주민세는 양도단계의 세금이다.
5. ② 아파트 취득단계에서 부담하는 세목에는 취득세·농어촌특별세·지방교육세가 있고 보유단계에서 부담하는 세목에는 재산세·지방교육세·종합부동산세·농어촌특별세가 있다.
6. ④ 공한지는 취득세 중과대상이 아니다.
7. ③
   ① 과세물건은 토지·주택·건축물·선박·항공기이다.
   ② 과세물건의 소재지가 납세지가 된다.
   ④ 보통 징수방법에 의하여 부과하며, 가산세규정은 적용하지 아니한다.
8. ④ 신탁법에 의하며 수탁자 명의로 등기, 등록된 신탁재산에 대하여는 위탁자가 재산세를 납부할 의무를 진다. 이 경우 수탁자는 납세관리인으로 본다.
9. ④ 군지역의 공장 중 입지기준 면적 내의 토지는 분리과세대상 토지이며, 입지기준면적 초과부분은 종합합산대상이다.

11

CHAPTER

# 부동산 양도와 세금 및 절세


제1절 양도소득의 의의와 과세대상

제2절 비과세되는 양도소득

제3절 고가주택 및 양도소득세 중과세

제4절 양도소득세의 계산방법

제5절 양도소득세의 절세전략

# 제1절 양도소득세의 의의와 과세대상

## 1 양도소득세의 의의

양도소득세란 토지와 건물 또는 부동산에 관한 권리(지상권, 전세권, 등기된 부동산임차권, 부동산을 취득할 수 있는 권리) 및 기타자산(특정주식영업권, 특정시설물 이용권)을 유상으로 양도하였을 때에 발생하는 양도소득에 대하여 부과되는 세금이다. 이 경우 양도란 자산에 대한 등기 또는 등록과 관계없이 매도·교환·법인에 대한 현물출자 등의 방법으로 유상으로 소유권을 사실상 이전하는 것을 말한다.

| 구 분 | 양도의 범위 |
|---|---|
| 매매 | 대가의 지불, 수취가 가액으로 이루어지는 교환 |
| 교환 | 상호간에 자산을 교환하는 경우 |
| 현물출자 | 회사 설립시 금전외에 부동산을 출자하고 그 대가로 주식 또는 출자지분을 취득하는 경우 |
| 부담부증여 | 재산을 증여할 때 증여자의 채무도 수증자가 함께 인수할 경우 증여재산 중 채무액(배우자, 직계존비속간의 증여 중 공제되지 않는 채무는 제외) |
| 대물변제 | 채무불이행으로 해당 자산을 변제에 충당하는 경우 |
| 수용 | 법령 등에 의거 토지 등이 수용되는 경우 |

따라서 토지나 건물 등의 자산이 양도되는 경우라 하더라도 상속 또는 증여와 같이 무상으로 양도되는 경우에는 상속세·증여세가 과세되기 때문에 양도소득세는 과세되지 아니한다. 그리고 부동산매매업자가 자산을 양도하는 경우에는 사업소득으로 종합소득세가 과세되기 때문에 양도소득세는 과세되지 아니한다. 그밖에 양도소득세가 과세되지 않는 경우는 다음과 같다.

① 환지처분 및 체비지 충당 : 환지처분으로 지목 또는 지번이 변경되거나 체비지로 충당되는 경우
② 양도담보제공 : 채무자가 채무의 변제를 담보하기 위하여 자산을 양도하는 계약을 체결한 경우
③ 공유물의 분할·합병 : 공동소유의 토지를 단순히 분할·합병만 하는 경우
④ 증여의제 및 증여추정
⑤ 소유권의 환원
⑥ 이혼시 재산분할청구권에 의한 소유권이전

## 2 양도소득세의 과세대상

소득세법은 열거주의 과세방법을 채택하고 있으므로 모든 자산의 양도에 대해서 양도소득세를 과세하는 것이 아니라 열거된 토지, 건물, 부동산에 관한 권리, 주식 및 기타자산 등을 과세대상으로 하고 있다.

### 양도소득세 과세대상

- 토지
- 건물
- 부동산에 관한 권리
  - 지상권
  - 전세권
  - 등기된 부동산임차권
  - 부동산을 취득할 수 있는 권리
- 주식 등
  - 비상장주시
  - 특정상장주식
- 기타자산
  - 과점주주가 소유한 부동산과다법인 주식
  - 특수업종을 영위하는 부동산과다법인 주식
  - 사업용 고정자산과 함께 양도하는 영업권
  - 시설물 이용권·회원권(주주회원권 포함)

# 제2절 비과세되는 양도소득

① 파산선고에 의한 처분으로 발생하는 소득
② 농지의 교환 및 분합으로 인하여 발생하는 소득
③ 1세대 1주택과 이에 부수되는 토지의 양도

## 1 양도소득세가 과세되지 않는 1세대 1주택

일반적으로 부동산을 사고 팔 때에는 그 양도소득에 대한 양도소득세가 과세되는 것이 원칙이지만, 국민의 기본적인 주거생활을 보호하고 서민층의 세부담을 경감시켜 주려는 사회정책적인 측면에서 다른 부동산과는 달리 일정한 요건을 갖추어 1세대 1주택을 양도한 경우에는 양도소득세를 과세하지 아니한다.

### (1) 양도소득세가 과세되지 않는 1세대 1주택이란?

생계를 같이 하는 1세대가 국내에서 1개의 주택을 3년 이상 보유해야 한다(서울특별시, 과천시, 분당, 일산, 평촌, 산본, 중동 신도시지역의 주택은 보유기간 중 2년 이상 거주해야함). 이 경우 주택에 딸린 토지는 도지계획구역 안에 있으면 건물바닥면적의 5배 이내, 도시계획구역밖에 있으면 건물바닥면적의 10배 이내는 양도소득세가 과세되지 아니한다. 그러나 1세대 1주택이라도 미등기전매는 양도소득세를 물게 된다.

#### ① 1세대란?

1세대란 거주자 및 그 배우자가 동일한 주소 또는 거소에서 생계를 같이 하는 가족과 함께 구성하는 거주단위를 말한다. 그러나 다음에 해당하는 경우에는 배우자가 없는 때에도 이를 1세대로 본다.

㉠ 30세 이상
㉡ 30세 미만이라도 소득이 있는 사람
㉢ 배우자가 사망하거나 이혼한 경우
㉣ 주택을 상속받은 경우

#### ② 1주택이란?

주택이란 주거를 목적으로 사용하는 건축물과 일정범위내의 부수토지(주택정착면적의 5배, 도시지역 밖에서는 10배)를 말하며, 건물의 공부(公簿)상의 용도에 관계없이 사실상 주거로 사용하는 건물은 주택으로 보며, 사실상 용도구분이 불분명한 경우에는 공부(公簿)상의 용도구분에 따라 주택인지의 여부를 판단한다.

단, 다음의 주택은 1세대가 소유한 주택 수에서 제외한다.

① 수도권 밖의 지역에 위치하는 1주택(납세의무자가 2주택 이상을 소유한 경우에는 주택의 공시가격이 가장 높은 주택을 말함)
② 문화재보호법에 따른 등록문화재에 해당하는 주택

## (2) 보유요건

### 1) 원칙

1세대 1주택으로서 양도소득세가 비과세되기 위해서는 양도하는 주택을 3년 이상 보유하여야 한다. 단, 서울특별시, 과천시, 분당, 일산, 평촌, 산본, 중동 신도시지역의 주택은 보유기간이 3년이고 그 보유기간 중 2년 이상 거주해야 한다.

### 2) 보유기간의 제한을 받지 않는 경우

① 임대주택법에 의한 건물임대주택을 취득하여 양도하는 경우로 임차일로부터 양도일까지의 거주기간이 5년 이상인 경우
② 주택 및 그 부수토지의 전부 또는 일부가 공익사업을 위한 토지 등의 취득 및 보상에 관한 법률에 의한 협의매수·수용 및 그 밖의 법률에 의하여 수용되는 경우(사업인정고시일전 취득하고, 양도일 또는 수용일로부터 2년 이내 양도하는 잔존주택 및 그 부수토지를 포함한다.)

③ 해외이주법에 의한 해외이주로 세대전원이 출국하는 경우(출국 후 2년이내 양도하여야 함)
④ 1년 이상 계속하여 국외거주를 필요로 하는 취학 또는 근무상의 형편으로 세대전원이 출국하는 경우
⑤ 도시재개발사업 시행기간 중 다른 주택을 취득하여 거주하다가 도시재개발법에 의한 관리처분계획에 따라 취득하는 주택으로 세대전원이 이사하게 되는 경우
⑥ 재건축사업에 참여한 자가 그 재건축사업시행기간중 다른 주택을 취득하여 거주하다가 동법에 의한 사업계획에 따라 취득하는 주택으로 세대전원이 이사하게 되는 경우
⑦ 1년 이상 거주한 주택을 부득이한 사유(취학, 근무상의 형편, 1년 이상의 질병의 요양)에 의하여 세대전원이 다른 시·군으로 주거를 이전하는 경우

### 3) 보유기간 및 거주기간의 계산

거주 또는 보유 중에 손실, 붕괴, 노후 등으로 인하여 멸실되어 재건축한 주택의 경우에는 멸실주택과 재건축주택에 대한 기간을 통산한다.

## 2 양도소득세가 과세되지 않는 1세대 2주택

양도소득세가 과세되지 않는 주택이란 1세대 1주택을 3년 이상 보유한 경우에만 해당되나 다음과 같은 경우 일시적으로 2주택을 소유하게 되는 경우에는 1세대 2주택에 해당되는 경우에도 양도소득세를 과세하지 아니한다.

### (1) 이사를 가기 위하여 일시적으로 2개의 주택을 갖게 된 경우

양도소득세가 과세되지 않는 1세대 1주택의 요건을 갖춘 1세대가 이사를 가기 위해서 새로운 주택을 구입하거나 신축을 하는 경우 이사를 가기 전에 종전의 주택이 팔리지 아니함으로써 1세대 2주택이 된 경우에는 새로운 주택을 구입한 날로부터 2년 이내에 종전의 주택을 양도하면 1세대 1주택으로 보아 양도

소득세를 과세하지 아니한다.(다만, 수도권 외의 지역으로 법인(공공기관)의 이전으로 인하여 법인의 이전지역에 새로운 주택을 취득하여 일시 2주택의 경우는 종전주택을 2년 이내에 양도하는 경우는 비과세).

다음에 해당하는 경우 2년 이내에 양도하지 못하더라도 양도소득세가 과세되지 아니한다.

① 한국자산관리공사에 매각을 의뢰한 경우
② 법원에 경매를 신청한 경우
③ 국세징수법에 의하여 공매가 진행중인 경우

### (2) 상속으로 인하여 2주택이 된 경우

1주택 보유자가 1주택을 상속받아 1세대 2주택이 된 경우로서 일반주택을 먼저 팔 때에는 상속주택에 관계없이 1개의 주택을 소유한 것으로 보아 양도소득세를 비과세한다. 그러나 상속주택을 먼저 팔 때에는 양도소득세가 과세된다.

### (3) 직계존속을 봉양하기 위하여 세대를 합친 경우

1주택을 보유하고 1세대를 구성하는 자가 1주택을 보유하고 있는 60세(남·여 구분없음) 이상의 직계존속을 봉양하기 위하여 세대를 합쳐 2주택이 된 경우에 합친 날로부터 5년 이내 먼저 양도하는 주택은 1세대 1주택으로 보아 비과세한다.

이 때 직계존속의 범위는 본인 및 배우자의 부모·조부모 등을 말한다.

### (4) 혼인으로 인하여 2주택을 보유하게 된 경우

1주택을 보유고 1세대를 구성하고 있는 자가 1주택을 보유하고 1세대를 구성하고 있는 자와 혼인함으로써 1세대가 2주택을 보유하게 되는 경우 그 혼인한 날로부터 5년 이내에 먼저 양도하는 주택은 이를 1세대 1주택으로 보아 비과세한다.

### (5) 장기저당담보주택의 비과세

장기저당담보주택을 소유한 60세 이상의 직계존속과 세대를 합침으로써 1세대 2주택이 된 경우에는 양도시기와 관계없이 먼저 양도하는 주택은 1세대 1주택의 양도로 간주하며, 장기저당담보주택은 비과세요건 중 거주기간요건을 적용하지 않는다. 따라서 세대를 합친 날로부터 2년이 지나서 팔더라도 먼저 양도하는 주택(비과세요건을 갖춘 경우에 한함)에 대하여는 양도소득세가 과세되지 않는다. 다만, 장기저당담보주택을 담보대출계약기간 만료 이전에 양도하면 양도소득세가 과세된다.

### (6) 농어촌주택과 일반주택을 각각 1씩 소유하고 있다가 일반주택을 양도하는 경우

3년 이상 보유한 1주택을 소유한 자가 서울, 인천, 경기도를 제외한 읍지역(도시계획구영안의 지역 제외)과 면지역에 소재한 농어촌주택을 보유하여 1세대 2주택이 된 경우에 농어촌주택 외의 3년 이상 보유주택을 팔면 양도소득세가 과세되지 않는다.

농어촌주택이란 다음의 1에 해당하는 주택을 말한다.

① 상속주택 : 피상속인이 취득 후 5년 이상 거주한 사실이 있는 주택

② 이농주택 : 영농, 어업에 종사하던 자가 취득일로부터 5년 이상 거주한 사실이 있는 주택

③ 귀농주택 : 영농 또는 어업에 종사하고자 하는 자와 그 배우자 및 그들의 직계존속의 본적 또는 원적이 있거나 5년 이상 거주한 사실이 있는 곳에 1,000제곱미터 이상의 농지와 함께 취득하여 거주하고 있는 주택(대지면적 660제곱미터 이내)

### (7) 기타 부득이한 사유로 2주택을 보유한 경우

세법이 정하는 취학·근무상의 형편·질병의 요양·그밖에 부득이한 사유로 취득한 수도권 밖에 소재하는 주택의 그밖의 주택(일반주택)을 국내에 각각 1개씩 소유하고 있는 1세대가 일반주택을 양도하는 경우에는 국내에 1개의 주택을 소유하고 있는 것으로 보아 비과세 여부를 판정한다.

# 제3절 고가주택 및 양도소득세 과세

## 1 겸용주택과 고가주택을 양도한 경우의 과세여부

### (1) 겸용주택을 양도한 경우

겸용주택이란 한 건물내에 주택과 점포가 설치되어 있는 주택을 말한다. 이 경우 주택의 면적이 점포의 면적보다 클 때에는 건물전체를 주택으로 본다. 따라서 1세대 1주택의 비과세요건이 충족될 때에는 양도소득세가 과세되지 아니한다. 그러나 주택의 면적이 주택 이외의 면적보다 작거나 같을 때에는 주택면적만 주택으로 보아 비과세하고 주택 외의 면적에 대하여는 양도소득세가 과세된다.

겸용주택에 딸린 토지는 주택면적의 비율에 따라 비과세한다. 따라서 주택부분의 면적이 점포부분의 면적보다 클 경우에 전체를 주택으로 보고 이에 딸린 토지도 주택의 토지로 보아 도시계획구역 안에 있는 경우에는 건물바닥면적의 5배 또는 도지계획구역 밖에 있는 경우에는 건물바닥면적의 10배의 범위에서 과세되지 아니한다. 그러나 주택면적이 주택외의 면적보다 작거나 같으면 주택부분 이외의 건물은 주택으로 보지 않아 과세되고 1주택 부분에 딸린 토지는 전체 토지면적 중 주택부분의 면적이 건물 면적에서 차지하는 비율을 곱하여 계산한다.

- 주택의 정착토지면적(5, 10배의 판단기준)

  ⇒ 건물전체정착면적 × $\frac{\text{주택부분면적}}{\text{건물전체면적}}$

- 주택에 부수토지면적(비과세여부판단기준)

  ⇒ 건물에 부수된 전체토지면적 × $\frac{\text{주택부분면적}}{\text{건물전체면적}}$

## (2) 고가주택의 과세방법

3년 이상 거주한 1세대 1주택이라도 고가주택에 해당되는 경우에는 양도소득세가 실지거래가액으로 과세된다. 고가주택이란 주택 및 부수되는 토지의 양도당시의 실지거래 가액의 합계액(1주택의 일부를 양도하는 경우에는 실지거래가액 합계액에 양도하는 부분의 면적이 전체 주택면적에서 차지하는 비율을 나누어 계산한 금액을 말한다)이 9억원을 초과하는 것을 말한다. 상가주택의 경우는 주택으로 보는 부분(이에 부수되는 토지를 포함한다)에 해당하는 실지거래가액을 포함하며, 단독주택으로 보는 다가구주택의 경우에는 그 전체를 하나의 주택으로 본다.

1세대 1주택의 요건에 해당하는 고가주택의 양도차익은 다음과 같이 계산한다.

$$\text{고가주택의 양도차익} = \text{양도차익} \times \frac{\text{양도가액} - \text{9억원}}{\text{양도가액}}$$

**예제**

3억원에 취득한 주택을 12억원에 양도할 경우 양도차익은 얼마인가? (주택은 1세대 1주택의 고가주택이다.)

**풀이**

① 양도자산의 양도차익 : 1,200,000,000−300,000,000 = 900,000,000원

② 고가주택의 양도차익 : $900{,}000{,}000 \times \frac{\text{12억} - \text{9억원}}{\text{12억}}$ = 225,000,000원

**답** 225,000,000원

# 2 1세대 3주택 이상 양도소득세 과세

## (1) 과세 적용기준

1세대 3주택 이상 보유한 자가 보유주택을 양도하는 경우에는 다음과 같이 과세 된다.

① 실지거래가액으로 양도소득을 계산한다.

② 기본세율 6~38%를 적용하되 지정지역내 부동산인 경우에는 기본세율에 10/100을 추가한 세율이 적용된다. 또한 보유기간이 2년 미만인 경우에는 단기간 보유한 경우에 적용되는 세율과 비교해서 높은 세율이 적용된다.

## (2) 1세대 3주택 이상 판정기준

1세대가 보유하고 있는 주택 중 다음의 주택을 기준으로 3주택 이상에 해당하는지 여부를 판정한다.

| | |
|---|---|
| 지역기준 | ① 수도권(서울, 인천, 경기), 광역시(부산, 대구, 대전, 광주, 울산) 소재 주택은 주택가액에 상관없이 주택 수 계산에 포함된다.<br>② 다만, 수도권 광역시 중 다음 지역은 제외<br>수도권·광역시 중 군지역 및 도농복합시의 읍·면지역<br>(경기 가평·양평·여주·연천군, 인천강화·옹진군, 부산 기장군, 대구 달성군, 울산 울주군, 경기도 평택시 포승면 등) |
| 주택가액기준 | 위 지역 외에 소재하는 주택으로서 국세청 기준시가 3억원을 초과하는 주택(부수토지 포함)도 주택 수에 포함 |

## (3) 1세대 3주택 이상 과세에서 제외되는 주택

다음의 경우 3주택 이상 판정시 주택수에는 포함되나 당해주택 양도시에는 적용되지 않는다.

① 다음 요건을 모두 충족한 2003. 12. 31 이전 취득한 소형주택

- 대지면적 120㎡, 주택면적 60㎡ 이하 주택
- 기준시가 4천만원 이하 주택

※ 다만, 오피스텔 및 정비구역으로 지정·고시된 재개발(재건축)주택은 소형주택이라도 중과세된다.

② 조특법상 양도소득세가 감면되는 장기임대주택, 신축주택 등

③ 장기임대사업용 주택 : 149㎡ 이하, 기준시가 3억원 이하, 1호 이상을 7년 이상 임대, 동일 시·군 소재 주택에 한함.

④ 장기사원용주택, 문화재주택, 5년 미경과 상속주택, 3년 미경과 저당권실행 및 채권변재로 취득한 주택 등

## 3 비사업용 토지 양도소득세 과세

비사업용 토지를 양도하는 경우에 양도소득세가 다음과 같이 과세 된다.

① 실지거래가액으로 양도소득세를 계산한다.

② 장기보유특별공제를 받지 못한다.

③ 지정지역내 부동산으로서 비사업용토지는 기본세율에 10/100을 추가한 세율이 적용된다. 기타토지는 일반세율이 적용된다.

비사업용토지란 다음 (1) 기간기준과 (2) 대상토지기준을 모두 충족하는 토지를 말한다.

### (1) 기간기준

보유기간 중 사업용으로 사용되지 않는 토지를 말한다. 다만, 부득이하게 사업에 사용하지 못하는 경우는 제외한다. 그러나 다음의 요건 중 하나를 충족하는 경우에는 사업용 토지로 본다.

① 양도일 직전 3년 중 2년 이상을 직접 사업에 사용

② 양도일 직전 5년 중 3년 이상을 직접 사업에 사용

③ 보유기간 중 80/100 이상을 직접 사업에 사용

## (2) 대상토지기준

다음 중 하나에 해당되는 토지를 말한다.

① 농지 : 다음에 해당되지 않는 전·답·과수원을 말한다.

가. 재촌·자경농지

나. 농지법에 소유가 인정되는 일부 농지를 말한다.(주말·체험영농소유 농지, 상속·이농농지, 20년 이상 소유 농지 등)

② 임야 : 다음의 임야는 제외한다.

가. 영림계획인가를 받아 사업중인 임야 또는 특수개발지역으로 지정된 임야(도시지역 밖 또는 도시지역의 보전녹지지역 안의 임야에 한함)

나. 재촌하는 자가 소유하는 임야

③ 목장용지 : 다음의 목장용지는 제외한다.

가. 축산업을 영위하는 개인이 소유한 도시지역 밖의 목장용지로서 기준면적 이내의 토지

나. 종중소유 목장용지(2005. 12. 31 이전 취득분에 한함)

다. 상속받은 목장용지(상속일로부터 5년 내 양도 시)

④ 비사업용 나대지 : 재산세 종합합산과세대상 토지로 건축물이 없는 나대지, 잡종시 등의 토지를 말한다. 다만, 사업에 사용하는 다음의 토지는 제외한다.

가. 운동장·경기장 등 체육시설용 토지

나. 휴양시설업용, 주차장용, 청소년 수련시설용, 예비군훈련장용 토지

다. 개발사업시행자가 조성한 토지, 기타 토지

# 제4절 양도소득세의 계산방법

## 1 부동산의 양도시기와 취득시기

### (1) 원칙 : 대금청산일

양도・취득시기는 원칙적으로 대금청산일이다.

### (2) 예외

① 대금청산일이 불분명할 때 : 등기등록 접수일 또는 명의 개시일
② 대금청산전에 소유권 이전등기를 한 경우 : 등기접수일
③ 수용의 경우 : 잔금청산일, 등기이전일, 수용개시일 중 빠른 날

### (3) 특수거래의 경우

① 장기할부조건으로 취득 또는 양도한 경우 : 소유권이전등기(등록 및 명의개서 포함)접수일·인도일 또는 사용수익일 중 빠른 날
② 상속에 의하여 자산을 취득한 경우 : 상속개시일(사망일 또는 선고일)이 취득일이 된다.
③ 증여에 의하여 취득한 자산의 경우 : 그 증여를 받은 날이 된다.
④ 자기가 건설한 건축물 : 사용검사필증발급일. 다만, 사용검사 전에 사실상 사용하거나 사용승인을 얻은 경우에는 그 사실상의 사용일
⑤ 건축허가를 받지 아니하고 건축하는 건축물 : 그 건축물의 사실상의 사용일
⑥ 대금 청산 일까지 완성 또는 확정되지 아니한 자산 : 그 목적물이 완성 또는 확정된 날

⑦ 부동산 등을 법인에 현물 출자하는 경우 : 현물출자의 대가로 주식을 발급받은 날로 한다. 주식을 발급받기 전에 소유권이전등기를 한 경우에는 소유권이전등기 접수일로 하게 된다.

⑧ 토지구획정리사업법, 기타 법률에 의한 환지처분으로 인하여 취득한 토지 : 그 환지처분이 되기전 토지의 취득일이다.

⑨ 아파트 당첨권 : 최초 당첨자는 당첨일이 취득시기가 되고, 당첨권을 양도·양수한 경우에는 잔금청산일에 의한다.

⑩ 점유로 인한 부동산소유권의 취득시기 : 당해 부동산의 점유를 개시한 달

### (4) 취득시기의 의제

#### ① 개 념

실제 토지 등을 구입한 날은 아니지만 세금계산의 합리성을 위해 취득한 시점으로 정부가 인정해주는 날을 정해 이날 이전에 취득한 자산은 아무리 오래전에 취득했어도 취득가액을 이 날의 가액으로 계산하도록 하는 것이다.

#### ② 의제취득일

부동산을 84년 12월 31일 이전에 취득한 경우에는 85년 1월 1일(의제취득일)에 취득한 것으로 하여 취득가액을 계산한다.

## 2 양도소득세의 계산방법

양도소득세는 다음과 같이 양도가액에서 취득가액과 기타필요경비를 차감하고, 장기보유특별공제와 양도소득기본공제를 차감하여 과세표준을 계산하고 이에 세율을 곱하여 산출한다.

**양도소득세의 계산구조**

양도차익 = 양도가액 − 취득가액 − 기타필요경비

양도소득금액 = 양도차익 − 장기보유특별공제

양도소득과세표준 = 양도소득금액 − 양도소득기본공제

양도소득산출세액 = 양도소득과세표준 × 양도소득세율

양도소득결정세액 = 양도소득산출세액 − 감면세액 − 예정신고납부 세액

## (1) 양도가액

토지·건물, 부동산에 관한 권리는 실지거래가액을 양도가액으로 적용한다. 만약, 실지양도가액이 확인되지 않는 경우에는 추계결정방법에 의한다. 추계결정방법의 기준은 매매사례가액·감정가액·기준시가의 순서로 양도가액을 계산한다. 이 경우 실지양도가액·매매사례가액·감정가액은 실지거래가액으로 본다.

## (2) 취득가액

양도가액을 실지거래가액으로 적용한 경우에는 취득가액도 실지취득가액을 적용한다. 실지취득가액이 불분명한 경우에는 추계결정방법에 의하여 매매사례가액·환산가액·기준시가 순으로 취득가액을 계산한다. 참고로 양도가액을 기준시가로 계산한 경우에는 취득가액도 기준시가에 의한다.

## (3) 기타필요경비

취득가액을 실지취득가액으로 적용한 경우에는 자본적 지출과 양도비용 등 실제 지출된 필요경비를 공제하나, 취득가액을 추계결정에 의하여 매매사례가액·감정가액·환산취득가액·기준시가를 적용한 경우에는 자본적 지출과

양도비용 대신 필요경비 개산공제만을 공제한다. 이때, 실제 지출된 필요경비란 당해 자산을 취득하면서 지출한 취득세·등록세, 중개수수료, 인지대 등과 취득후 개량, 이용편의를 위해 지출한 비용, 양도하기 위하여 지출하는 계약서 작성비용, 인지대, 중개수수료 등의 비용을 말한다.

| 구 분 | 필요경비 개산공제 내용 |
|---|---|
| 토지 | 취득 당시 개별공시지가의 3%(미등기자산은 0.3%) |
| 건물 | 취득 당시 국세청장 고시가의 3%(미등기자산은 0.3%) |
| 지상권, 전세권,<br>등기된 부동산임차권 | 취득 당시 기준시가의 7% |
| 이외의 자산 | 취득 당시 기준시가의 1% |

## (4) 장기보유특별공제

장기보유특별공제는 등기된 토지나 건물을 3년 이상 보유하고 있다가 양도하는 경우에 적용되며 1세대 1주택이 아닌 자산의 공제율은 100분의 30을 한도로 한다. (단, 일정한 요건을 갖춘 미등기자산, 비사업용 토지 등을 양도하는 경우에는 장기보유특별공제를 적용하지 아니한다).

| 보유기간 | 3년이상<br>4년미만 | 4년이상<br>5년미만 | 5년이상<br>6년미만 | 6년이상<br>7년미만 | 7년이상<br>8년미만 | 8년이상<br>9년미만 | 9년이상<br>10년미만 | 10년<br>이상 |
|---|---|---|---|---|---|---|---|---|
| 1세대1주택<br>공제율 | 24% | 32% | 40% | 48% | 56% | 64% | 72% | 80% |
| 1세대1주택<br>외의 경우<br>공제율 | 10% | 12% | 15% | 18% | 21% | 24% | 27% | 30% |

### (5) 양도소득기본공제

부동산, 부동산에 관한 권리, 기타자산, 주식 또는 출자지분 등과 같은 소득별로 각각 연간 250만원을 공제한다. 만약, 1년에 2회 이상 양도하는 경우에는 연중에 먼저 양도하는 양도소득금액에서부터 순차로 공제한다. 미등기자산은 제외한다.

**예제**

다음 자료를 보고 양도소득금액을 계산하시오.

> ① 보유기간 : 5년 2개월
> ② 취득가액 : 151,000,000(실지거래가액)
> ③ 양도가액 : 300,000,000(실지거래가액)
> ④ 취득세, 등록세 등 기타필요경비 : 25,500,000(실지거래가액에는 포함되지 않음)
> ※ 1세대 1주택이 아닌 부동산임

**풀이**

① 양도차익 : 300,000,000−151,000,000−25,500,000 = 123,500,000원
② 양도소득금액 : 123,500,000−(123,500,000×15%) = 104,975,000원
※ 양도소득금액=양도차익−장기보유특별공제액(1세대1주택이 아닌 부동산으로 장기보유기간이 5년 이상인 경우 양도차익의 15%)

**답** 104,975,000원

## (6) 양도소득세율

양도소득세의 세율은 다음과 같다.

<table>
<tr><th>적용대상자산</th><th>과세표준</th><th colspan="2">세 율</th></tr>
<tr><td rowspan="5">• 등기되고 2년 이상 보유한 토지, 건물, 부동산상의 권리<br>• 기타자산</td><td>1,200만원 이하</td><td colspan="2">6%</td></tr>
<tr><td>1,200만원 초과 4,600만원 이하</td><td colspan="2">72만원+1,200만원 초과금액의 15%</td></tr>
<tr><td>4,600만원 초과 8,800만원 이하</td><td colspan="2">582만원+4,600만원 초과금액의 24%</td></tr>
<tr><td>8,800만원 초과 1억 5천만원 이하</td><td colspan="2">1,590만원+8,800만원 초과금액의 35%</td></tr>
<tr><td>1억 5천만원 초과</td><td colspan="2">3,760만원+1억 5천만원 초과금액의 38%</td></tr>
<tr><td colspan="2">• 등기되고 1년 이상 2년 미만 보유한 토지, 건물, 부동산상의 권리</td><td colspan="2">양도소득과세표준의 40%</td></tr>
<tr><td colspan="2">• 등기되고 1년 미만 보유한 토지, 건물, 부동산상의 권리</td><td colspan="2">양도소득과세표준의 50%</td></tr>
<tr><td colspan="2">• 1세대가 주택과 조합원입주권을 각각 1개씩 보유한 경우의 주택<br>• 1세대 2주택에 해당하는 주택</td><td colspan="2">보유기간 2년 이상<br>누진세율(6-38%) 적용</td></tr>
<tr><td colspan="2" rowspan="2">• 1세대 3주택 이상에 해당하는 주택<br>• 비사업용 토지<br>• 1세대가 주택과 조합원입주권을 보유한 경우로서 주택 수와 조합원입주권 수의 합의 3 이상인 주택</td><td>일반지역</td><td>2년이상 보유:<br>누진세율</td></tr>
<tr><td>지정지역</td><td>2년이상 보유:<br>누진세율+10%</td></tr>
<tr><td colspan="2">• 미등기양도자산(토지, 건물, 부동산상의 권리)</td><td colspan="2">양도소득과세표준의 70%</td></tr>
<tr><td colspan="4">• 주식 등<br>① 중소기업 외의 법인의 대주주 등이 1년 미만 보유 : 양도소득과세표준의 30%<br>② 중소기업의 주식 : 양도소득과세표준의 10%<br>③ ①과 ② 이외의 주식 : 양도소득과세표준의 20%</td></tr>
</table>

# 3 양도소득세의 감면

## (1) 자경농지의 양도

농지소재지에 거주하면서 8년 이상 자기가 경작한 사실이 있는 농지를 양도하는 경우에는 양도소득세가 감면된다.

상속받은 농지는 피상속인의 경작기간도 포함된다. 그리고 농지소재지란 농지가 소재하는 시·군·구 안의 지역을 말한다. 또한 경작 개시 당시에는 농지소재기에 해당하였으나 행정구역의 개편 등으로 이에 해당하지 아니한 경우에도 농지소재지에서 경작한 것으로 본다.

### 1) 감면이 제외되는 농지

① 시지역(광역시의 군지역, 시의 읍·면지역을 제외)의 주거지역, 상업지역, 공업지역 안에 있는 농지로서 이들 지역(대규모 개발 사업지역은 제외)에 편입된 날로부터 3년이 지난 농지

② 농지 외의 토지로의 환지예정지의 지정이 있는 경우로서 그 환지예정지 지정일로부터 3년이 지난 농지

또한 농지가 2002. 1. 1 이후 「국토의 계획 및 이용에 관한 법률」에 의하여 주거지역, 상업지역, 공업지역에 편입되거나, 환지예정지로 지정된 때에는 그 편입(지정)된 날로부터 3년이 지나지 않아 감면되는 자경농지의 요건을 갖춘 경우라도 취득일로부터 그 편입(지정)일까지 발생한 양도소득에 대해서만 양도소득세를 감면한다.

③ 감면한도액 : 8년 이상 자경 농지 등을 양도시 감면되는 양도소득세는 자경농지대토 감면과 합산하여 연간 2억원, 5년간 3억원을 한도로 감면된다.

## (2) 자경농지의 대토

경작상 필요에 의하여 다음과 같이 농지를 팔고 다른 농지를 샀을 때에도 양도소득세가 감면된다.

① 종전 농지를 판 날로부터 1년 안에 판 농지의 면적 1/2이상이거나 가격이 1/3이상인 다른 농지를 사야하며(다른 농지를 먼저 샀을 때에는 그 산날로부터 1년 안에 종전 농지를 팔아야 함)

② 산 농지를 그 농지 소재지에 거주하면서 산 날로부터 계속하여 3년 이상 경작하여야 한다.

③ 판 농지는 그 농지 소재지에 거주하면서 농지소유기간 중 3년 이상 경작했어야 한다.

이 경우 감면 한도액은 자경농지 감면과 합산하여 5년간 3억원을 한도로 감면한다(대토만의 경우에는 5년간 1억원 한도).

## (3) 임대주택의 양도

임대주택을 1호 이상 임대하는 자가 149㎡ 이하의 주택을 2000. 12.31 이전에 임대를 개시하여 5년 이상 임대한 후 양도하는 경우에는 임대기간과 주택의 유형에 따라 양도소득세의 50% 또는 100%를 감면한다.

## (4) 공익사업 수용에 따른 감면

① 요건 : 사업인정고시일 전 2년 전에 취한 토지를 2012년 12월 31일까지 양도한 경우

② 감면율 : 현금보상 20%, 일반보상채권 25%, 만기보유채권(3년 만기 40%, 5년 만기 50%)

③ 감면한도 : 연간 1억원. 단, 만기보유보상채권은 연간 2억원(5년간 3억원)

## (5) 국가매수 임야에 대한 양도세 감면

① 요건

- 국유림경영 및 관리에 관한 법률에 따라 산림의 공익기능과 국유림경영관리의 효율성 제고를 위해 국가가 매수하는 임야일 것
- 2년 이상 보유한 임야일 것
- 국토계획 및 이용에 관한 법률에 따른 도시지역 밖에 소재하는 임야일 것
- 2012년 12월 31일까지 양도할 것

② 감면율 : 20% 세액 감면

## 4 양도소득세의 신고와 납부

양도소득세의 신고와 납부방법에는 예정신고납부와 확정신고납부의 2가지 방법이 있다.

### (1) 예정신고 자진납부

예정신고납부라 함은 토지·건물 등의 자산을 양도한 경우에 양도일이 속하는 달의 말일부터 2월 이내에 신고하여 납부하는 것을 말한다. 예를 들면 2007년 1월 20일에 양도하였으면 2007년 3월 31일 까지 예정신고와 동시에 양도소득세를 납부하여야 한다.

양도자가 예정신고납부를 하는 경우엔 과세표준 4,600만원 이하 부분에 대해 양도소득세 산출세액의 5%를 공제받을 수 있다. 예정신고를 하지 못하였을 경우에는 다음 해 5. 1 ~ 5. 31까지 확정신고납부를 하면 된다. 예정신고납부를 하지 않는 경우 신고불성실가산세(과소신고 10%, 무신고 20%)와 납부불성실가산세(연 10.95%)가 부과된다. 따라서 토지·건물 등의 자산을 양도한 경우 양도한 날이 속하는 달의 말일부터 2월 이내에 다음의 서류를 갖추어 양도자의 주소지 관할세무서에 자진신고 납부하여야 한다.

### (2) 확정신고 자진납부

확정신고 자진납부라 함은 토지·건물 등의 자산을 양도한 경우에 양도한 날이 속하는 연도의 다음 연도 5. 1 ~ 5. 31까지 신고·납부하는 것을 말한다.

여러 건을 양도한 경우에는 예정신고납부를 한 경우에도 확정신고납부를 하여야 한다. 신고를 하지 아니하거나 적게 신고한 경우에는 20~40%의 신고불성실가산세가 부과되며(대주주가 양도하는 주식의 경우 무기장가산세 10%가 추가됨), 세금을 납부하지 않거나 적게 납부한 경우에는 미납부세액에 1일 1만분의 3의 율을 적용한 납부불성실가산세가 부과된다.

## (3) 양도소득세의 분납

### ① 요건

납부할 세액이 1천만원을 초과하는 자

### ② 분납기한

납부기한 경과 후 2개월이내

### ③ 분납세액

- 납부할 세액이 2천만원 이하인 때 - 1천만원을 초과하는 금액
- 납부할 세액이 2천만원 초과하는 때 - 그 세액의 50% 이하의 금액

## (4) 양도소득세의 물납

### ① 요건

공공용지의 취득 및 손실보상에 관한 특례법이 적용되는 공공사업용으로 당해 공공사업의 시행자에게 토지 등이 양도되거나 토지수용법 기타 법률에 의하여 수용됨으로써 발생하는 소득에 대한 양도소득세를 금전으로 납부하기 곤란한 경우 토지 등의 대금으로 발급받은 채권으로 납부할 수 있다.

### ② 물납의 신청기한

신고기한 10일 전

### ③ 물납의 한도

당해 양도소득세액을 한도로 하며 납부세익이 1천만원을 초과하는 경우에 한한다.

# 제5절 양도소득세의 절세전략

## 1 따로 거주하고 있는 부모의 주민등록을 함께 해 놓은 경우에는 주택을 양도하기 전에 분리해 놓는 것이 좋다.[1)]

부모와 자녀가 각각 주택을 하나씩 가지고 있으면서 농촌과 도시에 따로 살고 있으나 건강보험 등의 문제로 부모의 주민등록을 자녀의 주소로 옮겨 놓는 경우가 종종 있다. 이런 경우 주택을 팔지 않으면 별 문제가 없으나, 부모 또는 자녀의 집 중 어느 하나를 팔게 되면 1세대 2주택자가 주택을 양도한 것으로 되어 양도소득세 과세문제가 발생한다.

### 1세대 여부 판정

1세대 1주택에서 "1세대"라 함은 거주자 및 배우자가 그들과 동일한 주소 또는 거소에서 생계를 같이하는 가족과 함께 구성하는 1세대를 말한다.

여기서 "생계를 같이 하는 가족"이라 함은 동일한 생활공간에서 동일한 생활자금으로 생계를 같이하는 거주자와 그 배우자의 직계존·비속(그 배우자를 포함) 및 형제자매를 말한다.

따라서 주민등록상으로는 동일 세대원으로 등재되어 있다하더라도 사실상 따로 거주하고 있고 생계를 같이 하지 아니하면 동일 세대원으로 보지 않는다. 다만, 이 경우에는 납세자가 객관적인 증빙자료를 첨부하여 생계를 같이 하고 있지 않다는 사실을 입증 하여야 한다.

### 양도소득세 과세

세무서에서는 부동산의 소유권이전등기가 끝난 자료를 수집하여 전산처리

1) 국세청 블로그(http://blog.naver.com/ntscaf), "1세대 1주택 비과세 요건 중 '보유기간 3년' 계산법은?", 2009.

후 이에 의하여 과세대상 자료를 분류하는데, 위와 같이 양도일 현재 부모와 자녀가 각각 주택을 소유하고 있고 동일한 주소지에 주민등록이 되어 있으면서 부모와 자녀의 집 중 어느 하나를 팔게 되면 1세대 2주택자가 주택을 양도한 것으로 분류된다.

따라서 세무서에서는 비과세대상이 아니므로 양도소득세를 결정하여 고지하게 된다. 일단 고지서가 발부되면 공식적인 불복절차를 거쳐 생계를 같이 하지 않았음을 증명해야 하는데, 주민등록상 같이 거주한 것으로 되어 있는 것을 따로 거주하였다고 입증하기란 쉬운 일이 아니다.

**절세방안**

1세대 1주택 해당여부는 양도일 현재를 기준으로 판단하는데, 주민등록상 동일세대로 등재되어 있는 것을 양도일로부터 상당한 시일이 지난 시점에서 사실상은 별도세대였다는 것을 입증하기란 대단히 어렵다.

그러므로 부모 또는 자녀의 주택 중 어느 하나를 양도할 계획 이라면 양도하기 전에 주민등록을 분리해 놓는 것이 좋다. 그러면 별도세대 입증 등 복잡한 문제 없이 1세대 1주택으로 인정받을 수 있기 때문이다.

## 2 1세대 1주택 비과세 요건 중 '보유기간 3년' 계산법은?[2]

친지 또는 이웃들과 양도소득세 관련 세금상담을 하다 보면 재건축한 주택이나 상속 주택 같은 경우 1세대 1주택 비과세 요건을 충족했음에도 이를 잘 알지 못하여 필요한 때 집을 팔지 못하고 재건축일 또는 상속일로부터 다시 3년을 채우느라 기다리고 있는 경우를 종종 보게 된다.

1세대 1주택 비과세 요건 중 보유기간 3년은 다음과 같이 계산하므로 이를 잘 활용하면 주택을 양도하기 위한 의사결정을 하는데 도움이 될 것이다.

### 1) 일반적인 경우(원칙)

☞ 취득일부터 양도일까지로 한다.

2) 국세청 블로그(http://blog.naver.com/ntscaf), "1세대 1주택 비과세 요건 중 '보유기간 3년' 계산법은?", 2009.

**취득일 및 양도일의 판정**

* 원칙 : 당해 주택의 대금을 청산한 날
* 대금을 청산하기 전에 소유권 이전등기를 한 경우에는 등기접수일
* 대금을 청산한 날이 분명하지 않은 경우에는 등기접수일

### 2) 본등기를 하기 전 가등기한 기간이 있는 경우

☞ 가등기한 기간은 보유기간으로 보지 않는다.

### 3) 동일 세대원 간에 소유권변동이 있는 경우

☞ 세대 전체를 기준으로 3년 이상 보유여부를 판정한다.

### 4) 주택을 배우자에게 증여한 후 배우자가 양도하는 경우

☞ 증여자의 보유기간과 수증자의 보유기간을 합해 계산한다.

### 5) 이혼위자료로 주택을 받은 아내가 그 주택을 양도하는 경우

☞ 아내의 보유기간만 가지고 판단한다.

### 6) 재산분할청구권으로 취득한 주택의 보유기간

☞ 소유권을 이전해 준 다른 이혼자의 당초 부동산 취득일부터 양도일까지의 기간을 합해 계산한다.

### 7) 증여받은 1주택을 이혼 후 양도하는 경우

☞ 증여 받은 날(증여등기 접수일)부터 보유기간을 계산한다.

### 8) 주택을 상속받은 경우

☞ 피상속인의 사망일부터 계산한다. 다만, 동일 세대원이던 피상속인으로부터 상속받은 주택은 피상속인의 취득일부터 계산한다.

### 9) 동일세대원이 경매를 통해 취득한 후 양도하는 경우

☞ 경락대금을 완납한 날부터 양도일까지로 한다.

### 10) 거주 또는 보유 중에 소실 · 도괴 · 노후 등으로 인해 멸실돼 재건축한 경우

☞ 멸실된 주택과 재건축한 주택의 보유기간을 통산한다(재건축 공사기간은 포함하지 않음). 주택면적이 증가한 경우는 보유기간 계산과는 무관하다. 부수토지 면적이 증가한 경우 종전 주택의 부수토지 면적을 초과하는 부분은 신축일로부터 3년이 경과해야 비과세 받을 수 있다.

### 11) 보유하던 주택이 「도시 및 주거환경 정비법」에 의한 재개발 재건축으로 완공된 경우

☞ 종전주택의 보유기간, 공사기간, 재개발·재건축 후의 보유기간을 통산한다(재개발·재건축 공사기간을 포함함).

### 12) 재개발 재건축사업에 참여한 자가 사업기간 중에 다른 주택(대체주택)을 취득해 거주하다가 재개발 재건축된 주택으로 이사하게 돼 대체주택을 양도하는 경우

☞ 보유기간의 제한을 받지는 않지만 아래 요건을 모두 충족하는 경우 양도소득세를 비과세 받을 수 있다.

* 사업시행인가일 이후 대체주택을 취득하고 1년 이상 거주
* 재개발·재건축주택 완공전 또는 완공후 2년 이내에 대체주택 양도
* 완공후 2년 이내 재개발·재건축주택으로 세대전원이 이사하고 1년 이상 거주(취학, 근무상 형편, 질병요양 등의 경우는 세대원 일부가 이사하지 않더라도 가능)

## 3 부지런한 신고, 세금을 줄인다![3)]

친구 사이인 A씨와 B씨는 3년 4개월간 절반씩 공동소유하던 상가를 2007년 10월에 매각했다. 두 사람이 상가 양도로 올린 양도차익은 1억원으로 각각 5000만원에 해당하는 양도차익에 대해 양도소득세를 냈다. A씨는 양도세로 697만5000원을 냈지만 B씨는 이보다 적은 627만7500원을 세금으로 냈다. B씨는 어떻게 69만7500원의 세금을 줄일 수 있었을까.

B씨가 세금을 더 적게 낸 것은 바로 예정신고를 활용했기 때문이다.

양도소득세는 예정신고와 확정신고, 두 번의 신고 기회가 있다.

예정신고는 그 양도일이 속하는 달의 말일부터 2개월 이내에 관할 세무서에 신고하는 것을 말하고, 확정신고는 그 다음해 5월 1~31일 사이에 신고하는 것을 말한다. 현행 세법에서는 신고기한 내에 예정신고를 하고 납부를 하는 경우에는 내야 할 세금의 10%를 공제해주고 있다. 사람에 따라서는 신고만 하고 납부를 하지 않는 경우가 있는데 이 경우엔 10% 세액 공제는 받을 수 없다. 세액공제제도는 성실한 신고와 납부를 유도하고, 조기 납부에 따른 금융부담 등을 덜어주기 위해 마련된 것이다. 따라서 지금처럼 예금 금리가 다소 올랐다해도 세액의 10%를 절감할 수 있다는 것은 상당한 이점이다.

한편 종합부동산세의 경우 지난해까지는 신고기한인 12월 1일부터 15일까지 신고하고 이에 따른 세액을 납부하면 내야할 세금의 3%를 공제해 주었지만, 올해부터는 국가에서 세액을 계산하여 고지서를 보내 납부하는 방식으로 바뀌었으므로 3% 세액공제 혜택도 없어졌다.

3) 국세청 블로그(http://blog.naver.com/ntscaf), “부지런한 신고, 세금을 줄인다.”, 2009.

## 4 주상복합 건물 양도시 양도소득세 내지 않으려면![4)]

직장생활을 하다 정년퇴직한 박문수씨는 안정된 노후생활을 위해 거주하고 있는 주택을 헐고 4층짜리 주상복합건물을 신축해 1개 층은 본인이 사용하고 나머지는 임대하려 한다.
박문수씨는 나중에 이 건물을 양도하더라도 양도소득세가 과세되지 않게 요건에 맞춰 건축하고 싶다. 어떻게 신축해야 할까?

### 세법규정

1세대 1주택의 규정을 적용함에 있어서 한 동의 건물이 주택과 주택외의 부분으로 되어 있는 겸용주택의 경우와 한 울타리 내에 주택과 주택 외의 건물이 있는 경우에는 그 전부를 주택으로 본다. 다만, 주택의 면적이 주택 외의 면적보다 작거나 같을 때는 주택 외의 부분은 주택으로 보지 않는다.

◎ 주택면적>주택 외 면적 : 전부를 주택으로 봄
◎ 주택면적≤주택 외 면적 : 주택부분만 주택으로 봄

### 절세방안

위에서 살펴본 바와 같이 겸용주택의 경우 주택의 면적이 주택 외의 면적보다 큰 경우에는 전체를 주택으로 보므로, 1세대 1주택자의 경우 겸용주택을 신축하고자 할 때 주택부분을 조금 크게 건물을 신축하면 양도소득세 비과세 적용을 받을 수 있다.

박문수 씨의 경우 지하 1층 지상 4층 건물로서 1·2층은 근린생활시설, 3·4층은 주택을 신축하고자 할 때, 지하층에 주거용 방을 들이던가 지하층에 방을 들일 수 없다면 옥상 등 다른 부분에 주거용으로 사용하는 건물을 건축해 주택부분을 조금이라도 더 크게 하면 된다. 그러나 이 방안은 세금측면에서만 검토한 것이기 때문에 건축규제 여부, 임대수입 등 제반사항을 고려해 결정해야 한다.

---

4) 국세청 블로그(http://blog.naver.com/ntscaf), “주상복합 건물 양도 시 양도소득세 내지 않으려면..”, 2009.

### 참고 예규

- ▶ 주택과 주택 외의 건물구분은 임대여부에 관계없이 사실상 사용하는 용도로 하는 것이며, 사실상 용도가 불분명한 경우에는 공부상의 용도에 의한다.
- ▶ 1세대 1주택 해당여부를 판정함에 있어 임대하고 있는 점포 등 영업용 건물에 속한 주거용 방은 주택으로 보지 않는다.
- ▶ 주택에 해당되는지 여부는 공부상의 용도에 관계없이 그 실제구조 및 사용형태에 의해 판정한다.
- ▶ 겸용주택의 지하실은 실지 사용하는 용도에 따라 판단하는 것이며, 사용용도가 명확하지 않은 경우에는 주택의 면적과 주택 이외의 면적의 비율로 안분해 계산한다.
- ▶ 2층 겸용주택으로서 2층 주택을 올라가기 위한 2층 전용계단이 1층에 설치된 경우 그 계단부분은 주택으로 본다.
- ▶ 겸용주택에 부설된 계단 등 시설물은 사실상 사용용도에 따라 구분하되 용도가 불분명한 경우에는 주택면적과 주택외 면적의 비율로 안분계산 한다.

# 연 습 문 제

**1.** 양도소득세 과세대상이 아닌 것은?

① 아파트당첨권의 양도 ② 전세권의 양도
③ 특허권의 양도 ④ 콘도회원권

**2.** 양도소득세를 과세함에 있어서 양도라 함은 자산에 대한 등기 여부에 관계없이 그 자산이 유상으로 사실상 이전되는 것을 말한다. 다음 중 자산의 유상이전에 해당하지 않는 것은?

① 매매 ② 교환
③ 경매 ④ 양도담보

**3.** 양도소득세 비과세대상인 1세대 1주택인 경우 몇 년 이상 보유하여야 비과세에 해당되는가?

① 6개월 ② 1년
③ 2년 ④ 3년

**4.** 다음 중 양도 및 취득시기를 나열한 것 중 옳지 않은 것은?

① 일반적인 경우는 소유권이전등기일
② 장기할부조건부매매는 소유권이전등기접수일, 인도일 또는 사용수익일 중 가장 빠른날
③ 상속의 경우 상속개시일
④ 증여의 경우는 증여받은 날

**5.** 다음 중 양도소득과세표준 계산시 차감되어지는 순서가 바르게 된 것은?

| | |
|---|---|
| ㉠ 양도가액 | ㉡ 필요경비 |
| ㉢ 양도소득공제 | ㉣ 장기보유특별공제 |

① ㉠㉡㉢㉣ ② ㉠㉡㉣㉢
③ ㉠㉢㉣㉡ ④ ㉠㉣㉡㉢

**6.** 토지, 건물에 대한 양도소득금액계산시 공시지가(기준시가)로 취득가액을 계산할 경우 필요경비는 취득가액의 몇 %로 하는가?

① 2%　　② 3%
③ 5%　　④ 8%

**7.** 다음 중 양도소득금액계산시 필요경비에 해당되지 않은 것은?

① 양도비용　　② 취득가액
③ 수익적 지출　　④ 자본적 지출

**8.** 양도소득금액계산시 장기보유특별공제를 적용받을 수 있는 자산은?

① 10년 보유한 미등기토지
② 5년 보유한 비상장주식
③ 8년 보유한 부동산에 관한 권리
④ 3년 보유한 상가

**9.** 다음의 자료에 의하여 계산하면, 양도차익은 얼마인가?

|  |  |
|---|---|
| ㉠ 토지의 양도가액 : | 200,000,000원 |
| ㉡ 취득가액 등 필요경비 : | 80,000,000원 |
| ㉢ 장기보유특별공제 : | 8,000,000원 |
| ㉣ 양도소득기본공제 : | 2,500,000원 |

① 110,500,000원　　② 192,000,000원
③ 112,000,000원　　④ 120,000,000원

**10.** 조수현은 9월 2일에 경기도 수원시 소재 토지를 양도하였다. 양도소득세 예정신고 기한은 언제인가?

① 9. 30　　② 10. 31
③ 11.30　　④ 12. 31

**11.** 보유기간이 3년인 등기된 토지를 양도하는 경우로서 과세표준이 1,300만원인 경우 양도소득세 산출세액은?

① 870,000원　　② 1,600,0000원
③ 2,400,000원　　④ 2,600,000원

**12.** 다음 자료를 이용하여 양도소득금액을 계산하시오.

| | |
|---|---|
| ㉠ 양도자산 | : 보유기간 2년 6개월인 토지 |
| ㉡ 양도시 실지거래가액 | : 200,000,000원 |
| ㉢ 취득시 실지거래가액 | : 150,000,000원 |
| ㉣ 기본공제액 | : 2,500,000원 |
| 위 자산은 양도일 현재 등기되었음 | |

① 50,000,000원 ② 46,000,000원
③ 41,400,000원 ④ 43,500,000원

**13.** 1세대 1주택 양도소득세 비과세에 대한 설명 중 틀린 것은?

① 양도일 현재 서울특별시에 1주택(법령의 규정에 의한 장기저당담보주택 제외)만을 보유하고 있는 1세대로서 당해 주택의 보유기간이 3년 이상이고 그 보유기간 중 거주기간이 1년인 경우 비과세가 적용된다.
② 배우자가 사망하거나 이혼한 경우에는 배우자가 없는 때에도 이를 1세대로 본다.
③ 1주택을 보유하는 자가 1주택을 보유하는 자와 혼인함으로써 1세대가 2주택을 보유하게 되는 경우 그 혼인한 날부터 2년 이내에 먼저 양도하는 주택은 이를 1세대 1주택으로 보아 비과세 여부를 판단한다.
④ 하나의 건물이 주택과 주택 외의 부분으로 복합되어 있는 겸용주택의 경우 주택의 면적이 주택 외의 면적보다 클 때에는 그 전부를 주택으로 본다.

## 정답 및 해설

| 1 | ③ | 2 | ④ | 3 | ④ | 4 | ① | 5 | ② | 6 | ② | 7 | ③ | 8 | ④ | 9 | ④ | 10 | ③ |
|---|---|---|---|---|---|---|---|---|---|---|---|---|---|---|---|---|---|---|---|
| 11 | ① | 12 | ① | 13 | ① | | | | | | | | | | | | | | |

1. ③ 특허권의 양도는 양도소득에 해당하지 아니한다.
2. ④ 채무의 변제를 담보하기 위하여 양도담보계약을 체결한 경우에는 형식적인 소유권 이전에 불과함으로 양도로 보지 아니한다.
3. ④ 1세대가 양도일 현재 국내에 1주택을 보유하고 있는 경우로서 당해주택의 보유기간은 3년 이상인 것을 말한다.
4. ① 일반적인 경우는 원칙적으로 사실상 대금 청산일이다.
6. ② 건물-취득 당시의 기준시가×3%(미등기양도자산은 0.3%)
7. ③ 실지거래가액에 의해 필요경비를 계산할 때에는 취득가액·설비비와 개량비·자본적지출액·양도비용을 합한 금액을 필요경비로 한다.
8. ④

장기보유특별공제는 토지건물(미등기 토지·건물, 비사업용 토지(조합원 입주권)는 제외)로서 보유기간이 3년 이상인 것에 한하여 적용한다.

9. ④
   200,000,000−80,000,000=120,000,000
   양도가액−필요경비=양도차익
10. ③ 다음해 토지·건물, 부동산에 관한 권리, 기타자산의 경우에는 그 양도일이 속하는 달의 말일부터 2월 이내에 납세지 관할세무서장에게 신고하여야 한다.
11. ① 720,000+(13,000,000−12,000,000)×15%=870,000
12. ① 200,000,000−150,000,000=50,000,000원
13. ① 서울에 소재하는 주택의 경우에는 당해 주택의 보유기간이 3년 이상이고 그 보유기간 중 거주지가 2년 이상이어야 한다.

12
CHAPTER

# 상속세 및 증여세와 절세

제1절 상속과 세금
제2절 재산증여와 세금
제3절 상속세와 증여세의 절세전략

# 제1절 상속과 세금

상속이란 사람(피상속인)이 사망하였을 때 남겨진 재산을 일정한 사람(상속인)이 무상으로 물려받는 것을 말한다. 상속세는 사망한 사람(피상속인)이 세금을 내는 것이 아니라, 그 사망한 사람의 유산을 상속받는 사람(상속인)이 내는 세금이다.

상속받은 재산은 피상속인이 사망함으로써 상속인이 무상으로 취득한 것으로 불로소득에 해당된다. 따라서 상속세는 피상속인이 생존시에 누락되었던 소득세를 사망하는 사람에게 부과하는 세금이기 때문에 부나 소득의 편중을 시정할 수 있는 소득세의 보완세제로서의 의의가 있다.

## 1 상속재산의 분할

상속이 개시된 때(피상속인의 사망한 날 또는 실종선고일) 상속인의 자격을 가진 사람이 한 사람 밖에 없다면 상속순위문제와 상속재산의 분할문제는 발생하지 않지만, 상속인이 여러 명이면 재산상속에 따른 분쟁이 일어나게 된다.

상속재산의 분할이란 상속개시로 인하여 생긴 상속재산을 공동상속인별로 각자의 상속분에 따라 배분하는 절차를 말하며, 상속재산을 분할하는 방법으로는 유언에 의한 지정분할, 상속당사자의 협의에 의한 협의분할, 가정법원에 의한 법정분할 등의 3가지가 있다.

### (1) 유언에 의한 지정분할

피상속인의 유언으로 상속재산의 분할방법을 정하거나, 이를 정할 것을 제3자에게 위탁할 수 있다. 일반적으로 문서나 녹음 등에 의하는 바, 유언에 의한 상속재산의 분할은 피상속인의 자유의사를 존중하고, 피상속인의 각 상속인에 대한 개인적인 감정 및 상속인의 상속재산 증가에 대한 협력의 정도를 반영하려는 취지가 있다. 지정분할은 피상속인의 유언대로 상속이 원칙적으로 가능하지만, 피상속인이 여러 사람의 상속인 중에서 1인에게만 유언으로 재산을 상속하는 경우에 민법에서는 유류분제도를 두어 각 상속인이 최소한도로 상속을 받을 수 있도록 보호하고 있다.

### (2) 상속인간의 협의에 의한 분할

협의분할이란 공동상속인이 유언에 의한 분할방법의 지정이 없었거나 분할방법의 위탁이 없었을 경우 공동상속인들이 서로 협의하여 상속재산을 분할하는 방법을 말한다. 협의에 의하여 상속재산을 분할할 경우에는 공동상속인 전원이 참가하여 전원합의에 의한다. 따라서 일부의 상속인만으로 이루어진 협의분할은 무효이다. 협의분할의 경우에는 각 상속인들이 받게 되는 상속분에 현격한 차이가 있고, 또한 그것을 양해하고 있는 경우에는 증여의 요소가 있다고 볼 수 있는데 상속재산의 등기를 하기 전에 협의에 의한 재분할이 이루어진 경우에는 증여세는 과세되지 아니하나, 상속재산이 등기된 후에 재분할이 이루어진 경우에는 증여세가 과세된다.

### (3) 가정법원에 의한 법정분할

공동상속인 간에 상속재산의 협의분할이 이루어지지 아니한 경우에는 가정법원에 재산분할을 청구할 수 있다. 법정상속에 의하여 재산을 분할하는 경우에는 피상속인의 배우자 상속분은 직계비속과 공동으로 상속하는 때에 직계비속 상속분의 5할을 가산하고, 직계존속과 공동으로 상속하는 때에도 직계존속의 5할을 가산한다. 이때 민법상 상속의 순위는 다음과 같다.

| | | |
|---|---|---|
| 1순위 | 직계비속과 배우자 | 배우자는 직계비속과 공동상속인이 됨 |
| 2순위 | 직계존속과 배우자 | 직계비속이 없는 경우 |
| 3순위 | 형제자매 | 1, 2순위 상속인이 없는 경우 |
| 4순위 | 4촌 이내의 방계혈족 | 1, 2, 3순위 상속인이 없는 경우 |

1순위에 해당하는 직계비속이 다수인 경우는 촌수가 같으면 동 순위의 상속인이 되고, 촌수가 다르면 촌수가 가까운 직계비속이 우선 상속인이 된다. 이 때, 태아나 유복자도 직계비속이 된다. 직계존속이 여러 명이며 그 직계존속의 촌수가 같으면 동 순위의 상속인이 되고, 촌수가 다르면 최 근친이 우선 상속인이 된다. 배우자는 제1순위 상속인과 동 순위가 되고, 제1순위 상속인이 없을 경우에는 제2순위 상속인이 되며, 직계비속과 직계존속이 모두 없는 경우에는 단독상속인이 된다. 또한 형제자매의 경우 남녀의 차별이 없으며, 기혼·미혼의 차별이 없고 이복형제자매의 차별이 없다. 피상속인의 3촌부터 4촌 이내의 방계혈족은 피상속인의 직계비속·직계존속·배우자 및 형제자매가 없는 경우에만 상속인이 된다. 그러나 이상과 같은 상속인이 없는 경우에는 상속재산은 국고에 귀속된다.

## (4) 기여상속인의 상속분

공동상속인중에 기여자가 있을 경우에는 다음과 같은 방법에 의하여 기여자의 상속분을 정한다. 기여자란 피상속인의 재산의 유지 또는 증가에 관하여 특별히 기여한 자와 피상속인을 특별히 부양한 상속인을 말한다.

### ① 공동상속인의 협의에 의한 경우

상속개시 당시의 피상속인의 재산가액에서 공동상속인의 협의로 정한 기여분을 공제한 것을 상속분으로 보고 법정상속 및 대습상속[1]지분을 산정한 다음 기여분을 가산한 금액을 기여자의 상속분으로 한다.

### ② 협의가 되지 않거나 협의할 수 없을 경우

기여자의 청구에 의하여 가정법원이 기여의 시기, 방법 및 정도와 상속재산의 액, 기타의 사정을 참작하여 기여분을 정한다.

1) 대습상속이란 상속인이 될 직계비속, 형제자매가 상속개시전 사망하거나 상속결격자가 된 경우에 그 직계비속이 있는 때는 사망한 직계비속이나 결격된 자의 순위에 대신하여 상속인이 되는 것을 말한다. 이 경우, 사망하거나 결격된 자의 배우자도 동 순위로 상속인이 되고, 그 상속인이 없는 경우에는 단독상속인이 된다.

### ③ 기여분의 한도

기여분은 상속이 개시된 때의 피상속인의 재산가액에서 유증의 가액을 공제한 금액을 넘지 못한다.

## 2 상속세의 과세방법

상속세를 과세하는 방법은 다른 방법도 있지만 많이 제기되고 있는 방법으로는 유산과세방식과 유산취득세방식으로 나누어 설명할 수 있다.

유산과세방식이란 피상속인의 상속재산 전체에 대하여 계산된 상속세액을 공동상속인의 상속지분에 따라 나누어 내는 방법이다. 그러나 유산취득세방식이란 피상속인의 상속재산을 공동상속인별로 분할한 후 각 상속인의 상속지분에 따라 상속세를 계산하는 방법이다.

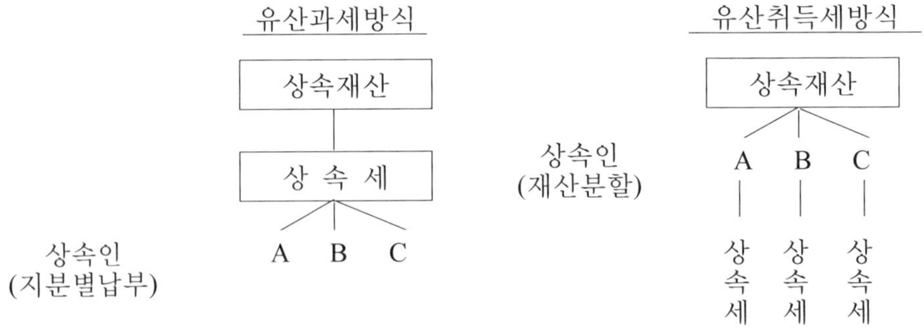


우리나라에서는 현재 유산과세방식을 채택하고 있지만, 유산취득세방식으로 바꾸어야 한다는 주장이 제기 되고 있다.

## 3 상속세가 과세되는 상속재산의 범위

### (1) 민법상의 상속재산(본래의 상속재산)

상속세가 과세되는 재산이란 금전으로 환가할 수 있는 경제적 가치가 있는 물건과 재산적 가치가 있는 법률상 및 사실상의 권리를 말한다. 따라서 토지, 건물, 유가증권, 현금과 예금, 서화, 골동품과 채권 및 특허권, 저작권, 광업권 등 모든 재산이 포함된다.

### (2) 의제상속재산과 사망전 증여한 재산

형식적으로 상속재산은 아니지만 실질적으로는 상속재산인 간주상속재산과 사망전에 미리 증여한 재산도 상속재산으로 하여 과세한다.

#### ① 의제상속재산

㉠ 보험금 : 피상속인의 사망으로 지급받은 보험금으로서 피상속인이 보험계약자(실질적으로 보험료를 지불하였을 때 포함)가 된 보험계약에 의해 지급받는 것

㉡ 퇴직금 등 : 퇴직금, 퇴직수당, 공로금, 연금 또는 이와 유사한 것으로서 피상속인의 사망으로 상속인에게 지급되는 것

㉢ 신탁재산 : 피상속인이 신탁한 재산. 단, 타인이 신탁의 이익을 받을 권리를 소유하고 있는 가액은 제외한다.

#### ② 상속개시일전 증여재산(증여상속재산)

상속재산을 줄이기 위하여 사망 전에 미리 증여한 재산으로 다음의 재산은 상속재산가액에 포함한다. 다만, 증여세 비과세 대상이 되는 경우는 포함하지 않는다.

㉠ 상속개시일 전 10년 이내에 피상속인이 상속인에게 증여한 재산

㉡ 상속개시일 전 5년 이내에 피상속인이 상속인 이외의 사람에게 증여한 재산

### ③ 용도가 불분명한 처분재산 및 채무 부담액(추정상속재산)

㉠ 사망 전 1년 이내에 재산종류별 처분 및 인출가액이 2억원 이상인 경우와 2년 이내에 5억원 이상으로 용도가 불분명 한 것

㉡ 사망전 1년 이내에 부담한 채무액이 2억원 이상인 경우와 2년 이내에 5억원 이상인 것으로 용도가 불분명한 것

위 ㉠㉡의 경우 입증되지 않는 금액이 다음 ㉮㉯의 금액 중 적은 금액에 미달하는 경우에는 용도가 불분명한 것으로 보지 않는다.

㉮ 처분재산이나 인출한 금전 또는 부담채무금액의 20%에 상당하는 금액

㉯ 2억원

## (3) 상속세가 과세되지 않는 재산(비과세 상속재산)

① 전사, 사변 또는 이에 준하는 비상사태로 인하여 토벌 또는 경비 등 작전업무의 수행 중 입은 부상 또는 질병으로 인한 사망으로 인하여 상속받은 재산

② 국가지정문화재 및 시도지정문화재

③ 국가·지방자치단체에 유증[2)]한 재산

④ 분묘[3)]에 속한 9,900m$^2$의 금양임야와 1,980m$^2$ 이내에 묘토인 농지

⑤ 족보와 제구

⑥ 정당에 유증한 재산

⑦ 사내근로복지기금, 근로복지진흥기금에 유증한 재산

⑧ 사회통념상 인정되는 이재구호금품, 치료비와 불우한 자를 돕기 위해 유증한 재산

⑨ 상속인이 상속세과세표준신고기한 이내에 국가·지방자치단체 또는 공공단체에 증여한 재산

2) 유증[遺贈] : 유언에 의하여 유산의 전부 또는 일부를 무상으로 다른 사람에게 물려줌. 또는 그런 행위.

3) 분묘[墳墓] : 사람의 시체·유골(遺骨)을 땅속에 파묻은 곳

## 4 상속재산의 평가

상속세는 상속, 유증 및 사인증여에 의하여 무상으로 취득하는 재산을 과세물건으로 하여 부과되는 세금이기 때문에 상속세 과세재산의 가액을 얼마나 할 것 인지가 상속세계의 기초가 된다.

또한 상속 등에 의하여 취득하는 재산의 종류가 많고 재산의 취득시기나 장소에 따라 그 가액이 상당한 차이가 있을 수 있으므로 상속재산의 평가는 매우 중요하며 어려운 일이다.

### (1) 상속(증여)재산의 평가는 원칙적으로 시가에 의한다.

상속개시 당시의 현황에 의한 상속재산의 가액은 그 당시의 "시가"에 의한다. 여기서 "시가"라 함은 각 재산의 현황에 따라 불특정다수인 간에 자유로이 거래되는 가격을 말한다.

평가기준일 전후 6월(증여재산의 경우 3월)이내의 기간 중 매매, 감정, 수용, 경매, 또는 공매가 있는 경우에 한하여 다음의 1에 해당하는 경우에는 이를 "시가"로 본다.

① 상속재산에 대한 2이상의 공신력 있는 감정기관의 감정가액이 있는 경우에는 그 감정가액의 평균액으로 한다. 다만, 상속세 및 증여세의 납부목적에 적합하지 아니한 감정가액과 평가기준일 현재 당해 재산의 원형대로 감정하지 아니한 경우의 당해 감정가액은 제외하며, 당해 감정가액이 세법의 규정에 의하여 평가한 가액의 80%에 미달하는 경우에는 세무서장등이 다른 감정기관에 의뢰하여 감정한 가액으로 하되, 그 가액이 상속세 또는 증여세 납세의무자가 제시한 감정가액보다 낮은 경우에는 그러하지 아니 한다.

② 상속재산에 대한 매매사실이 있어 그 거래가액이 확인되는 경우에 그 가액(특수관계자와의 거래 등 객관적으로 부당하다고 인정되는 경우를 제외한다)

③ 수용, 경매 또는 공매사실이 있는 경우에는 그 보상가액, 경매가액 또는 공매가액

이 때 시가로 보는 가액이 2개 이상인 경우에는 상속개시일로부터 가장 가까운 날에 해당하는 가액에 의한다.

## (2) 시가의 산정이 어려운 경우의 평가방법

상속(증여)재산의 평가는 시가에 의하여 평가하는 것이 원칙이나 시가의 산정이 어려울 때에는 다음과 같은 방법에 의하여 평가한다.

### ① 토지

개별공시지가. 다만 국세청장이 지정하는 지역은 개별공시지가에 배율을 곱한 금액으로 한다.

### ② 건물

국세청장이 산정고시하는 가액으로 한다.

### ③ 선박, 항공기, 차량, 건설기계 및 입목

지방세법상의 시가표준액으로 평가한다.

### ④ 상품, 제품, 반제품, 재공품, 원재료 기타 이에 준하는 동산 및 소유권의 대상이 되는 동산

처분할 때 취득할 수 있다고 예상되는 가액으로 평가한다.

### ⑤ 판매용이 아닌 서화, 골동품

2인 이상의 전문가가 감정한 가액의 평균액과 지방국세청 감정평가심의회의 감정가액 중 큰 금액으로 평가한다.

### (3) 저당권 등이 설정된 재산의 평가특례

#### ① 저당권이 설정된 재산의 가액

당해 재산이 담보하는 채권액 가액으로 평가한다.

#### ② 공동저당권이 설정된 재산의 가액

평가기준일 현재 담보채권액을 공동저당재산가액으로 안분하여 계산한 가액으로 평가한다.

#### ③ 근저당권이 설정된 재산의 가액

당해 재산이 담보하는 채권액으로 평가한다.

#### ④ 질권이 설정된 재산 및 채권액으로 평가한다.

당해 재산이 담보하는 채권액으로 평가한다.

#### ⑤ 전세권이 등기된 재산의 가액

등기된 전세금으로 평가한다.

#### ⑥ 근저당의 채권최고액이 담보하는 채권보다 적은 경우

채권최고액으로 한다.

#### ⑦ 설정된 물적담보 외에 신용보증기관의 보증이 있는 경우

담보하는 채권액에서 당해 신용보증기관이 보증한 금액을 차감한 가액으로 한다.

#### ⑧ 동일한 재산이 다수의 채권(전세금과 임차보증금 채권 포함)의 담보로 되어 있는 경우

그 재산이 담보하는 채권의 합계액으로 한다.

## 5 상속재산에서 공제되는 채무, 공과금, 장례비용

피상속인이 사망전에 상환하지 못한 채무 또는 납부하지 못한 공과금은 상속재산에서 공제받는다. 그리고 피상속인이 사망하여 장례절차에 소요되는 비용은 일정금액을 한도로 공제 받는다.

### (1) 공과금

상속재산에서 공제되는 공과금이란 피상속인이 부담하여야 할 세금, 공공요금 등을 말한다. 그러나 상속개시일 이후 상속인의 착오로 납부할 가산금, 체납처분비, 벌금, 과료, 과태료 등은 공과금에 포함되지 아니한다.

### (2) 장례비용

장례비용은 피상속인이 사망한 날로부터 장례일까지 장례에 직접 소요되는 비용으로 하며 시신의 발굴 및 안치에 직접 소요되는 비용과 묘지구입비(공원묘지사용료를 포함한다), 비석, 상석 등 장례에 직접 소요된 제반비용을 포함하며 다음 금액의 합계액으로 한다.

① 장례비용으로 지출한 금액의 합계액이 500만원 미만인 경우에는 장례비용은 500만원으로 하고, 그 금액이 1,000만원을 초과하는 경우에는 1,000만원으로 한다.

② 납골시설사용에 소요된 금액(500만원을 초과하는 경우에는 500만원을 공제한다.)

### (3) 피상속인의 채무의 범위

거주자인 피상속인의 채무(상속개시전 10년 이내에 피상속인이 상속인에게 진 증여채무와 상속개시전 5년 이내에 피상속인이 상속인 이외의 자에게 진 증여채무를 제외한다)는 상속개시 당시 현존하는 채무로서 상속인이 실제로 부담하는 사실을 입증하여야 한다.

채무를 입증할 수 있는 방법으로는

① 국가·지바자치단체 금융기관에 대한 채무 : 채무확인 관련서류

② ① 이외의 채무 : 채무부담계약서, 채권자확인서, 담보설정 및 이자지급에 관한 증빙서류

### (4) 비거주자인 피상속인의 채무 등

비거주자의 사망으로 인한 상속이 개시되는 경우에는 다음의 금액을 상속재산가액에서 공제하며 채무 등의 입증 방법은 거주자와 같다.

① 당해 상속재산에 관한 공과금

② 당해 상속재산을 목적을 하는 유치권, 질권 또는 저당권으로 담보된 채무

③ 피상속인의 사망 당시 국내사업장에서 비치기장한 장부에 의해 확인되는 사업상의 공과금 및 채무

## 6 피상속인의 가족상황에 따라 공제받을 수 있는 금액

상속세 계산은 피상속인의 가족상황에 따라 공제되는 금액이 다르다.

상속세의 과세표준은 상속세과세가액에서 기초공제, 배우자상속공제, 기타 인적공제, 금융재산상속공제, 재해손실 등을 공제한 금액이다.

상속세를 계산할 때 기초공제 등의 공제를 하는 이유는 상속인의 상속세부담을 줄여 주고 남은 가족의 생활안정을 도모하기 위한 것이다.

### (1) 기초공제

거주자의 사망으로 상속이 개시되는 경우에는 상속세과세가액에서 다음의 금액을 공제한다.

**① 기초공제 : 2억원**

#### ② 가업상속재산과 영농상속재산공제

가업은 10년 이상 계속 경영한 중소기업으로 가업상속재산가액의 100%를 공제하며 사업 영위 기간별로 차등화하여 200~500억원(피상속인이 15년 이상 계속하여 경영한 경우에는 300억원, 20년 이상인 경우 500억원)을 한도로 하는데 가업상속재산이 2억원에 미달할 경우는 가업상속재산가액을 범위로 공제한다(영농양축, 양어 및 영림포함). 상속에 대하여는 2억 한도로 공제한다.

#### ③ 상속재산의 처분 등에 따른 상속세의 부과

가업상속 및 영농상속을 받은 자가 상속개시일로부터 10년 또는 5년 이내에 정당한 사유없이 가업(영농)상속받은 재산의 20%(5년 이내에 10%)를 처분하거나 가업(영농)에 종사하지 아니하는 경우에는 공제받은 금액을 상속개시당시의 상속세과세가액에 산입하여 상속세를 부과한다.

이때, 정당한 사유란 사망, 해외이주 및 국가·지방자치단체에 양도 또는 증여 등을 말한다.

## (2) 배우자상속공제

### 1) 상속재산을 분할하여 상속세과세표준신고시 배우자의 상속재산을 신고한 경우

다음 '①'과 '②' 중 적은 금액으로 한다.

① 배우자가 실제로 상속받은 금액

② 배우자상속공제 = 상속재산가액 × 배우자의 법정상속지분(30억원 한도) − 상속재산에 가산한 증여재산 중 배우자에게 증여한 재산에 대한 과세표준

### 2) 배우자가 실제 상속받은 재산이 없거나 상속받은 금액이 5억원 미만인 경우

배우자상속공제 = 5억원

## (3) 기타 인적공제

### ① 자녀공제

자녀 1명에 대하여 3천만원을 공제한다.

### ② 미성년자 공제

- 500만원 × 만 20세에 달할 때까지의 연수
- 손자도 미성년자공제를 받을 수 있다.
- 자녀가 미성년자일 경우에는 자녀공제와 미성년자공제를 함께 받을 수 있다.

### ③ 연로자공제

- 60세 이상 상속인 및 동거가족 1명당 3,000만원
- 자녀공제와 연로자공제, 배우자공제와 연로자공제는 동시에 받을 수 없다.

### ④ 장애인공제

- 1명당 500만원 × 75세에 달할 때까지의 연수
- 배우자공제·자녀공제·미성년자공제·연로자공제와 동시에 받을 수 있다.

※연수의 계산에 있어서 1년 미만의 기간은 1년으로 한다.

## (4) 일괄공제

상속인 또는 수유자는 기초공제 2억원과 기타 인적공제액의 합계금액을 항목별로 공제받는 대신 5억원을 일괄적으로 공제할 수도 있다. 다만, 배우자가 단독으로 상속을 받은 경우에는 일괄공제를 적용받을 수 없다.

## (5) 금융재산 상속공제

### 1) 상속재산가액중 순금융재산가액이 포함되어 있는 경우에는 2억원을 한도로 다음과 같이 상속재산가액에서 공제한다.

#### ① 순금융재산가액이 2천만원을 초과하는 경우

순금융재산가액 × 20%(최저 2천만원 최고 2억원)

#### ② 순금융재산가액이 2천만원 이하인 경우

당해 순금융재산가액

### 2) 금융재산의 범위

① 순금융재산은 금융재산가액에서 금융채무를 차감한 가액으로 한다.

② 금융재산은 금융기관이 취급하는 예금, 적금, 부금, 계금, 출자금, 금전신탁재산, 보험금, 공제금, 주식, 채권, 수익증권, 출자지분, 어음 등의 금전 및 유가증권을 말한다. 다만, 주주 또는 출자자 1명과 세법이 정하는 특별한 관계에 있는 자의 보유주식 등을 합하여 그 보유주식 등의 합계가 가장 많은 경우의 최대주주(또는 최대출자자)가 보유하는 주식 및 출자지분은 제외한다.

③ 금융채무는 상속인이 실제로 부담하는 사실이 입증된 금융기관에 대한 채무를 말한다.

## (6) 동거주택 상속공제

피상속인과 상속인이 상속개시일부터 소급하여 10년 이상 계속하여 동거한 1세대 1주택에 대하여 5억원 한도내에서 주택가액의 40%를 상속세 과세가액에서 공제한다.

## (7) 재해손실공제

상속세 신고기한내에 화재, 붕괴, 폭발, 환경오염사고 및 자연재해 등으로 인하여 상속재산이 멸실, 훼손된 경우에는 그 손실가액을 공제한다. 다만, 보험금의 수령 등 구상권 등의 행사에 의해 보전 받을 수 있는 경우에는 제외한다.

## (8) 감정평가비용 등

그 대상 수수료와 한도금액은 다음과 같다.

① 감정법인 평가수수료 : 500만원 한도

② 평가위원회 평가수수료, 평가대상법인수 및 신용평가전문기관수별로 각 1천만원 한도

## (9) 중소·중견기업 가업상속공제

매출액이 3천억이하이면서 피상속인의 대표이사 재직기간이 사업영위기간의 60% 이상인 중소기업 또는 중견기업은 상속개시 전 10년중 8년 이상 경영한 가업을 상속하는 경우 가업상속재산의 100%를 500억원 한도 내에게 상속공제한다.

| 사업영위기간 | 공제한도 |
|---|---|
| 10~14년 | 200억원 |
| 15~19년 | 300억원 |
| 20년 이상 | 500억원 |

## (10) 상속공제의 종합한도

상속재산가액에서 공제할 상속공제의 종합한도는 다음과 같다.

종합한도 = 상속세 과세가액 (−) 상속인이 아닌 자에게 유증한 재산
(−) 상속인의 상속포기로 그 다음 순위의 상속인이 상속받은 재산의 가액
(−) 상속세과세가액에 가산한 증여재산가액

※ 배우자로부터 증여받은 경우에는 그 증여재산가액에서 공제받은 증여재산공제액을 차감한 금액을 상속세과세가액에 가산한 증여재산가액으로 한다.

# 7 상속세의 세액계산방법

## (1) 상속세 과세가액의 계산

상속세과세가액은 상속재산의 가액에서 상속재산에서 차감하는 공과금, 장례비용, 채무를 차감한 후 상속세과세가액에 가산하는 증여재산가액을 가산한 금액으로 한다.

상속세 과세가액 = 상속세재산의 가액 − (공 과 금 / 장례비용 / 채 무)

※상속재산가액=민법상상속재산가액+의제상속재산가애+증여상속재산가액+추정상속재산가액

## (2) 상속세 과세표준의 계산

상속세의 과세표준은 다음 산식과 같이 계산하며 계산된 과세표준이 20만원 미만인 때에는 상속세를 부과하지 않는다.

상속세 과세표준 = 상속세 과세가액 (−) 기초공제
(−) 배우자상속공제
(−) 기타인적공제
(−) 금융재산상속공제
(−) 재해손실공제
(−) 감정평가 비용 등

## (3) 상속세의 산출세액계산

상속세의 산출세액은 상속세의 과세표준에 상속세율을 곱하여 계산한다.

상속세 산출세액 = 상속세 과세표준 × 세율

### 1) 상속세의 세율

| 과세표준 | 세 율 |
|---|---|
| ① 1억원 이하 | 과세표준의 10% |
| ② 1억원 초과 5억원 이하 | 1천만원 + 1억원을 초과하는 금액의 20% |
| ③ 5억원 초과 10억원 이하 | 9천만원 + 5억원을 초과하는 금액의 30% |
| ④ 10억원 초과 30억원 이하 | 2억4천만원 + 10억원을 초과하는 금액의 40% |
| ⑤ 30억원 초과 | 10억4천만원 + 30억원을 초과하는 금액의 50% |

### 2) 세대생략상속에 대한 할증과세

피상속인과 상속인간의 상속이 한 세대를 건너뛰어 이루어지는 경우가 있다. 즉, 할아버지가 아버지에게 상속하지 아니하고 손자에게 직접 상속을 하는 것이다. 이것은 1세대를 생략함으로써 상속세를 회피하기 위한 수단으로 이용된다. 이러한 상속을 방지하기 위하여 세대를 생략하고 상속이 이루어진 경우에는 상속세액의 30%를 가산하여 과세한다. 다만, 대습상속의 경우에는 그러하지 아니한다.

## (4) 상속세의 신고납부세액 계산

상속세의 납세의무자가 실질적으로 납부할 세금은 상속세의 산출세액에서 공제 또는 감면되는 세액을 공제한 금액이다.

이것을 산식으로 나타내면 다음과 같다.

상속세 신고납부세액 = 상속세 산출세액 − 

① 징수유예세액공제
② 증여세액공제
③ 외국납부세액공제
④ 단기상속세액공제
⑤ 신고세액공제

### 1) 징수유예세액공제

피상속인의 상속재산에 문화재자료 및 등록문화재와 보호구역안의 토지 그리고 박물관자료 또는 미술관 자료로서 전시 또는 보존 중에 있는 재산가액이 포함되어 있는 경우 다음과 같이 계산된 금액

$$\text{징수유예세액} = \text{상속세 산출세액} \times \frac{\text{문화재자료등의가액}}{\text{상속재산가액}}$$

### 2) 증여세액공제

증여재산가액이 상속세 과세가액에 가산된 경우
그 증여재산에 대하여 부과한 증여세액을 공제한다.

$$\text{한도} = \text{상속세 산출세액} \times \frac{\text{상속재산에 가산하는 증여재산의 과세표준}}{\text{상속재산의 과세표준}}$$

### 3) 외국납부세액공제

국내 거주자가 외국에 있는 상속재산에 대하여 외국의 법령에 따라 부과받은 상속세액을 공제한다(외국납부세액공제 신청서를 제출해야 함).

$$\text{한도액} = \text{상속세 산출세액} \times \frac{\text{외국에서 상속세가 부과된 재산의 과세표준}}{\text{총상속재산가액의 과세표준액}}$$

### 4) 단기상속세액공제

상속이 개시된 후 10년 이내에 재상속이 이루어진 경우 전의 상속세가 부과된 상속재산 중 재상속분에 대한 전의 상속세상당액을 상속세산출세액에서 공제한다.

$$\text{• 공제세액} = \text{전의 상속세 산출세액} \times \frac{\text{재산상속분의재산가액} \times \dfrac{\text{전의상속세과세가액}}{\text{전의상속재산가액}}}{\text{전의상속세과세가액}} \times \text{공제율}$$

* 재상속분의 재산가액은 전의 상속세 상당액을 차감한 것을 말한다.

• 공제율

| 재상속 기간 | 1년 이내 | 2년 이내 | 3년 이내 | 4년 이내 | 5년 이내 | 6년 이내 | 7년 이내 | 8년 이내 | 9년 이내 | 10년 이내 |
|---|---|---|---|---|---|---|---|---|---|---|
| 공제율 | 100% | 90% | 80% | 70% | 60% | 50% | 40% | 30% | 20% | 10% |

### 5) 신고세액공제

상속세과세표준 신고기한내에 신고서를 제출한 자는 신고세액에 다음의 금액을 공제한 금액의 10/100을 공제한다.

$$\text{신고세액공제액} = \left( \begin{array}{c}\text{상속세산출세액}\\ \text{(할증과세액 포함)}\end{array} - \begin{array}{c}\text{징수유예금액 및}\\ \text{기타공제감면세액}\end{array} \right) \times \frac{10}{100}$$

*상속세산출세액이라 함은 법정신고기한 내에 신고한 과세표준에 대한 산출세액을 말한다.

### (5) 상속세의 과세가액, 과세표준, 상속세신고납부세액 계산과정요약

| | |
|---|---|
| (+) 상속재산가액 | ① (+) 민법상의 상속재산가액<br>② (+) 의제 상속재산가액<br>③ (+) 추정상속재산가액<br>④ (+) 증여상속재산가액<br>⑤ (−) 비과세 및 상속세 과세가액 불산입재산 |
| (−) 과세가액 공제액 | ① 공과금<br>② 장례비<br>③ 채무 |
| = 상속세 과세가액 | |
| (−) 기초공제<br>(−) 인적공제(배우자상속공제, 기타인적공제, 감정평가비용)<br>(−) 금융재산공제<br>(−) 재해손실공제 | |
| = 과세표준 | |
| × 세율 | |
| = 산출세액 | |
| (−) 징수유예금액<br>(−) 증여세액공제<br>(−) 외국납부세액공제<br>(−) 단기상속세액공제<br>(−) 신고세액공제 | |
| = 상속세신고납부세액 | |

**예제**

- 상속재산 : 주택 10억원, 토지 7억원, 예금 5억원, 합계 22억원, 채무 9,300만원
- 증빙서류 있는 장례비용 300만원, 각종 공과금 200만원, 배우자와 자녀 2명(23세와 18세)이 있는 경우
- 배우자가 법적상속지분으로 실제 상속받은 경우
- 동거주택 상속공제 대상임

**풀이**

① 상속과세가액 : 21억원

| 상속재산 22억원 | − | 공과금 200만원 | − | 장례비용 500만원 (최소 500만원) | − | 채무 9,300만원 |
|---|---|---|---|---|---|---|

② 기초공제 : 2억원

③ 배우자상속공제 : 9억원(21억원×3/7=9억원)

④ 기타인적공제
- 자녀공제 : 6,000만(자녀 1인당 3,000만원)
- 미성년자공제 : 1,000만원(연간 500만원×18세 자녀의 20세까지 기간 2년)

⑤ 일괄공제 : 5억원(②+④ 대신 적용 가능함)

⑥ 금융재산공제 : 1억원(5억원×20%=1억원)

⑦ 동거주택 상속공제 : 4억원910억원×40%=4억원)

⑧ 과세표준 : 2억원(①−③−⑤−⑥−⑦)

⑨ 산출세액 : 3,000만원(2억원×세율20%−누진공제 1,000만원)

⑩ 납부할 상속세액 : 2,700만원(자진신고시 ⑨의 10% 공제)

## 8 상속세의 신고와 납부

### (1) 신고납부기한과 제출서류

재산을 상속받은 사람은 상속개시일(사망일)이 속하는 달의 말일로부터 6개월(외국에 주소를 둔 경우에는 9개월) 내에 사망자의 주소지 관할세무서에 다음의 서류를 첨부한 상속세과세표준신고 및 자진납부계산서를 관할세무서장에게 제출하여야 한다.

다만, 공동상속인 경우에는 상속인 중에서 한 사람이 상속세 신고서를 제출한 한 때에는 다른 상속인은 관련 서류를 제출하지 않아도 된다.

① 상속세과세표준신고 및 자진납부계산서
② 피상속인의 제적등본 및 상속인의 호적등본
③ 상속재산명세서 및 평가명세서
④ 채무사실입증서류
⑤ 상속재산이 분할된 경우에는 상속재산 분할명세서 및 그 평가명세서
⑥ 상속공제대상임을 입증할 수 있는 서류와 기타 상속세법상의 서류

## (2) 분 납

상속세로서 납부할 금액이 1천만원을 초과하는 경우에는 납기경과후 2월 이내에 다음과 같이 분납할 수 있다. 다만 연부연납허가를 받은 경우에는 그렇지 않다.

① 납부할 세액이 2천만원 이하인 때 : 1천만원을 초과하는 금액
② 납부할 세액이 2천만원 초과하는 때 : 세액의 50% 이하의 금액

## (3) 가산세

신고납부기한 내에 신고 및 납부를 하지 않으면 가산세가 부과된다.

### ① 신고불성실가산세

신고기한내에 신고를 하지 않거나 적게 신고한 경우에는 20%의 가산세가 적용된다(부당과소신고금액에 대하여는 40%).

### ② 납부불성실가산세

납부기한 내에 납부하지 않거나 적게 납부한 경우에는 다음 산식에 외한 금액을 가산 한다.

$$\text{미납부세액} \times \text{자진납부일 또는 고지일까지의 기간} \times \frac{3}{10{,}000}$$

## (4) 상속세과세표준과 세액의 결정

상속세는 신고에 의해 과세표준과 세액을 결정한다. 다만, 신고한 과세표준이나 세액에 탈루 또는 오류가 있는 경우에는 조사하여 결정한다. 법정결정기한은 상속세과세표준 신고기한으로부터 6월이다.

## (5) 상속세는 나누어 낼 수 있다(연부연납)

### ① 연부연납의 개념

상속세는 일시에 납부하는 것이 원칙이지만 납부할 상속세액이 2천만원을 초과하는 경우에는 납세의무자의 사정과 편의를 위하여 납세의무자의 신청에 의하여 분할하여 납부할 수 있으며 세무서장의 허가를 받아 담보를 제공하여야한다. 이것을 연부연납이라고 한다.

### ② 연부연납기간

연부연납기간은 가업상속자산의 경우에는 연부연납 허가후 2년이 되는 날부터 5년. 다만 가업상속재산이 50% 이상인 경우에는 연부연납 허가 후 3년이 되는 날부터 12년으로 하고 그 외의 경우에는 5년으로 한다.

## (6) 상속세는 현물로 낼 수 있다(물납)

상속세는 금전으로 납부하는 것이 원칙이나 상속재산 중 부동산과 유가증권의 가액이 많은 경우에 상속세를 금전으로만 납부하도록 요구한다면 상속세를 납부하기가 어려운 경우가 있다. 즉, 상속을 받은 재산이 부동산과 유가증권이라면 부동산과 유가증권을 처분하여야 하고, 또 처분할 경우에도 쉽게 처분이 되지 않는 경우에 금전으로만 납부를 강요한다면 상속인은 불이익을 당하게 된다. 따라서 상속인에게 불이익을 주지 않기 위하여 일정한 요건을 갖춘 자에게 상속세를 현물로 내도록 허용하고 있다. 이것을 물납제도라고 한다. 상속세를 물납하고자 하는 자는 상속재산 중 부동산과 유가증권의 가액이 상속재산가액의 1/2를 초과하여야 하고 상속세 납부세액이 2,000만원을 초과하는 경우에 해당된다. 또한 물납을 하고자 하는 자는 세무서장에게 물납신청을 하여 허가를 받아야 한다.

# 제2절 재산증여와 세금 - 증여세

## 1 증여세란?

증여세란 타인으로부터 무상으로 취득한 재산을 과세물건으로 하여 증여받은 사람에게 부과되는 세금이다.

증여세를 부과하는 이유는 상속의 경우에만 상속세를 부과하면 모든 피상속인(사망인)은 생전에 상속자 등에게 재산을 증여함으로써 상속세의 부담을 회피하기 때문이다. 따라서 조세부담의 공평을 기하고 상속세의 회피수단으로 이용하는 것을 방지하기 위한 증여세는 상속세의 보완세적인 성격이 있다.

## 2 증여세가 과세되는 재산의 범위

증여세는 증여받은 재산가액을 과세대상으로 하는 데 다음과 같은 경우에도 증여세가 부과된다.

① 배우자 상호간 또는 직계존·비속간에 재산을 양도하는 경우

② 재산을 배우자나 친족 등 특수한 관계가 있는 사람에게 양도한 후 3년 내에 본래 양도자의 배우자나 직계존·비속에게 재산을 다시 양도하는 경우

③ 특수한 관계가 있는 사람에게 시가의 70%이하로 자산을 저가양도하거나 130%이상으로 자산을 고가양수할 경우와 그 차액이 3억원 이상인 경우의 그 대가

④ 채무를 면제받거나 다른 사림이 대신 빚을 갚아줌으로써 얻은 경제적 이익

⑤ 보험금을 납입하지 아니하고 보험금을 받게 되는 경우(상속재산에 포함되는 경우 제외)

⑥ 다른 사람의 신탁수익자 지정으로 생긴 경제적 이익

⑦ 직업·연령·소득 및 재산상태 등으로 보아 재산의 취득 및 채무의 상환이 자력으로 이루어졌다고 인정하기 어려운 경우. 다만, 입증되지 않은 금액이 취득재산의 가액 또는 채무상환금액의 100분의 20에 상당하는 금액과 2억원 중 적은 금액에 미달하는 경우는 제외한다.

⑧ 실질적인 소유권이 없는 제3자의 명의로 재산(토지와 건물은 제외)을 등기 또는 등록한 경우

⑨ 특수관계 있는 자로부터 전환사채를 취득하므로 얻게 되는 이익과 특정법인의 주주 또는 출자자와 특수관계 있는 자가 당해 법인에 재산을 증여하는 등의 거래를 통하여 주주, 출자자 등이 얻게 되는 이익

⑩ 상속재산에 대한 상속분의 확정등기 후 협의분할에 의하여 당초 상속분을 초과하여 취득하는 재산가액(단, 상속과세표준 신고기한 이내에 재분할에 의하는 경우와 법원의 확정판결, 채권자대위권 행사, 물납재산의 변경명령에 의하여 재분할하는 경우는 제외 한다.)

⑪ 특수관계에 있는 자로부터 직접, 간접으로 무상이전 받은 재산이나 권리와 특수관계자의 토지를 무상으로 사용하여 얻게 되는 이익

⑫ 특수관계에 있는 법인의 합병으로 인하여 합병당사법인의 대주주가 얻는 이익

⑬ 법인의 증자시 주주의 신주인수권 포기를 얻게되는 이익과 감자를 위한 소각시 일부주주의 주식소각으로 인하여 특수관계에 있는 대주주가 얻는 이익

⑭ 특수관계 있는 자로부터 1억원 이상의 금전을 무상 또는 적정이자율보다 낮은 이자율로 대부받은 경우

⑮ 특수관계있는 자로부터 경제적 가치가 있는 유형·무형의 재산을 직접적이나 간접적으로 무상이전받은 경우

⑯ 상시 '①' 내지 '⑮'의 경우와 유사한 것으로서 제 3자를 통한 간접적인 방법으로 재산이 사실상 무상으로 이전된 경우

## 3 증여로 보지 않는 경우

다음과 같은 경우에는 증여로 보지 않는다.

① 증여를 받은 후 증여받은 재산(금전을 제외한다)을 당사자의 합의에 의하여 증여세 신고기간내에 반환하는 경우(반환 전에 과세표준과 세액의 결정을 받은 경우에는 제외한다)에는 당초의 증여와 반환 모두 증여로 보지 않는다.

② 수증자가 증여받은 재산(금전은 제외한다)을 6개월 이내에 반환하거나 재증여 하는 경우에는 반환하거나 재증여 하는 것을 증여로 보지 않는다.

이상의 것을 요약하면 다음과 같다.

<table>
<tr><th colspan="2" rowspan="2">구 분</th><th colspan="2">증여세 과세여부</th></tr>
<tr><th>당초증여</th><th>반환, 재증여</th></tr>
<tr><td colspan="2">㉠ 신고기한내에 반환</td><td>×</td><td>×</td></tr>
<tr><td rowspan="2">㉡ 신고기한 경과 후 반환</td><td>신고기한으로부터 3월 이내</td><td>○</td><td>×</td></tr>
<tr><td>신고기한으로부터 3월 후</td><td>○</td><td>○</td></tr>
</table>

## 4 비과세되는 증여재산

다음의 증여재산에 대하여는 증여세를 과세하지 않는다.

① 국가 또는 지방자치단체로부터 증여받은 재산의 가액

② 우리사주조합에 가입한 조합원이 당해 법인의 주식을 조합을 통하여 취득 하므로 얻게되는 이익으로서 소액주주기준에 해당하는 것

③ 정당이 증여받은 재산가액

④ 사내 근로복지기금 및 근로복지진흥기금이 증여받은 재산가액

⑤ 사회통념상 인정되는 이재구호금품, 치료비, 생활비, 교육비, 학자금, 장학금, 혼수품, 개업축하금, 축의금, 부의금

⑥ 신용보증재단, 기술신용보증기금 등이 증여받은 재산의 가액
⑦ 국가·지방자치단체 또는 공공단체가 증여받은 재산의 가액
⑧ 등록된 장애인 및 상이자를 수익자로 한 보험의 보험금(4천만원을 한도로 한다.)
⑨ 무주택근로자가 건물의 총연면적이 $85m^2$이하인 주택(건물연면적의 5배 이내의 주택 부수토지포함)을 취득 또는 임차하기 위하여 사내근로복지기금으로부터 증여받은 다음의 금액
  ㉠ 주택취득보조금: 주택취득가액의 5% 이하의 것
  ㉡ 주택임차보조금: 전세가액의 10%이하의 것

## 5 면제되는 증여재산

자경농민이 영농자녀에게 다음의 농지 등을 2011. 12. 31까지 증여할 경우에는 증여세가 면제된다.

### ① 면제범위

| 구분 | 범위 |
|---|---|
| 농 지 | $29,700m^2$ 이내 (약 9천평) |
| 초 지 | $148,500m^2$ 이내(약 4만5천평) |
| 산림지 | 조림기간 5년 이상: $290,700m^2$(약 9만평) 이내<br>조림기간 20년 이상: $990,000m^2$(약 30만평) 이내 |

※ 주거지역이나 공업지역 등 도시계획에 편입되어 있지 않은 농지 등이어야 함. 감면한도: 5년간 1억원(감면신청을 한 경우에 한함)

### ② 자경농민이란

당해종지 등이 소재하는 시·군·구나 이와 연접한 시·군·구에 거주하면서 당해 농지 등의 증여일로부터 소급하여 2년이상 계속 직접 영농에 종사하고 있는 농민을 말한다.

③ 영농자녀란

자경농민의 요건을 갖춘 만 18세 이상의 직계비속을 말한다.

④ 추징사유

세금이 면제된 농지 등을 정당한 사유없이 5년 이내에 양도하거나 직접 농사를 짓지 아니할 때에는 면제받았던 세금이 즉시 추징된다.

## 6 증여세의 세액계산 방법

### (1) 증여세 과세가액의 계산

증여세의 과세가액은 증여재산가액에서 증여재산에 담보된 채무(임대보증금 포함) 중 수증자가 인수한 금액을 차감해서 계산한다. 이때 증여재산가액은 동일인(직계존속의 배우자 포함)에게 10년 이내에 증여받은 가액이 1천만원 이상인 경우에는 합산하여 계산한다.

증여세 과세가액 = 증여재산가액 − 증여재산에 담보된 채무

### (2) 증여세의 과세표준

증여세의 과세표준은 증여세의 과세가액에서 친족 간의 증여에 대한 증여재산 공제액을 공제하여 계산한다.

증여세 과세표준 = 증여세 과세가액 − 증여재산 공제액

① 증여재산공제

㉠ 배우자로부터 증여를 받은 때 : 6억원

㉡ 직계존속으로부터 증여를 받은 때 : 5천만원(미성년자는 2천만원)
㉢ 직계비속으로부터 증여를 받은 때 : 3천만원
㉢ 배우자 및 직계존·비속 이외의 친족으로부터 증여받은 때 : 500만원 따라서 친족이 아닌 자로부터 증여를 받은 때에는 증여재산공제가 없다.

② **동일인으로부터 10년 이내에 공제받는 합계액이 상기 ①의 금액을 초과하지 못한다.**

### (3) 증여세의 산출세액계산

증여세의 산출세액은 증여세의 과세표준에 증여세의 세율을 곱하여 계산한다. 단, 증여세의 과세표준이 50만원 미만인 때에는 증여세를 부과하지 않는다.

> 증여세 산출세액 = 증여세 과세표준×증여세 세율

* 증여세 세율은 상속세 세율과 같다.
* 수증자가 증여자의 자녀가 아닌 직계비속인 경우에는 증여세 산출세액의 30%를 가산한다. 다만 증여자의 최근친인 직계비속이 사망하여 그 사망자의 최근친인 직계비속이 증여받은 경우에는 그러하지 아니하다.

## 7 증여세 납부세액의 계산

증여서의 신고납부 세액은 증여세 산출세액에서 징수유예세액, 기납부증여세액과 외국납부세액공제 및 신고세액공제를 공제하여 계산한다.

> 증여세 신고납부세액 = 증여세 산출세액 − ① 징수유예세액 ② 기납부세액공제 ③ 외국납부세액공제 ④ 신고세액공제

## 8 증여세의 신고와 납부는?

증여를 받은 사람은 증여일(비상장주식의 상장 또는 법인의 합병 등에 따른 증여세신고는 정산기준일)이 속하는 달의 말일로부터 3개월 안에 주소지 관할 세무서에 증여세를 신고하여야한다. 이 기간 내에 신고하면 납부하여야 할 증여세의 10%를 공제받게 되나, 신고하지 않으면 20%(부당 : 40%)의 가산세가 부과되며 납부하지 않았을 경우 상속세의 미납부시와 동일한 가산세가 부과된다. 증여세의 신고는 다음 사항을 기재한 신고서를 제출하여야 한다.

① 증여과세표준신고 및 자진납부계산서
② 증여재산의 명세 및 평가명세서
③ 증여자 및 수증자의 호적등본
④ 채무사실을 입증할 수 있는 서류
⑤ 연부연납(물납)허가신청서 및 납세담보제공서
⑥ 기타첨부서류
㉠ 주민등록등본, 호적등본
㉡ 등기부등본, 토지대장등본
㉢ 건축물관리대장 등

증여세가 1천만원이 넘는 경우에 분납·연부연납이나 물납은 상속세와 같다.

## 9 이혼시 재산분할청구금액과 위자료 과세여부

부부가 이혼을 하게 되면 재산분할청구문제, 위자료 청구문제, 자녀양육문제 등의 복잡한 문제 등에 부딪치게 된다.

민법은 상호협의나 재판에 의거 이혼한 자의 일방에 다른 일방에 대하여 재산분할이 협의되지 아니하거나 협의할 수 없는 때에 가정법원은 당사자의 청구에 의하여 당사자 쌍방이 형성한 재산의 액수, 기타 사정을 참작하여 분할의 액수와 방법을 정한다고 규정하고 있다.

상속세법은 재산분할청구금액과 위자료를 구분하여 과세하며, 이혼에 의하여

정신적인 손해배상의 대가로 재산분할금액을 초과하여 특별히 받은 위자료는 조세포탈의 목적이 있다고 인정되는 특수한 경우를 제외하고는 증여세를 과세하지 않는다.

## 10 배우자, 직계존·비속간의 양도에 대한 증여세 과세여부

배우자상호간, 직계존·비속 상호 간의 양도방법을 통하여 재산을 이전시키는 경우가 많다. 상속세법은 배우자 상호간, 직계존·비속 상호간에 양도한 재산을 무조건 증여로 보아 증여세를 과세하고 있다. 배우자상호간, 직계존·비속 상호간 형식상의 유상양도에 대하여 증여세를 과세하는 이유는 양도소득세보다는 고율부담인 증여세부담을 경감시키려는 행위를 방지하기 위해서다. 또한 양도자가 특수한 관계가 있는 사람에게 재산을 양도하였으나 양도 후 3년 이내에 특수관계자가 당초 양도자의 배우자나 직계존·비속에게 양도한 경우도 증여세를 과세한다.

형식상의 재산양도시 양도소득세가 과세되었으나 차후에 증여로 인정되면 양도소득세 대신 증여세가 과세된다. 실무상으로는 증여세액과 양도소득세액을 비교하여 양도소득세액이 증여세보다 적으면 차액을 추가고지하여 납부하는 방식으로 종결된다. 그러나 배우자 및 직계존·비속이 경제적으로 완전 독립하여 충분한 재산상의 능력이 있고 실제로 양도가액이 수수되면서 양도하였다면 증여로 보지 아니한다. 다음과 같은 경우에는 배우자와 직계존·비속 및 특수관계자에게 양도하더라도 증여로 보지 않는다.

① 법원의 결정으로 경매절차에 의하여 처분된 때
② 파산선고로 인하여 처분된 때
③ 국세징수법에 의하여 공매된 때
④ 한국증권거래소를 통하여 유가증권이 처분된 때
⑤ 대가를 지급하고 양도한 사실이 명백히 인정되는 경우(납세자에게 입증책임이 있다)

## 11 장애인이 증여받은 재산의 과세하지 않는 경우

장애인이 그의 직계존·비속과 친족으로부터 금전, 유가증권, 부동산을 증여받은 경우 증여세 과세표준신고기한내에 다음의 요건을 모두 갖춘 경우에는 생존시에 증여받은 재산의 합계액 5억원을 한도로 하여 과세가액에 포함하지 않는다.

① 증여받은 재산의 전부를 신탁회사에 신탁해야 한다.

② 장애인이 신탁의 이익 전부를 받은 수익자이어야 한다.

③ 신탁기간이 당해 장애인이 사망할 때까지로 계속되어야 한다.

또한 장애인전용 보험상품에 가입하여 장애인이 보험금을 지급받는 경우에는 연간 4천만원까지 증여세가 과세되지 아니한다.

**예제**

아버지로부터 1억 5천만원을 증여받은 경우 산출세액을 계산하시오.(증여받은 사람은 성인임)

**풀이**

① 증여가액 : 150,000,000
② 증여공제액 : 30,000,000
③ 과세표준 : 120,000,000 (150,000,000−30,000,000)
④ 세율 : 20%
⑤ 산출세액 : 14,000,000(1천만원+(1억2천만원−1억원)×20%

**답** 14,000,000원

# 제3절 상속세와 증여세의 절세전략

## 1 상속세의 절세전략

### (1) 피상속인의 병원비! 어떻게 해야 상속세를 줄일 수 있을까?[1)]

피상속인이 큰 병에 걸렸거나 장기간 입원한 경우에는 **병원비**도 상당히 많은 금액이 든다. 이런 경우 많은 사람들이 피상속인 명의의 예금 잔액이 있다 하더라도 자녀들의 통장에서 돈을 인출하여 병원비를 납부하는 경향이 있는데, 이는 **상속세 측면**에서는 전혀 도움이 안 되고 오히려 안 내도 될 세금을 내는 결과가 된다.

그럼 어떻게 해야 할까?

피상속인의 재산으로 병원비를 납부하면 그만큼 상속재산이 감소하므로 감소한 분에 대한 세금만큼 적게 낼 수 있지만, 자녀들의 재산으로 병원비를 납부하면 상속재산은 변동이 없기 때문에 그만큼 세금을 더 내는 결과가 된다.

또한 피상속인이 돌아가실 때까지 내지 못한 병원비는 채무로서 공제를 받을 수 있다. 그러므로 피상속인의 병원비는 돌아가시고 난 후에 내던가 그 전에 꼭 내야 하는 경우에는 피상속인의 재산에서 내는 것이 유리하다.

1) 국세청 블로그(http://blog.naver.com/ntscaf), "피상속인의 병원비! 어떻게 해야 상속세를 줄일 수 있을까?", 2009.

예를 들어 피상속인이 중병으로 장기간 입원해서 병원비가 5,000만원이 나온 경우 자녀들의 재산으로 병원비를 전액 납부하였다면 상속재산에서 한 푼도 공제를 받지 못한다.

그러나 피상속인의 재산으로 납부하거나 돌아가시고 난 후에 상속재산으로 납부하면 5,000만원을 공제받을 수 있으므로 그에 대한 상속세만큼을 절세할 수 있다.

절세 받을 수 있는 금액은 과세표준의 크기에 따라 병원비 납부액의 10~50%이다.

## (2) 일반 서민층은 상속세를 크게 걱정 안해도 된다.[2)]

부모님이 돌아가시고 나면 상속을 하나도 받지 못하는 사람들도 있겠지만 많은 사람들이 많든 적든 재산을 상속받게 되는데, 이 때 상속받은 재산에 대하여 상속세를 내야 하는 건지 아니면 안 내도 되는지가 매우 궁금할 것이다.

결론부터 말하자면 일반 서민들은 상속세에 대하여 크게 걱정을 하지 않아도 된다. 왜냐하면 정부에서는 중산층의 상속세에 대한 불안감을 덜어주고 상속인의 생활안정 및 기초생활 유지를 위하여 상속공제 제도를 채택하고 있는데, 그 공제해 주는 금액이 크기 때문에 대부분의 사람들에게는 상속세가 과세되지 않기 때문이다.

예를 들어 부모님 두 분 중 한 분이 돌아가신 경우에는 최소한 10억원을 공제해 주며, 한 분만 생존해 계시다가 돌아가신 경우에도 최소 5억원을 공제해 준다. 게다가 돌아가신 분이 부담해야 할 부채가 있으면 이 또는 상속세 계산시 공제해 준다.

그러므로 상속재산이 배우자(돌아가신 분의 배우자)가 있는 경우에는 10억원, 배우자가 없는 경우에는 5억원 이하이면 상속세에 대하여 신경을 쓰지 않아도 된다.

다만, 위에서 말하는 5억원 또는 10억원은 상속인별로 상속받은 재산에서 각각 공제해 주는 것이 아니라 피상속인(사망한 사람)의 소유재산 합계액에 한번만 공제

2) 국세청 블로그(http://blog.naver.com/ntscafe), “일반 서민층은 상속세를 크게 걱정 안해도 된다”, 2010.

해 준다.

피상속인의 소유재산이 5억원(배우자가 있는 경우에는 10억원) 이상인 경우나 사전증여재산가액이 있는 경우에는 세무전문가와 상담을 해보는 것이 좋다.

왜냐하면 기본적으로 공제해 주는 5억원 또는 10억원 외에 피상속인이 부담해야 할 부채나 공과금 등 공제되는 금액이 또 있으며, 사전증여재산가액이 있는 경우에는 상속공제 한도가 적용되어 상속세를 부담하는 경우도 있기 때문이다.

▶ 관련 법규 : 상속세 및 증여세법 제18조~제21조

## 2 증여세의 절세전략

### (1) 배우자나 자녀에게 미리 증여하세요~

남편소유 재산을 사전에 부인이나 자녀에게 증여하면 상속재산이 줄어들게 되므로 당연히 상속세도 줄어들 수 있다.

그러나 증여를 하면 증여세가 과세되고, 일정기간 내의 증여재산은 상속세를 계산할 때 상속재산에 포함시키기 때문에 증여의 효과가 없으므로 이를 충분히 검토해 본 후 증여 여부를 결정해야 된다.

「상속세 및 증여세법」에서는 배우자간에 증여를 하는 경우에는 6억원을 공제해 주고, 직계존비속간에 증여를 하는 경우에는 5천만원(미성년자가 직계존속으로부터 증여를 받는 경우에는 2천만원)을 공제해 주도록 하고 있다.

따라서 배우자에게는 6억원, 자녀에게는 5천만원(자녀가 미성년자인 경우에는 2천만원)의 범위 내에서 증여를 하면 증여세를 내지 않고서도 상속세를 줄일 수 있다.

다만, 사망하기 전 10년 이내에 피상속인이 상속인에게 증여한 재산의 가액은 상속세 계산시 이를 합산하므로 증여의 효과가 없다.

예를 들어 30억원의 재산을 가지고 있으면서 자녀 2인이 있는 자가

1) 사망하기 전 10년 전에 자녀에게 5억원을 증여하고 사망했다면 상속세 과세표준은 20억원(상속재산－일괄공제 5억)이 되고 이에 대한 상속세의 산출세액은 6억 4천만원이 되나,

2) 사망하기 전 10년 이내에 자녀에게 5억원을 증여하고 사망했다면 상속세 과세표준은 25억원(상속재산 25+상속개시전 10년 이내에 증여한 재산 5억－일괄공제 5억)이 되며 이에 대한 상속세의 산출세액은 8억 4천만원이 되어 증여를 하지 않은 것과 같다.

그러므로 상속세를 적게 내기 위한 목적으로 증여를 할 예정이라면 사망하기 전 10년 전에 증여를 해야 한다.

## (2) 상속·증여세도 기한내 신고에 따른 세액공제를 받을 수 있다.[3)]

재산을 상속받은 사람이 상속개시일(사망일)로부터 6개월 이내에 사망자의 주소지 관할세무서에 신고한 경우, 증여를 받은 사람이 증여를 받은 날로부터 3개월 이내에 증여세를 신고하는 경우에도 납부해야 할 세금의 10%를 공제해준다. 상속세나 증여세는 양도소득세와는 달리 예정신고만 있고 별도의 확정신고는 없으므로 신고만 하고 납부를 하지 않은 경우에도 공제 혜택을 주고 있다. 다만, 신고기한 내 납부를 하지 않으면 1일 경과시 미납세액의 0.03%에 해당하는 납부불성실 가산세가 부과된다. 따라서, 기한내 재산의 누락없이 적법하게 신고한다면 신고불성실 가산세를 부담하지 않을 뿐 아니라 세액공제까지 받으므로 세금을 납부할 돈이 없더라도 일단 기한 내에 신고하는 것이 필요하다.

3) 국세청 블로그(http://blog.naver.com/ntscaf), “부지런한 신고, 세금을 줄인다.”, 2009.

# 연 습 문 제

**1.** 다음 중 상속세가 과세 되지 않은 것은?

① 유언에 의한 증여 재산
② 부담부증여재산
③ 물권 · 채권 · 무체재산권 · 신탁수익권 및 전화가입권
④ 증여자의 사망으로 인하여 효력이 발생하는 증여재산

**2.** 다음은 상속공제에 대한 설명이다. 잘못 연결된 것은?

① 기초공제 – 2억원
② 자녀에 대한 공제 – 자녀 1명당 3,000만원(인원수 제한 없음)
③ 장애인에 대한 공제 – 상속인(배우자 포함) 및 동거가족 중 장애인에 대하여 "500만원 × 75세에 달하기까지의 연수"
④ 배우자상속공제 – 배우자가 실제 상속받은 금액을 법 소정한도 내에서 공제하되, 최소 10억원을 공제함

**3.** 상속세에 관한 설명으로 가장 옳지 않은 것은?

① 피상속인이 국내에 주소를 둔 때에는 국내외 상속재산 전부에 대해 과세한다.
② 피상속인과 상속인이 국내에 주소를 둔 때에는 국내외 상속재산 전부에 대하여 과세다.
③ 피상속인과 상속인이 국내에 주소를 두지 아니한 때에는 국내에 있는 상속재산에 한하여 상속세를 부과한다.
④ 상속인이 국내에 주소를 둔 때에는 국내외 상속재산 전부에 대하여 과세한다.

**4.** 다음 중 상속세의 납세의무가 없는 자는?

① 영리법인 ② 거주자
③ 비거주자 ④ 비영리법인

5. 다음 상속세의 특징에 대한 설명이다. 가장 관계가 먼 것은?

① 상속세의 세율은 증여세의 세율과 같다.
② 유증 및 사인증여재산은 상속재산가액에 포함하여 상속세를 부과하고 증여세과세대상은 아니다.
③ 상속세는 국세이며 직접세에 속하나 증여세의 경우는 간접세에 속한다.
④ 개인과 법인 모두 상속세의 납세의무자가 될 수 있으나 현행 상속세법은 수증자가 영리법인인 경우에는 상속·증여세를 면제한다.

6. 다음 중 상속세과세표준계산시 적용되는 상속공제가 아닌 것은?

① 재해손실공제
② 증여세액공제
③ 배우자상속공제
④ 기타 인적공제

7. 다음 중 과세표준의 계산에 관한 설명으로 타당하지 않는 것은?

① 피상속인이 신탁한 재산은 신탁의 이익을 받을 권리를 타인이 소유하고 있는 경우 그 이익상당액을 제외하고는 상속재산으로 간주된다.
② 피상속인이 국가·지방자치단체 및 금융기관이 아닌 자에 대하여 부담한 채무로서 상속인이 실제로 부담하는 사실이 확인되지 아니하는 것은 이를 상속세과세가액에 산입한다.
③ 상속개시 전 10년 내에 상속인이 수증한 재산은 상속개시일 현재의 시가로 상속세과세가액에 포함하여 상속세를 과세하여야 하고, 이때 이미 증여세가 과세되었는지 과세되지 아니하였거나 면제받았는지 여부는 불문한다.
④ 상속재산 중 상속인이 과세표준신고기한 이내에 국가·지방자치단체 또는 공공단체에 증여한 재산에 대하여는 상속세를 과세하지 아니한다.

8. 다음 중 증여세의 과세체계의 관한 설명 중 옳지 않은 것은?

① 증여세는 10년간 누적합산과세를 한다.
② 증여세의 납세 의무는 타인의 증여에 의해 재산이 취득하는 때에 성립한다.
③ 증여계약이 성사되는 시점에 납세의 의무가 성립한다.
④ 취득과세형이다.

9. 다음 중 비과세 되는 증여재산이 아닌 것은?

① 학자금 ② 공익신탁재산
③ 이재구호금품 ④ 혼수용품으로 인정되는 물품

10. 다음의 증여 중 나머지 것과 성격이 다른 것을 고르면?

① 신탁의 이익을 받을 권리의 증여
② 재산을 자력으로 취득하였다고 인정하기 어려운 경우의 증여
③ 저가·고가양도시의 증여
④ 신종사채를 이용한 증여

11. 다음 중 상속세와 증여세에 공통되는 것이 아닌 것은?

① 연대납세의무제도가 있다.
② 자진신고세액 공제제도가 있다.
③ 초과누진세율이 적용된다.
④ 인세로서 일률적으로 기초공제제도가 적용된다.

12. 다음은 상속세 및 증여세에 대한 설명이다. 가장 관계가 먼 것은?

① 증여세의 세율은 일반적으로 상속세의 세율보다 높다.
② 상속세는 상속인이, 증여세는 수증자가 납세의무를 진다.
③ 유증재산과 사인증여재산은 상속재산가액에 포함하여 상속세를 부과하고 증여세는 부과하지 아니한다.
④ 상속세는 상속인 또는 수유자 각자가 받았거나 받을 재산을 한도로 연대납세의무를 진다.

## 정답 및 해설

| 1 | ② | 2 | ④ | 3 | ④ | 4 | ① | 5 | ③ | 6 | ④ | 7 | ③ | 8 | ③ | 9 | ③ | 10 | ② |
|---|---|---|---|---|---|---|---|---|---|---|---|---|---|---|---|---|---|---|---|
| 11 | ④ | 12 | ① | | | | | | | | | | | | | | | | |

1. ② 부담부증여재산에 대하여는 양도소득세가 과세된다.
2. ④ 배우자상속공제는 최소 5억원을 공제한다.
3. ④ 피상속인이 국내에 주소를 둔 때에는 국내외 상속재산 전부에 대하여 과세한다.
4. ① 영리법인은 상속세 납세의무가 면제된다.
5. ③ 증여세도 상속세와 마찬가지로 직접세에 해당한다.
6. ④ 증여세액공제는 과세표준시 적용하는 것이 아니라 산출세액에서 공제하는 항목이다.
7. ③ 상속개시 전 10년 내에 상속인이 수증한 재산은 증여일 현재의 시가로 상속세과세가액에 포함하여 상속세를 과세한다.
8. ③ 증여세는 재산이 취득하는 시기에 납세의 의무가 성립한다.
9. ③ 10억원－5억원×10%＝5천만원
10. ② 증여추정규정이다. 나머지는 증여의제규정이다.
11. ④ 증여세에는 기초공제제도가 없다.
12. ① 상속세와 증여세는 세율이 동일하다.

13

CHAPTER

# 법인세와 절세


제1절 법인세의 개요

제2절 각 사업연도 소득금액 계산구조

제3절 세무조정

제4절 기부금 조정

제5절 과세표준 및 세액의 계산

제6절 과세표준의 신고와 납부

제7절 법인세 절세전략

# 제1절 법인세의 개요

## 1 법인세의 의의 및 특징

### (1) 법인세의 의의 및 분류

법인세(corporate income tax)란 법인[1]이 벌어들인 소득에 대하여 과세하는 조세를 말한다. 법인의 과세대상 소득은 각 사업연도의 소득, 청산소득, 토지 등 양도소득으로 구분한다.

#### ① 각 사업연도 소득

각 사업연도 소득은 법인이 각 사업연도의 영업활동을 통하여 벌어들인 소득으로서 가장 기본적인 법인세의 과세대상 소득이다. 각 사업연도 소득은 그 사업연도에 속하는 익금의 총액에서 손금의 총액을 공제한 금액으로 기업회계상 당기순이익에 대응되는 세무상 당기순이익(과세소득)을 말한다.

#### ② 청산소득

청산소득은 법인이 해산으로 인하여 소멸하는 때 잔여재산가액이 해산등기일 현재의 자기자본 총액을 초과하는 경우 그 초과금액을 말한다. 이는 각 사업연도 소득에 포함되지 않은 미실현 소득 또는 그동안 과세되지 않은 부분에 대하여 법인이 소멸되는 시점에서 과세함으로써 각 사업연도 소득에 대한 법인세를 정산·보완하는 기능을 갖는다. 이러한 청산소득에 대한 법인세는 잔여재산가액 확정일로부터 3개월 이내에 신고·납부하여야 한다.

---

1) 자연인이 아니고 법률상으로 인격을 인정받아서 권리능력을 부여받은 주체로, 공법인과 사법인(재단법인, 사단법인) 2종류가 있음.

### ③ 토지 등 양도소득

토지 등 양도소득은 비사업용 토지 등의 양도로 인하여 발생하는 소득을 말한다. 토지 등의 양도소득은 법인의 부동산투기를 억제하기 위하여 이미 각 사업연도 소득에 포함되어 법인세가 과세된 소득에 대하여 추가하여 함께 신고·납부하여야 한다.

## (2) 법인세의 특징

### ① 국세

### ② 직접세

### ③ 신고납세제도

법인세는 소득세와 마찬가지로 납세의무자가 스스로 신고하여 과세표준과 세액을 확정하는 방식을 취하고 있다.

### ④ 기간별 종합과세

법인의 1회계기간을 각 사업연도로 하여, 당해 사업연도의 소득을 종류별로 분류하지 않고 모든 소득을 종합하여 과세하는 기간별 종합과세 방식을 채택하고 있다.

### ④ 3단계 초과누진세율

법인세는 과세표준금액이 2억원 이하인 경우에는 10%, 2억원 초과 200억이하인 경우에는 20%, 200억 초과금액에 대해 22%를 적용하는 3단계 초과누진세율방식을 취하고 있다.

### ⑤ 순자산증가설

법인세는 계속적·반복적으로 발생하는 것뿐만 아니라 우발적인 소득까지도 결과적으로 그 법인의 순자산을 증가시킨 경우에는 이를 모두 과세대상소득으로 분류하는 순자산 증가설을 적용하고 있다(포괄주의). 다만, 비영리법인에 대하여는 법에 열거하고 있는 일정한 수익사업에서 발생한 소득에 대하여만 과세한다(소득원천설, 열거주의).

| 구 분 | | 순자산증가설 | 소득원천설 |
|---|---|---|---|
| 과세소득의 범위 | | • 일정기간동안 재산가치의 순증가액을 과세소득으로 봄<br>• 계속적이고 경상적인 소득은 물론 일시적이고 우발적인 소득도 과세소득에 포함됨 | • 일정한 소득원천에서 계속적으로 발생한 소득만을 과세소득으로 봄<br>• 계속적이고 경상적인 소득은 과세대상에 포함되나, 일시적이고 우발적인 소득은 과세소득에서 제외됨 |
| 우리나라 세법 | 적용 세법 | 법인세법 | 소득세법(소득원천설을 위주로 순자산증가설을 일부 수용함) |
| | 입법 방법 | 포괄주의 과세방법 | 열거주의 과세방법(유형별 포괄주의) |

* 영리법인은 순자산증가설과 포괄주의 과세방법을 채택하고 있으나, 비영리법인과 외국법인은 소득원천설과 열거주의 과세방법을 채택하고 있음.
따라서 비영리법인과 외국법인은 법에 열거된 일정한 수익사업에서 발생한 소득에 대하여만 과세하며, 열거되지 아니한 소득에 대하여는 과세하지 아니함.

## (3) 법인세와 소득세

법인세와 소득세를 비교하면 다음과 같다.

| 구 분 | 소득세 | 법인세 |
|---|---|---|
| 과세기간 | 법정 과세연도<br>(1월 1일 ~ 12월 31일) | 신고 사업연도<br>(1년을 초과하지 못함) |
| 납세의무 성립일 | 12월 31일 | 사업연도 종료일 |
| 납세지 | 거주자 : 주소지 | 내국법인 : 본점·주사무소 또는 사업의 실질적 관리장소의 소재지 |
| | 비거주자 : 국내사업장 소재지 | 외국법인 : 주된 사업장 또는 부동산 소재지 |
| 납세의무자 | 개인 | 법인 |
| 과세대상 | 과세연도 동안 발생한 소득 | 사업연도 동안 발생한 소득 |
| 과세 소득의 개념 | 과세연도 동안 발생한 소득 | 사업연도 동안 발생한 소득 |
| | 소득원천설(열거주의 및 유형별 포괄주의) | 순자산증가설(포괄주의) |

<table>
<tr><th colspan="2">구 분</th><th>소득세</th><th>법인세</th></tr>
<tr><td>과세<br>대상</td><td>과세<br>방법</td><td>불완전한 종합과세<br>① 분류과세(종합소득, 퇴직소득 및 양도소득)<br>② 종합과세(이자소득, 배당소득, 사업소득, 근로소득, 연금소득 및 기타소득)<br>③ 종합과세 하는 소득 중 분리과세(이자소득, 배당소득, 일용근로자 근로소득, 연금소득 및 기타소득 등)</td><td>종합과세</td></tr>
<tr><td colspan="2">과세표준<br>(계산구조)</td><td>총수입금액(비과세소득 제외)<br>- 필요경비(이월결손금 포함)<br>= 각 소득별 소득금액<br><br><br><br>- 소득공제<br>= 각 소득별 과세표준<br>× 세율<br>= 산출세액<br>- 세액공제<br>- 세액감면<br>= 결정세액<br>+ 가산세<br>= 총결정세액<br>- 기납부세액<br>= 자진납부세액</td><td>익금총액<br>- 손금총액<br>= 각 사업연도 소득금액<br>- 이월결손금<br>- 비과세소득<br>- 소득공제<br>= 과세표준<br>× 세율<br>= 산출세액<br>- 세액공제<br>- 세액감면<br>= 결정세액<br>+ 가산세<br>= 총결정세액<br>- 기납부세액<br>= 자진납부세액</td></tr>
<tr><td colspan="2">세율</td><td>종합소득세율 : 5단계 초과누진세율(6%~38%)<br>양도소득세율 : 5단계 초과누진세율 구조(6%~38%) 및 비례세율</td><td>3단계 초과누진세율<br>(10%, 20%, 22%)</td></tr>
<tr><td colspan="2">과세표준과<br>세액결정</td><td>신고납세제도</td><td>신고납세제도</td></tr>
<tr><td colspan="2">부동산<br>양도차익의<br>과세특례</td><td>양도소득세만 납부함</td><td>법인세를 과세함(투기지역)</td></tr>
</table>

## 2 법인세의 납세의무자

법인세의 납세의무자는 법인(법인으로 보는 법인격 없는 사단·재단 기타단체 포함)이며, 법인세법은 법인을 본점소재지 또는 사업의 실질적 관리장소에 따라 내국법인과 외국법인, 영리목적 유무에 따라 영리법인과 비영리법인으로 구분하여 각 법인별로 과세소득의 범위에 차이를 두고 있다.

### (1) 내국법인과 외국법인

① 내국법인 : 국내에 본점·주사무소 또는 사업의 실질적 관리장소를 둔 법인으로, 내국법인은 소득발생지가 국내이건 국외이건 관계없이 법인에게 귀속되는 모든 소득에 대하여 납세의무가 있다(무제한적 납세의무).

② 외국법인 : 외국에 본점·주사무소 또는 사업의 실질적 관리장소를 둔 법인으로, 외국법인은 법인세법에 열거된 국내에서 생긴 소득(국내원천소득)에 대해서만 법인세의 납세의무가 있다(제한적 납세의무).

### (2) 영리법인과 비영리법인

① 영리법인 : 영리를 목적으로 설립된 법인으로서 영리활동에서 얻은 이익을 그 구성원에게 분배하는 법인을 말한다. 상법상 주식회사, 유한회사, 합자회사, 합명회사와 특별법상 영리목적으로 설립된 법인 등이 있다.

② 비영리법인

- 비영리내국법인 : 법인으로 보는 법인격 없는 단체(법인격 없는 사단·재단 기타단체)와 학술, 종교, 자선, 기예, 사교 기타 영리가 아닌 사업을 목적으로 설립된 법인으로서 구성원에게 이익을 분배하지 아니하고 목적사업에 사용하는 법인을 말한다.
- 비영리외국법인 : 외국의 정부·지방자치단체 및 외국의 법인 중 영리를 목적으로 하지 아니하는 법인을 말한다.

### (3) 법인유형별 납세의무의 범위

법인세법상 납부하여야 할 세금에는 각 사업연도소득에 대한 법인세, 토지 등 양도차익에 대한 법인세, 그리고 청산소득에 대한 법인세가 있으며, 이러한 법인세는 법인의 유형에 따라 과세대상소득의 범위가 달라진다. 법인유형별로 납세의무의 범위를 요약하면 다음과 같다.

<table>
<tr><th colspan="2" rowspan="2">법인 유형</th><th colspan="3">납세의무의 범위</th></tr>
<tr><th>각 사업연도 소득</th><th>청산소득</th><th>토지 등 양도소득</th></tr>
<tr><td rowspan="2">내국 법인</td><td>· 영리법인</td><td>· 국내외원천 각 사업연도소득</td><td>과 세</td><td rowspan="4">과세</td></tr>
<tr><td>· 비영리법인</td><td>· 국내외원천소득 중 수익사업소득</td><td rowspan="3">비과세</td></tr>
<tr><td rowspan="2">외국 법인</td><td>· 영리법인</td><td>· 국내원천소득</td></tr>
<tr><td>· 비영리법인</td><td>· 국내원천소득 중 수익사업소득</td></tr>
</table>

* 단, 내국법인 중 국가 및 지방자치단체·지방자치단체조합은 비과세법인으로 보아 법인세를 과세하지 않는다.

## 3 납세지

납세지란 납세의무자가 납세의무를 이행하고, 과세관청이 부과 또는 징수를 이행하는 기준이 되는 장소를 말한다. 즉, 납세지란 관할세무서를 결정하는 기준이 되는 장소를 말한다.

### (1) 내국법인의 납세지

#### ① 내국법인

내국법인의 납세지는 등기부상의 본점 또는 주사무소의 소재지(국내에 본점 또는 주 사무소가 소재하지 아니하는 경우에는 사업의 실질적 관리장소의 소재지)로 한다.

### ② 법인으로 보는 단체

당해 단체의 사업장소재지(주된 소득이 부동산소득인 단체의 경우는 부동산소재지)를 납세지로 한다. 만약 2 이상의 사업장 또는 부동산을 가지고 있는 단체의 경우에는 주된 사업장 또는 주된 부동산소재지(직전 사업연도의 사업수입금액이 큰 사업장 또는 부동산)로 한다. 사업장이 없는 경우에는 정관 등에 기재된 주사무소의 소재지(정관 등에 규정이 없는 경우는 그 대표자 또는 관리인의 주소지)를 납세지로 한다.

## (2) 외국법인의 납세지

### ① 국내사업장이 있는 외국법인

국내사업장이 있는 외국법인의 납세지는 국내사업장의 소재지로 한다. 이 경우 2 이상의 국내사업장이 있는 외국법인은 주된 사업장의 소재지(직전 사업연도의 사업수입금액이 가장 많은 사업장)를 납세지로 한다.

### ② 국내사업장이 없는 외국법인

국내사업장이 없는 외국법인으로서 부동산소득·양도소득이 있는 외국법인의 납세지는 부동산 등의 소재지·양도하는 자산의 소재지로 한다. 이 경우 당해 소재지가 2 이상인 경우에는 당해 외국법인이 납세지로 신고하는 장소를 납세지로 한다.

## (3) 원천징수한 법인세의 납세지

원천징수한 법인세의 납세지는 당해 원천징수의무자의 소재지(원천징수의무자가 개인인 경우에는 사업장소재지이며 법인인 경우에는 본점 또는 주사무소의 소재지)를 원칙으로 한다. 다만, 법인의 지점·영업소 기타 사업장이 독립채산제에 의하여 독자적으로 회계사무를 처리하는 경우에는 그 사업장의 소재지(그 사업장의 소재지가 국외에 있는 경우 제외)로 한다.

### (4) 납세지의 변경

#### ① 내국법인

법인은 그 납세지가 변경된 경우 그 변경된 날로부터 15일 이내에 변경 후의 납세지 관할세무서장에게 신고하여야 한다.[2] 이 경우, 부가가치세법에 의한 규정(사업자등록정정신고)에 의한 경우는 납세지변경신고를 한 것으로 본다. 한편, 변경신고가 없는 경우에는 종전의 납세지를 그 법인의 납세지로 한다.

#### ② 외국법인

외국법인이 납세지를 국내에 가지지 아니하게 된 때에는 그 사실을 납세지 관할세무서장에게 신고하여야 한다.

## 제2절 각 사업연도 소득금액 계산구조

### 1 사업연도

법인세법상 사업연도는 과세소득을 계산하는 시간적 단위인 과세기간을 의미하는 것으로 법령 또는 법인의 정관 등에서 정하는 1 회계기간으로 하도록 규정하고 있으며, 그 기간은 1년을 초과하지 못한다. 단, 법령 또는 정관 등에 사업연도에 관한 규정이 없는 법인은 따로 사업연도를 정하여 법인설립신고(외국법인은 국내사업장설치신고) 또는 사업자등록과 함께 이를 납세지 관할세무서장에게 신고하여야 한다. 법령 또는 정관 등에 사업연도의 규정이 없고, 신고도 없는 경우에는 매년 1월 1일부터 12월 31일까지를 사업연도로 한다.

2) 납세자가 변경된 법인이 신고기간을 경과하여 변경신고를 한 경우에는 변경신고를 한 날부터 그 변경된 납세지를 해당 법인의 납세지로 한다.

<table>
<tr><th colspan="2">구 분</th><th>사업연도</th></tr>
<tr><td colspan="2">법령·정관 등에 규정이 있는 법인</td><td>법령·정관 등에서 규정한 사업연도</td></tr>
<tr><td rowspan="2">법령·정관 등에 규정이 없는 법인</td><td>사업연도를 신고한 경우</td><td>신고한 사업연도</td></tr>
<tr><td>사업연도를 신고하지 않은 경우</td><td>매년 1.1 ~ 12.31</td></tr>
</table>

사업연도를 변경하고자 하는 법인은 그 법인의 직전사업연도 종료일로부터 3월 이내에 이를 납세지 관할세무서장에게 신고하여야 한다. 다만, 신설법인의 경우에는 최초사업연도가 경과하기 전에는 사업연도를 변경할 수 없다. 사업연도가 변경된 경우에는 종전 사업연도의 개시일부터 변경된 사업연도의 개시일 전일까지의 기간에 대하여는 이를 1 사업연도로 한다. 다만, 그 기간이 1개월 미만인 경우에는 변경된 사업연도에 이를 포함한다.

법인세를 회계기간 단위로 과세하는 이유는 결산서상 당기순이익으로부터 세무조정을 통하여 각 사업연도의 소득을 계산하기 때문에 각 법인의 재무제표 작성기간(회계기간) 단위로 법인세를 과세하는 것이 효율적이기 때문이다.

## 2 각 사업연도 소득금액의 계산구조

### (1) 직접법에 의한 각 사업연도 소득금액의 계산

법인의 각 사업연도의 소득은 그 사업연도에 속하는 익금의 총액에서 그 사업연도에 속하는 손금의 총액을 공제한 금액으로 한다. 한편, 손금의 총액이 익금의 총액을 초과하는 경우에는 이를 각 사업연도의 결손금이라고 한다.

| 익금총액 | − | 손금총액 | = | 각 사업연도의 소득금액(결손금) |
|---|---|---|---|---|
| (세무상 수익) | | (세무상 비용) | | (세무상 당기순이익(또는 당기순손실)) |

직접법에 의한 각 사업연도 소득금액의 계산은 기업회계상 수익에서 비용을 차감하여 당기순이익(또는 당기순손실)을 계산하는 방법과 동일하다. 직접법은 실무상 기장불비로 추계하는 경우에 사용한다.

### (2) 간접법에 의한 각 사업연도 소득금액의 계산 : 세무조정

직접법에 의하여 각 사업연도의 소득금액을 계산하기 위해서는 재무보고 목적의 회계처리(기업회계)와 별도의 세무보고 목적의 회계처리(세무회계)가 필요하게 되는데, 이러한 세무보고 목적의 회계처리를 수행하기 위해서는 시간과 비용이 많이 들며 기업회계상 수익과 비용은 세무회계상 익금과 손금에 상당 부분 일치하고 있기 때문에, 실제에 있어서는 결산서상 당기순이익을 출발점으로 하여 기업회계상 수익·비용과 세무회계상 익금·손금간의 차이만을 조정하여 각 사업연도 소득금액을 계산한다.

이와 같이 결산서상 당기순이익으로부터 기업회계상 수익·비용과 세무회계상 익금·손금간의 차이를 조정하여 각 사업연도 소득금액을 계산하는 과정을 세무조정이라 한다. 각 사업연도 소득금액의 계산구조는 다음과 같다.

| | | |
|---|---|---|
| 결산서상 당기순이익 | ××× | (회계상 이익) |
| (+) 익금산입, 손금불산입 | ××× | 소득금액 조정 |
| (−) 손금산입, 익금불산입 | ××× | |
| 차가감소득금액 | ××× | 세무조정 |
| (+) 기부금한도초과액 | ××× | |
| (−) 기부금한도초과이월액의 손금산입 | ××× | |
| 각 사업연도 소득금액 | ××× | (세무상 과세소득) |

① 가산조정

손익계산서상 당기순이익에 가산하는 세무조정사항으로 익금산입과 손금불산입이 있다.

| 구 분 | 세부내용 |
|---|---|
| 익금산입<br>(수익<익금) | 회사가 손익계산서상에 수익으로 계상하지 않았으나, 세무회계상 익금에 해당하는 것으로 이를 당기순이익에 가산하는 세무조정<br>· 기업회계기준상 수익인 것 ; 매출누락 등<br>· 기업회계기준상 수익이 아닌 것 ; 자기주식처분이익 등 |
| 손금불산입<br>(비용>손금) | 회사가 손익계산서상에 비용으로 계상하였으나, 세무회계상 손금에 해당하지 않는 것으로 이를 당기순이익에 가산하는 세무조정<br>· 기업회계기준상 비용인 것 ; 접대비한도초과액 등<br>· 기업회계기준상 비용이 아닌 것 ; 허위로 계상한 비용 등 |

### ② 차감조정

손익계산서상 당기순이익에서 차감하는 세무조정사항으로 익금불산입과 손금산입이 있다.

| 구 분 | 세부내용 |
|---|---|
| 익금불산입<br>(수익>익금) | 회사가 손익계산서상에 수익으로 계상하였으나, 세무회계상 익금에 해당하지 않는 것으로 이를 당기순이익에서 차감하는 세무조정<br>· 기업회계기준상 수익인 것 ; 국세환급가산금 등<br>· 기업회계기준상 수익이 아닌 것 ; 허위로 계상한 수익 등 |
| 손금산입*<br>(비용<손금) | 회사가 손익계산서상에 비용으로 계상하지 않았으나, 세무회계상 손금에 해당하는 것으로 이를 당기순이익에서 차감하는 세무조정<br>· 기업회계기준상 비용인 것 ; 매출누락에 대응하는 원가 등<br>· 기업회계기준상 비용이 아닌 것 ; 자기주식처분손실 등 |

* 손금산입의 경우 비용의 항목이 결산조정사항인 경우에는 손금산입 할 수 없으며 결산조정이 아닌 경우에만 신고조정으로 손금산입 할 수 있다.

**예제**

원영(주)의 결산서상 당기순이익은 3,000,000원(수익 10,000,000 비용 7,000,000)이다. 세무조정을 한 후, 각 사업연도 소득금액을 계산하면?

① 익금 항목인 현금매출 1,000,000원 수익계상 누락
② 손금불산입 항목인 벌과금 5,000,000원 비용계상
③ 손금항목인 인건비 3,000,000원 비용계상 누락
④ 익금불산입 항목인 유가증권평가익 2,000,000원 수익계상

**풀이**

| | |
|---|---|
| 결산서상 당기순이익 | 3,000,000 |
| (+) 익금산입 | + 1,000,000 |
| (+) 손금불산입 | + 5,000,000 |
| (−) 손금산입 | − 3,000,000 |
| (−) 익금불산입 | − 2,000,000 |
| 각 사업연도 소득금액 | 4,000,000 |

## 3 결산조정과 신고조정

### (1) 결산조정

결산조정이란 기업이 스스로 장부에 계상하고 결산서에 반영하여야만 세무회계상 손금으로 인정되는 사항을 말한다. 즉, 회사가 손익계산서상에 비용으로 계상한 경우에만 세무회계상 손금으로 인정되므로, 손익계산서상 비용으로 계상하지 않거나 과소계상한 경우에는 신고고정에 의하여 손금산입할 수 없는 항목을 말한다.

결산조정사항은 충당금, 준비금, 대손금, 감가상각비, 평가차손 등 주로 비용계상 여부가 외부와의 거래 없이 법인의 내부적 의사결정에 맡겨져 있는 것들이 대부분이다. 이러한 비용이 과소계상된 경우에는 손금산입할 수 없으며, 과대계상된 경우에는 손금불산입의 세무조정을 해야 한다.

| 구 분 | 결산조정사항 |
|---|---|
| 충당금 | • 대손충당금의 손금산입<br>• 퇴직급여충당금의 손금산입(퇴직보험료 등의 손금산입은 강제신고조정)<br>• 일시상각충당금(또는 압축기장충당금)의 손금산입(임의신고조정도 허용) |
| 준비금 | • 연구·인력개발준비금의 손금산입(임의신고조정도 허용)<br>• 법인세법상 준비금의 손금산입(비영리법인의 고유목적사업준비금은 임의신고조정도 허용) |
| 대손금 | • 회수불능채권의 대손금(소멸시효완성 등 법적으로 청구권이 소멸된 경우는 강제신고조정) |

| 구 분 | 결산조정사항 |
|---|---|
| 감가상각비 | • 감가상각비의 손금산입<br>• 감가상각 자산의 즉시상각 |
| 평가차손 | • 파손·부패 등의 사유로 인하여 정상가격으로 판매할 수 없는 재고자산의 평가차손<br>• 천재·지변, 화재, 법령에 의한 수용, 채굴예정량의 채진으로 인한 폐광으로 인한 고정자산의 평가차손<br>• 시설개체·기술낙후로 인한 생산설비의 폐기손실<br>• 주식을 발행한 법인이 파산한 경우 등 법에서 정하는 일정한 주식의 평가차손 |

## (2) 신고조정사항

신고조정이란 기업이 결산서에 비용으로 계상하지 않고 세무조정계산서(소득금액조정합계표)에 손금산입으로 조정하여 신고한 경우에 손금으로 인정하는 항목을 말한다. 결산조정사항 이외의 사항은 모두 신고조정사항다.

신고조정사항은 임의신고조정과 강제신고조정으로 구분할 수 있다. 임의신고조정은 신고조정에 의한 손금산입 여부를 회사가 선택할 수 있는 사항을 말한다. 이는 원칙적으로 결산조정사항에 해당하지만, 기업의 투자촉진 및 기업회계기준과 세법간의 차이를 조정하기 위하여 예외적으로 신고조정에 의하여 손금에 산입할 수 있도록 허용하고 있는 것이다.

강제신고조정이란 회사의 결산서상 수익·비용과 세법상 익금·손금 간에 차이가 나는 경우에는 반드시 그 차이를 조정하여야 하는 사항을 말하며, 임의신고조정사항을 제외한 나머지 사항은 모두 이에 해당한다.

| 구 분 | 세무조정 |
|---|---|
| 수익 > 익금 | 익금불산입으로 신고조정 |
| 수익 < 익금 | 익금산입으로 신고조정 |
| 비용 > 손금 | 손금불산입으로 신고조정 |
| 비용 < 손금 | 비용이 결산조정 항목인 경우 - 세무조정할 수 없음 (손금산입으로 신고조정 불가) |
| | 비용이 결산조정 항목이 아닌 경우 - 손금산입으로 신고조정 |

## (3) 손금산입시기 및 경정청구 여부

결산조정항목은 법인이 결산서에 계상한 사업연도의 손금으로 귀속한다. 따라서 결산조정항목의 손금귀속시기는 법인이 임의로 선택할 수 있으며, 당기에 결산서에 계상하지 못한 경우 추후에 당기분에 대한 경정청구를 통하여 손금에 산입할 수 없다. 다만, 결산조정사항 중 자산의 평가차손은 감액사유가 발생한 사업연도의 결산서에 계상한 경우에 한하여 손금으로 인정하므로 그 후 사업연도에 계상한 경우에는 인정하지 않는다(처분시에 손금인정).

신고조정항목은 세법상 규정된 사업연도의 손금으로 귀속된다. 따라서 신고조정항목의 손금귀속시기는 법인이 조절할 수 없으며, 세법상 귀속시기가 당기인 신고조정사항을 당기의 손금에 산입하지 못한 경우 추후에 당기분에 대한 경정청구를 통하여 손금에 산입할 수 있다.

| 구 분 | 결산조정항목 | 신고조정항목 |
|---|---|---|
| 손금의 산입방법 | 반드시 결산서상 비용으로 계상한 경우에만 손금으로 인정 | 결산서상 비용으로 계상하는 것이 원칙이나 손금산입으로 세무조정하는 경우에도 손금으로 인정 |
| 손금의 귀속시기 | 결산서상 비용으로 계상한 사업연도 | 세법에 규정된 손금귀속 사업연도 |
| 결산서상 미계상한 경우 | 손금산입 불가능 | 세무조정에 의해 손금산입 가능 |
| 결산서상 미계상한 경우 차기 이후 손금용인 여부 | 결산서상 비용으로 계상하는 사업연도에 손금 인정 | 신고조정에 의해 손금산입하지 못한 경우에는 이후 사업연도에 손금 산입 불가 |
| 신고기한 경과후 경정청구(감액수정신고) 가능 여부 | 경정청구 불가 | 경정청구 가능 |

# 4 소득처분

## (1) 소득처분의 의의

기업회계상 당기순이익은 주주총회의 승인 절차를 거쳐 소득의 귀속자가 결정되며, 그 유형은 사내유보(이익준비금 및 임의적립금 등의 적립)와 사외유출(배당·상여 등)로 나누어 진다.

이와마찬가지로 세무회계상의 각 사업연도 소득도 그 귀속자를 결정해야 하는데, 당기순이익에 대하여는 이미 법인의 이익처분에 의하여 그 귀속자가 결정되었으므로 당기순이익과 각 사업연도 소득과의 차이인 세무조정금액의 귀속자만을 추가적으로 확정하면 된다. 이처럼 세무조정금액의 귀속자와 그 소득의 종류를 확정하는 절차를 소득처분이라 한다.

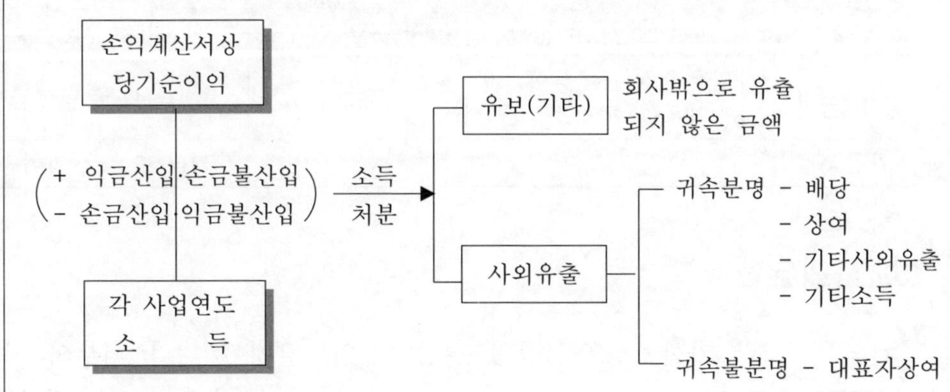


<소득처분의 유형>

## (2) 소득처분의 유형

### ① 가산조정의 소득처분

가산조정(익금산입·손금불산입)에 대한 소득처분은 사외유출과 유보 및 기타로 구분한다. 세무조정으로 증가된 금액이 기업외부로 유출된 경우에는 사외유출로 처분하고 그 금액의 귀속자에 따라 배당 · 상여 · 기타사외유출·기타소득으로 처분한다. 반면에 세무조정으로 증가된 금액이 기업내부에 남아 기업회계상 자본(자산 · 부채)과 세무회계상 자본(자산 · 부채)의 차이를 유발시키면 유보로, 유발시키지 않으면 기타로 처분한다.

#### ② 차감조정의 소득처분

차감조정(손금산입 · 익금불산입)에 대한 소득처분은 △유보와 기타로 구분한다. 세무조정으로 감소된 금액이 기업회계상 자본(자산 · 부채)과 세무회계상 자본(자산 · 부채)의 차이를 유발시키면 유보로, 유발시키지 않으면 기타로 처분한다. 세무조정으로 증가된 금액이 사외로 유출되었다는 사외유출의 개념상 차감조정에서 사외유출이 발생할 수는 없다.

| 구 분 | 세무조정금액이 기업외부로 유출 | 세무조정금액이 기업내부의 유보 | |
|---|---|---|---|
| | | 자본차이 발생 | 자본차이 없음 |
| 가산조정 | 사외유출(배당 · 상여 · 기타사외유출 · 기타소득) | 유보 | 기타(또는 잉여금) |
| 차감조정 | - | △유보 | 기타(또는 △잉여금) |

### (3) 사외유출

사외유출이란 가산조정(익금산입 · 손금불산입) 금액이 기업 외부의 자에게 귀속된 것으로 인정하는 처분을 말한다. 사외유출된 금액은 그 귀속자에 따라 배당 · 상여 · 기타사외유출 · 기타소득으로 구분된다. 한편 사외유출된 금액은 당해 법인의 이익이 그 귀속자에게 분여된 것이므로 그 귀속자에게 납세의무가 발생한다.

#### ① 배당 : 귀속자가 주주인 경우

사외유출된 금액이 주주(임원 · 사용인인 주주는 제외)에게 귀속되었음이 분명한 경우 배당으로 처분한다.

### ② 상여 : 귀속자가 임원 또는 사용인인 경우

사외유출된 금액이 임원 또는 사용인(주주인 임원·사용인을 포함)에게 귀속되었음이 분명한 경우 상여로처분한다.

### ③ 기타사외유출 : 귀속자가 법인이거나 사업을 영위하는 개인인 경우

사외유출된 금액이 법인이나 사업을 영위하는 개인에게 귀속되었음이 분명한 경우로서 그 소득이 법인의 각 사업연도 소득이나 거주자의 사업소득을 구성하는 금액에 한하여 기타사외유출로 처분한다. 법인에는 국가·지방자치단체(비과세 법인)도 포함된다.

### ④ 기타소득 : 귀속자가 위 ①·②·③ 이외의 자인 경우

사외유출 된 금액이 위 ①·②·③ 이외의 자에게 귀속되었음이 분명한 경우에는 그 귀속자에 대한 기타소득으로 처분한다.

### ⑤ 대표자상여 : 귀속자가 불분명한 경우

사외유출 된 금액의 귀속자가 불분명한 경우에는 대표자에게 귀속된 것으로 본다. 이는 대표자가 귀속자를 밝히지 못한 것에 대한 제재로서 대표자에게 소득세를 과세하기 위함이다.

### ⑥ 반드시 기타사외유출

다음의 세무조정사항은 조세정책적인 목적 또는 이중과세방지 등의 사유에 의하여 익금산입 또는 손금불산입하는 사항들로서 귀속자를 불문하고 반드시 기타사외유출로 처분한다.

㉠ 기부금의 한도초과액 및 비지정기부금의 손금불산입액
㉡ 접대비의 한도초과액 및 건당 1만원(경조사비는 20만원) 초과 접대비로서 법정증빙 미수취로 인한 손금불산입액
㉢ 업무무관자산 등에 대한 지급이자 손금불산입액
㉣ 임대보증금 등의 간주익금에 대한 익금산입액

ⓜ 채권자불분명사채이자 및 비실명 채권·증권이자에 대한 원천징수세액 상당액

ⓑ 사외유출 된 금액의 귀속이 불분명하여 대표자에 대한 상여로 처분한 경우로서, 법인이 그 처분에 따른 소득세 등을 대납하고 손비로 처리하거나 그 대표자와의 특수관계가 소멸될 때까지 회수하지 않음에 따라 익금에 산입한 금액

ⓢ 불균등자본거래로 인한 부당행위계산의 부인규정에 따라 익금에 산입한 금액으로서 귀속자에게 상속세 및 증여세법에 의하여 증여세가 과세되는 금액

ⓞ 외국법인의 국내사업장의 각 사업연도의 소득에 대한 법인세의 과세표준을 신고하거나 결정 또는 경정함에 있어서 익금에 산입한 금액이 동 외국법인의 본점에 귀속되는 소득

## (4) 유보(△유보)

### ① 유보의 개념

유보란 가산조정(익금산입·손금불산입) 금액이 기업외부로 유출되지 않고 기업내부에 남아 있어 기업회계와 세무회계상 자산·부채에 차이가 발생하여 당해 법인의 세무회계상 자본을 증가(자산의 증가·부채의 감소)시키는 것으로 인정하는 처분을 말한다.

△유보란 차감조정(손금산입·익금불산입) 금액이 기업내부에 남아 있어 기업회계와 세무회계상 자산·부채에 차이가 발생하여 법인의 세무회계상 자본을 감소(자산의 감소·부채의 증가)시키는 것으로 인정하는 처분을 말한다.

| 기업회계상 | | 세무조정 | 세무회계상 | | 소득처분 |
|---|---|---|---|---|---|
| 자산을 과소계상<br>부채를 과대계상 | 자본을<br>과소계상 | 익금산입·<br>손금불산입<br>(가산조정) | 자산을 증가시킴<br>부채를 감소시킴 | 자본을<br>증가시킴 | 유보 |
| 자산을 과대계상<br>부채를 과소계상 | 자본을<br>과대계상 | 손금산입·<br>익금불산입<br>(차감조정) | 자산을 감소시킴<br>부채를 증가시킴 | 자본을<br>감소시킴 | △유보 |

### ② 유보의 추인

유보(또는 △유보)로 처분된 금액은 차기 이후에 기업회계와 세무회계상의 자산·부채의 차이가 소멸되면 반대의 세무조정과 소득처분을 통하여 소멸한다.

### (5) 기타(또는 잉여금)

기타 (또는 잉여금)란 가산조정(익금산입 · 손금불산입) 또는 차감조정(손금산입 · 익금불산입) 금액이 기업외부로 유출되지 않고 기업내부에 남아 있으나 기업회계와 세무회계상의 자산·부채가 차이가 없다고 인정하는 처분을 말한다. 이와 같이 기타로 처분한 것에 대하여는 별도로 사후관리가 필요하지 않다.

# 제3절 세무조정

## 1 익금산입

### (1) 익금의 의의

법인세법에서는 발생원천을 불문하고 결과적으로 당해 법인의 순자산을 증가시키는 거래로 인하여 발생하는 수익금액을 모두 익금으로 규정하고 있다. 단, 법인세법상 익금불산입 항목으로 규정된 것과 자본 또는 출자의 납입에 의한 순자산의 증가는 법인의 순자산이 증가되었다 하더라도 익금으로 보지 않는다.

| 구 분 | 내 용 | 비 고 |
|---|---|---|
| 익금항목 | 법인의 순자산을 증가시키는 거래로 인하여 발생하는 수익의 금액 | 순자산증가설 |
| 익금에서 제외되는 항목 | 자본 또는 출자의 납입 | 납입자본금을 익금으로 보아 과세하면 자본잠식이 발생함 |
| | 법인세법에서 익금불산입항목으로 규정하는 것 | 순자산을 증가시키더라도 조세정책적 목적 등에서 익금으로 보지 않음 |

## (2) 익금항목과 익금산입의 차이

법인세법에 규정된 익금항목은 회사의 회계처리와 관계없이 세법상 익금에 해당하는 것을 말하므로 그 자체가 세무조정과정에서 익금산입이 되는 것이 아니다. 세법상 익금항목을 법인이 수익으로 계상한 경우에는 세무조정과정에서 이를 다시 가산하는 별도의 세무조정이 필요하지 않다. 그러나 세법상 익금항목을 법인이 수익으로 계상하지 아니한 경우에는 이를 익금산입으로 익금에 가산하는 세무조정을 하여야 한다.

## (3) 익금산입의 범위

법인세법에서는 익금의 범위를 구체적으로 열거하고 있다. 그러나 이것은 예시규정에 불과하며, 순자산을 증가시키는 거래로 인하여 발생하는 수익금액은 법인세법에서 익금에 산입하도록 규정하지 않더라도 모두 익금에 해당한다(포괄주의과세방식). 법인세법에 규정된 익금의 범위는 다음과 같다.

| 구 분 | 익금산입의 범위 |
|---|---|
| 일반적인 익금 | ① 각 사업에서 생기는 수입금액<br>② 자산의 양도금액<br>③ 자기주식(합병법인이 합병에 따라 피합병법인이 보유하던 합병법인의 주식을 취득하게 된 경우 포함)의 양도금액<br>④ 자산의 임대료<br>⑤ 일정한 자산의 평가차익<br>⑥ 자산수증이익<br>⑦ 채무면제이익<br>⑧ 손금에 산입한 금액 중 환입된 금액<br>⑨ 이익처분에 의하지 않고 손금으로 계상된 적립금액<br>⑩ 일정한 불공정 자본거래로 인하여 특수관계자로부터 분여받은 이익 |
| 간주익금<br>(익금의<br>의제) | ⑪ 특수관계자인 개인으로부터 저가매입한 유가증권의 시가와 매입가액과의 차액<br>⑫ 간접외국납부세액<br>⑬ 조세특례제한법에 따라 배분받은 동업기업 소득금액<br>⑭ 임대보증금 등의 간주익금<br>⑮ 의제배당 |
| 기타 | ⑯ 그밖의 수익으로서 그 법인에 귀속되었거나 귀속될 금액 |

### ① 사업수익금액 : 매출액

사업수입금액은 한국표준산업분류에 의한 각 사업에서 생기는 수입금액(도급금액·판매금액과 보험료액 포함)으로 기업회계상 매출액(매출환입·매출에누리·매출할인 금액 제외)[3]을 말한다.

사업수익금액 = 매출액 − 매출환입 − 매출에누리 − 매출할인

### ② 자산의 양도금액

자산은 재고자산 이외의 자산을 말하며, 재고자산의 양도금액은 사업수입금액(매출액)에 포함된다. 이때, 자산의 양도가액을 익금으로하고, 양도자산의 양도 당시의 장부가액을 손금으로 처리한다(총액법).

한편 기업회계기준에서는 상품·제품 이외의 자산을 양도하는 경우 그 자산의 장부가액과 처분가액의 차이를 처분손익으로 계상한다(순액법). 결과적으로 당기순이익에 미치는 영향은 둘 사이에는 차이가 없기 때문에 기업회계기준에 따라 회계처리 한 경우에는 일반적으로 세무조정을 하지 않는다.

| 법인세법 | 기업회계기준 | 세무조정 |
|---|---|---|
| 총액법 :<br>양도가액을 익금으로, 양도자산의 양도 당시의 장부가액을 손금으로 처리함 | 순액법 :<br>양도가액에서 장부가액을 차감한 잔액만을 자산처분손익으로 하여 영업외손익으로 계상함 | 총액법과 순액법에 의한 손익이 차이가 나는 경우에만 세무조정함 |

### ③ 자기주식(합병법인이 합병에 따라 피합병법인이 보유하던 합병법인의 주식을 취득하게 된 경우 포함)의 양도금액

세법은 자기주식도 자산(유가증권)에 포함시키나, 기업회계에서는 자기주식을 미발행주식으로 보아 자본조정으로 계상한다. 세법에서는 자기주식의 양도와 관련하여 양도가액을 익금으로, 그 장부가액을 손금으로 인정하는데, 이것은

3) 세법에서는 매출할인 금액을 매출일이 아닌 상대방과의 약정에 의한 지급기일이 속하는 사업연도의 매출액에서 차감한다.

자기주식의 양도를 자산의 처분거래로 보아 손익거래로 취급하기 때문이다. 따라서 자기주식처분이익은 익금에 해당하며 자기주식처분손실은 손금에 해당하므로 이에대한 세무조정은 하여야 한다.

이에 비하여 기업회계에서는 자기주식의 양도를 미발행주식의 처분으로 보아 자본거래로 취급한다.[4] 기업회계기준에서는 자기주식을 처분할 때 처분가액이 취득원가보다 큰 경우에는 그 초과액을 자기주식처분이익(자본잉여금)으로 처리하며, 처분가액이 취득원가보다 적은 경우에는 과거에 자기주식의 거래에서 발생한 자기주식처분이익(자본잉여금)과 상계하고, 그것으로 부족한 경우에는 잔여분을 자기주식처분손실(자본조정)로 처리하도록 규정하고 있다.

| 구 분 | 법인세법 | 기업회계기준 | 세무조정 |
|---|---|---|---|
| 자기주식처분이익 | 익금항목 | 기타자본잉여금 | 익금산입 |
| 자기주식처분손실 | 손금항목 | 자기주식처분이익과 상계 또는 자본조정 | 손금산입 |
| 자기주식소각이익 | 익금불산입항목 | 감자차익(자본잉여금) | 세무조정 없음 |
| 자기주식소각손실 | 손금불산입항목 | 감자차익과 상계 또는 자본조정(감자차손) | |

### ④ 자산의 임대료

자산의 임대료는 일시적으로 자산을 대여해 주면서 얻는 수입을 말한다. 즉, 법인이 자산의 임대를 주영업목적으로 하지 않으면서 얻게되는 임대료를 의미하며, 회계상으로는 영업외수익 중 수입임대료에 해당된다. 임대업을 영위하는 법인이 받는 경상적·반복적인 자산의 임대료는 사업수입금액(매출액)에 해당한다.

4) 자기주식소각손익의 처리는 기업회계에서는 자본거래로 보아 자기주식소각이익을 감자차익으로, 자기주식소각손실을 감자차손(자본조정)으로 계상하며, 세법에서도 자산(유가증권)의 소각은 자본거래로 보아 자기주식소각이익을 익금불산입항목으로, 자기주식소각손실을 손금불산입항목으로 취급한다.

**예제**

자기주식(장부가액 1,000)을 1,300에 처분하고 다음과 같이 회계처리하였다. 다음 자료에 의하여 세무조정 하시오.

| (차) 현 금 1,300 | (대) 자기주식 1,000 |
| --- | --- |
| | 자기주식처분이익 300 |

풀이

☑ 세무조정 : 〈익금산입〉 자기주식처분이익 300 (기타)

☞ 자기주식처분이익은 기업회계기준상 자본잉여금이나 세무회계상 익금에 해당한다. 따라서 이를 익금산입 한다. 기업회계상 자산과 세무회계상 자산에는 차이가 없으므로 기업회계상 자본과 세무회계상 자본은 일치한다. 따라서 기타로 처분한다.

### ⑤ 일정한 자산의 평가차익

자산의 평가차익이란 자산을 평가할 때 자산의 시가가 장부가액보다 큰 경우 시가와 장부가액의 차액을 말한다. 그러나 자산의 평가차익은 미실현이익의 성격을 띠고 있으므로 원칙적으로 익금에 산입하지 않으며 세법이 정하는 특정항목에 대해서만 익금산입한다. 다음의 자산은 평가차익을 익금으로 인정하며, 그 평가차익을 자산의 취득가액에 가산한다.

- 보험업 등 법률에 의한 고정자산의 평가차익
- 자본시장과 금융투자업에 관한 법률에 의한 투자회사 등이 보유하고 있는 유가증권 등의 평가차익
- 금융기관이 보유하고 있는 외화자산의 환율변동으로 인한 평가차익

### ⑥ 자산수증이익

자산수증이익이란 회사가 주주 등으로부터 현금 등 자산을 무상으로 제공받음으로써 얻는 이익을 말한다. 기업회계에서 자산수증이익은 영업외수익으로 계상하고, 세법에서는 이를 익금으로 본다. 그러나 예외적으로, 자산수증이익

중 이월결손금 보전에 충당된 금액은 익금불산입한다.

### ⑦ 채무면제이익

채무면제이익은 채무의 면제 또는 소멸로 인하여 생기는 부채의 감소액을 말한다. 기업회계에서 채무면제이익은 영업외수익으로 계상하고, 세법에서는 이를 익금으로 본다. 그러나 예외적으로, 채무면제이익 중 이월결손금 보전에 충당된 금액은 익금불산입한다.

### ⑧ 의제배당

의제배당이란 형식적인 절차에 의해서 주주들에게 배당금을 지급한 것은 아니지만 실질적으로 주주에게 경제적 이익이 귀속된 결과를 가져다 준 경우 이를 세법상 배당금 지급으로 간주하여 당해 주주가 개인인 경우에는 배당소득세를 부과하고 법인일 경우에는 법인세를 과세하는 것을 말한다.

### ⑨ 손금에 산입한 금액 중 환입된 금액

당기 이전에 비용으로 계상한 금액이 세무회계상 손금으로 인정받은 경우로서, 동 금액이 다시 환입되는 경우에는 익금에 해당한다. 그러나 지출 당시에 세무회계상 손금으로 인정받지 못한 금액이 환입되는 경우에는 익금에 해당하지 않는다.

| 당기 이전 비용 계상 또는 지출시 | 당기 환입 또는 환급시 | 예 |
|---|---|---|
| 손금산입된 경우 | 익금 | 대손상각된 채권의 회수, 재산세 등의 환입 |
| 손금불산입된 경우* | 익금불산입 | 손금불산입된 대손충당금의 환입, 법인세 등의 환급금 |

* 당기 이전에 손금불산입된 금액이 환입되는 경우 익금으로 보아 과세하면 이중과세의 문제가 발생하므로 익금불산입함.

⑩ 일정한 불공정 자본거래로 인하여 특수관계자로부터 분여받은 이익

⑪ 특수관계자인 개인으로부터 저가매입한 유가증권의 시가와 매입가액과의 차액

⑫ 간접외국납부세액

⑬ 조세특례제한법에 따라 배분받은 동업기업 소득금액

⑭ 임대보증금 등의 간주익금

⑮ 이익처분에 의하지 않고 손금으로 계상된 적립금액

⑯ 그밖의 수익으로서 그 법인에 귀속되었거나 귀속될 금액

## 2 익금불산입

### (1) 익금불산입의 의의

익금불산입이란 법인의 순자산을 증가시키는 거래로 인하여 발생하는 수익의 금액이라 하더라도 자본충실화 또는 조세정책 등의 목적으로 이를 익금에 산입하지 않는 항목을 말한다.

세법상 익금불산입항목을 법인이 수익으로 계상하지 아니하였을 경우에는 세무조정과정에서 이를 다시 차감하는 별도의 세무조정이 필요하지 않다. 그러나 세법상 익금불산입항목을 법인이 수익으로 계상한 경우에는 이를 세무조정과정에서 익금불산입으로 익금에서 차감하는 세무조정을 하여야 한다.

### (2) 익금불산입의 범위

법인세법에 규정된 익금불산입의 범위는 다음과 같다.

| 구 분 | 익금불산입의 범위 |
|---|---|
| 자본충실화 | ① 주식발행액면초과액<br>② 감자차익<br>③ 주식의 포괄적 교환차익<br>④ 주식의 포괄적 이전차익<br>⑤ 합병차익<br>⑥ 분할차익<br>⑦ 자산수증이익과 채무면제이익 중 이월결손금의 보전에 충당된 금액 |
| 미실현소득에 대한 과세방지 | ⑧ 자산의 평가차익(일정한 평가차익 제외) |
| 이중과세방지 및 조세정책 | ⑨ 이월익금<br>⑩ 지출시 손금으로 인정받지 못한 조세의 환급금<br>⑪ 이중과세조정을 위한 수입배당금의 익금불산입<br>- 지주회사의 수입배당금액의 100%, 80%<br>- 내국법인의 수입배당금액의 100%, 50%, 30% |
| 보상성격 | ⑫ 국세 또는 지방세의 과오납환급금에 대한 이자 |
| 부채성격 | ⑬ 부가가치세 매출세액 |
| 기타 | ⑭ 연결모법인이 연결자법인으로부터 지급받았거나 지급받을 연결법인세액 |

### ① 주식발행액면초과액

주식발행액면초과액이란 주식을 할증발행 하는 경우에 발행가액이 액면가액을 초과하는 부분을 말한다. 이는 법인의 순자산을 증가시키는 거래이기는 하지만 사실상 출자의 일부이므로 이를 익금으로 과세하게 되면 출자금에 대하여 과세하는 결과가 되어 자본충실화를 기할 수 없으므로 이를 익금으로 보지 않는다. 기업회계기준에서도 이러한 경우 자본잉여금(주식발행초과금)으로 계상하도록 규정하고 있다. 다만, 채무의 출자전환으로 주식의 시가를 초과하여 발행된 금액은 채무면제이익으로 보아 익금에 산입하며, 기업회계기준에서도 이를 채무조정이익(영업외수익)으로 계상하도록 규정하고 있다.

| 구 분 | 세 법 | 기업회계기준 |
|---|---|---|
| 주식발행초과금 | 익금불산입 | 자본잉여금 |
| 주식할인발행차금 | 손금불산입 | 자본조정 |

### ② 감자차익(자기주식소각이익 포함)

감자차익이란 자본금을 감소하는 경우에 그 감소액이 주식소각의 대가로 주주에게 반환되는 금액 또는 결손금 보전에 충당한 금액을 초과한 때에 그 초과금액을 말한다. 감자차익 역시 자본금이 감자를 통하여 주주에게 반환되고 남아있는 금액으로서 그 근본은 주주의 출자에 기인한 것이므로 기업회계상 자본잉여금으로 분류되며 세무회계상으로도 익금으로 보지 않는다.

| 구 분 | 세 법 | 기업회계기준 |
|---|---|---|
| 감자차익 | 익금불산입 | 자본잉여금 |
| 감자차손 | 손금불산입 | 감자차손은 감자차익과 우선적으로 상계하고, 그 잔액은 자본조정 계정으로 계상한 후 결손금의 처리순서에 준하여 처리함 |

### ③ 자산수증이익과 채무면제이익 중 이월결손금의 보전에 충당된 금액

자산수증이익과 채무면제이익은 익금산입 항목이나, 예외적으로 자산수증이익과 채무면제이익 중 이월결손금 보전에 충당된 금액은 익금불산입한다.

### ④ 합병차익(합병평가차익 제외)

합병차익이란 합병으로 인하여 소멸한 피합병기업으로부터 승계한 순자산액이 피합병기업의 주주에게 발급한 주식의 가액 및 합병발급금(합병대가)을 초과하는 경우 동 차액을 의미한다.

합병차익 = 피합병법인으로부터 승계한 순자산가액 − 합병대가로 지급한 금액

### ⑤ 분할차익(분할평가차익 제외)

분할차익이란 분할 또는 분할합병으로 인하여 설립된 회사 또는 존속하는 회사에 출자된 순자산가액이 출자한 회사의 주주에게 발급한 주식의 가액과 발급금을 초과하는 경우를 말한다.

분할차익 = 분할법인으로부터 승계한 순자산가액－분할대가로 지급한 금액

### ⑥ 자산의 평가차익

자산의 평가차익은 원칙적으로 익금불산입하며, 예외적으로 보험업법 기타 법률에서 규정한 고정자산의 평가차액 등은 익금산입한다.

**예제**

자기주식(장부가액 1,000)을 1,300에 처분하고 다음과 같이 회계처리하였다. 다음 자료에 의하여 세무조정 하시오.

| (차) 현 금 1,300 | (대) 자기주식 1,000 |
|---|---|
| | 자기주식처분이익 300 |

**풀이**

☑ 세무조정 : 〈익금불산입〉 단기매매증권평가이익 200,000 (△유보)

☞ 단기매매증권평가이익은 기업회계기준상 수익이지만, 세무회계상 익금이 아님

### ⑦ 부가가치세 매출세액

매출세액은 재화 또는 용역을 공급하는 경우 공급가액의 10%를 공급받는자로부터 징수하여 세무서에 납부하는 세액을 말하며, 매출세액은 법인의 수익이 아닌 세무서에 납부할 예수금(부채)에 해당하므로, 익금으로 산입하지 않는다.

### ⑧ 지출시 손금으로 인정받지 못한 조세의 환급금

지출시 손금이 산입하지 아니한 법인세 또는 소득할 주민세를 환급받았거나 환급받을 금액을 다른 세액에 충당한 금액은 익금에 산입하지 아니한다.

| 당기 이전 비용 계상 또는 지출시 | 당기 환입 또는 환급시 | 예 |
|---|---|---|
| 손금산입된 경우 | 익금 | 재산세의 환입 |
| 손금불산입된 경우* | 익금불산입 | 법인세, 소득할 주민세 또는 농어촌특별세의 환급금 |

* 당기 이전에 손금불산입된 금액이 환입되는 경우 익금으로 보아 과세하면 이중과세의 문제가 발생하므로 익금불산입함.

**예제**

전기분 법인세 과다납부로 인한 환급금 20,000이 발생하여 다음과 같이 회계처리 하였다. 다음 자료에 의하여 세무조정 하시오.

| (차) 현금 20,000 | (대) 잡이익 20,000 |
|---|---|

**풀이**

☑ 세무조정 : 〈익금불산입〉 잡이익 20,000 (기타)

☞ 법인세는 기업회계기준상 비용이나, 세무회계상 손금이 아님. 따라서 전기에 손금으로 인정받지 못한 금액이 다시 환입되면 익금불산입함.

### ⑨ 국세 또는 지방세의 과오납환급금에 대한 이자

국세 또는 지방세를 과오납한 금액을 환급받는 경우에 법인세법에 규정된 이자율을 적용하여 계산한 이자(국세환급가산금)도 함께 지급받게 된다. 환급금에 대한 이자는 초과납부에 대한 보상의 성격이 있으므로 세목에 관계없이 익금으로 산입하지 않는다. 국세환급금 이자를 익금에 산입한다면 법인세 납부액만큼 보상의 효과가 줄어들 것이므로 순자산증가에 해당하는 항목이나 예외적으로 익금불산입하도록 규정하고 있다.

**예제**

전기에 재산세를 납부하고 세금과공과금으로 회계처리하였으며, 당기에 동 재산세의 과다 납부에 따른 환급금 10,000과 환부이자 2,000이 발생하여 다음과 같이 회계처리 하였다. 다음 자료에 의하여 세무조정 하시오.

| (차) 현금 12,000 | (대) 잡이익 10,000 |
|---|---|
| | 이자수익 2,000 |

풀이

☑ 세무조정 : <익금불산입> 이자수익 2,000 (기타)

☞ 전기에 손금으로 인정받은 금액이 다시 환입되면 익금산입한다. 기업회계상 수익으로 계상하였으므로 세무조정은 없다. 단, 환부이자는 익금불산입함.

### ⑩ 이월익금

이월익금은 각 사업연도의 소득으로 이미 법인세가 과세된 소득을 다시 행당 사업연도의 익금에 산입한 금액을 말한다. 이월익금을 익금으로 과세하면 동일한 소득에 대하여 이중과세되므로 익금에 포함시키지 않는다.

### ⑪ 수입배당금의 익금불산입

법인이 지급하는 배당금은 이미 법인세가 과세된 소득이다. 따라서 이를 수취한 법인의 익금으로 보아 법인세를 과세하게 된다면 동일한 소득에 대하여 이중과세를 하는 결과가 되기 때문에 일정한 수입배당금은 익금으로 보지 않는다.

## 3 손금산입

### (1) 손금의 의의

손금이란 법인의 각 사업연도 소득금액을 계산함에 있어서 익금으로부터 공제받을 수 있는 세법상의 비용에 해당하는 개념으로서 당해 순자산의 감소를 초래하는 모든 경우를 말한다. 다만, 자본 또는 출자의 환급에 의한 순자산이 감소, 잉여금의 처분사항, 법인세법에서 손금불산입항목으로 규정된 것 등의 경우에 해당하는 항목은 예외적으로 손금으로 인정하지 않는다.

| 구 분 | 내 용 | 비 고 |
|---|---|---|
| 손금항목 | 법인의 순자산을 감소시키는 거래로 인하여 발생하는 손비의 금액 | 순자산을 감소시키는 거래로 인하여 발생하는 손비라 하더라도 사업과 관련없이 발생하거나 수익과 직접 관련이 없는 비용은 손금으로 인정하지 않음 |
| 손금에서 제외되는 항목 | 자본 또는 출자의 환급 | 납입자본금을 익금으로 보지 않는 것과 같이 자본의 환급도 손금으로 보지 않음 |
| | 잉여금의 처분 | 잉여금의 처분은 과세소득의 처분이며, 과세소득을 계산하는 과정에서 차감하는 손비가 아님 |
| | 법인세법에서 손금불산입항목으로 규정하는 것 | 순자산을 감소시키더라도 조세정책적 목적 등에서 손금으로 보지 않음 |

### (2) 손금산입의 범위

법인세법에서는 손금(손비)의 범위를 구체적으로 열거하고 있다. 그러나, 이것은 예시규정에 불과하며, 순자산을 감소시키는 거래로 인하여 발생하는 손비금액은 법인세법에서 손금에 산입하도록 규정하지 않더라도 모두 손금에 해당한다. 손비는 법인세법에서 달리 정하는 것을 제외하고는 다음에 규정하는 것으로 한다.

### ① 판매한 상품 또는 제품에 대한 원료의 매입가액과 그 부대비용

판매한 상품 또는 제품에 대한 원료의 매입가액(매입환출및에누리와 매입할인 금액은 제외)은 그 상품 등이 매출된 사업연도의 손금에 해당한다. 또한 판매한 상품 또는 제품의 보관료, 포장비, 운반비, 판매장려금 및 판매수당 등 판매와 관련된 부대비용(판매장려금 및 판매수당의 경우 사전약정 없이 지급하는 경우 포함)은 손금으로 인정된다.

### ② 양도한 자산의 양도 당시 장부가액

익금산입부분에서 언급했던 양도가액에 대응되는 부분으로서 총액주의에 따른 세무상의 장부가액을 의미한다.

### ③ 인건비

인건비란 회사가 사용인에 대하여 근로의 대가로 지급하는 일체의 보수 즉, 급여·상여·퇴직금 등의 명목으로 지급하는 모든 급여 등의 비용을 말한다. 이는 업무와 관련된 비용으로서 당해 법인의 순자산을 감소시키는 지출이므로 이익처분에 의하여 지급하는 사영금을 제외한 인건비는 원칙적으로 손금으로 인정한다. 단, 부당하다고 인정되는 인건비는 손금에 산입하지 않는다.

### ④ 대손금

법인세법에서는 법인이 보유하고 있는 채권 중 재무자의 판산 등 일정한 사유로 인하여 회수할 수 없는 채권의 금액(대손금)은 손금으로 인정하나, 대손사유가 충족되지 않은 경우와 대손불능채권에 대한 대손금은 손금불산입한다. 대손금에는 부가가치세매출세액 미수금으로서 회수할 수 없는 것 중 부가가치세법에 의한 대손세액공제를 받지 아니한 것을 포함한다.

### ⑤ 고정자산에 대한 감가상각비

법인이 고정자산의 감가상각비를 손비로 계상한 경우에는 세법이 정한 바에 따라 손금으로 인정한다.

### ⑥ 고정자산의 수선비

고정자산의 수선비란 고정자산의 능률유지를 위하여 지출한 금액을 말한다.

### ⑦ 자산의 평가차손

자산의 평가차손이란 자산의 시가가 장부가액 이하로 떨어지는 경우에 발생하는 평가손실을 의미한다. 그러나 여기서 평가차손은 아직 확정되지 않는 미실현손실이므로 원칙적으로 손금으로 인정되지 않으나, 다음의 경우에는 예외적으로 손금으로 산입할 수 있다.

· 파손·부패 등의 사유로 인하여 정상가격으로 판매할 수 없는 재고자산
· 천재·지변, 화재, 법령에 의한 수용, 채굴예정량의 채진으로 인한 폐광 등의 사유로 인하여 파손 또는 멸실된 고정자산
· 주식으로서 그 발행법인이 부도가 발생한 경우 또는 채무자회생 및 파산에 관한 법률에 의한 회생계획인가의 결정을 받았거나 기업구조조정촉진법에 의한 부실징후기업이 된 경우의 당해 주식
· 주식 발행법인이 파산한 경우 당해 법인 주식

### ⑧ 제세공과금

제세공과금이란 각종 세금과 공과금을 말하는 것으로 제세란 국가나 지방자치단체가 개인 또는 법인에 대하여 부과하는 각종 국세·지방세 등을 말하며 인지세, 재산세, 자동차세, 균등할 주민세, 사업소세, 도시계획세, 공동시설세, 지역개발세, 취득세, 등록세 등이 포함된다. 공과금이란 국가 또는 지방자치단체가 국민 또는 지방자치단체의 구성원에게 강제적으로 부과하는 공적부담금을 의미하며 상공회의소 회비, 대학적십자사 회비, 개발부담금 등이 포함된다.

법인이 부담한 제세공과금 중 취득세와 등록세 등과 같이 자산을 취득하기 위하여 지출하는 금액은 자산의 취득원가로 계상하지만, 그 외의 제세공과금은 그 법인의 순자산을 감소시키는 거래로 인하여 발생한 손비이므로 특별히 손금불산입으로 규정한 것 외에는 손금에 산입한다.

### ⑨ 자산의 임차료

⑩ **영업자가 조직한 단체로서 법인이거나 주무관청에 등록된 조합 또는 협회에 지급한 회비**

영업자가 조직한 단체로서 법인이거나 주무관청에 등록된 조합 또는 협회에 지급한 일반회비는 손금에 산입한다. 그러나 이러한 조합·협회에 대한 특별회비와 임의로 조직한 조합·협회에 지급하는 회비는 지정기부금으로 보아 지정기부금의 한도액 범위내에서 손금에 산입한다.

⑪ **광고선전 목적으로 기증한 물품의 구입비용(특정인에게 기증한 물품(개당 5,000원 이하의 물품은 제외)의 경우에는 연간 3만원 이내의 금액에 한정)**

⑫ **차입금이자**

차입금에 대한 지급이자는 순자산을 감소시키는 원인이 손비이므로 손금에 산입한다. 단, 법인세법에서는 법인이 차입금 등으로 조달한 자금을 부동산 투기 등 비생산적인 용도로 사용하는 것을 방지하고, 기업의 재무구조를 건실하게 유지하도록 유도하기 위하여 특정한 용도에 사용되는 지급이자에 대해서는 손금불산입 하도록 규정하고 있다.

⑬ 한국표준산업분류에 의한 음·식료품의 제조업·도매업 또는 소매업을 영위하는 법인이 해당 사업에서 발생한 잉여식품을 식품기부활성화에 관한 법률에 따른 제공자 또는 제공자가 지정하는 자에게 무상으로 기증하는 경우 그 기증한 잉여식품의 장부가액(이 경우 그 금액은 기부금에 포함하지 아니함)

⑭ 근로자복지기본법에 따른 우리사주조합에 출연하는 자사주의 장부가액 또는 금품

⑮ 장식·환경미화 등의 목적으로 사무실·복도 등 여러 사람이 볼 수 있는 공간에 상시 비치하는 미술품의 취득가액을 그 취득한 날이 속하는 사업연도의 손금에 산입한 경우에는 그 취득가액(취득가액이 거래단위별로 300만원 이하인 것에 한함)

⑯ 그밖의 손비로서 그 법인에 귀속되었거나 귀속될 금액

# 4 손금불산입

## (1) 손금불산입의 의의

손금불산입은 법인의 순자산을 감소시키는 거래에서 발생한 손비라 하더라도 자본충실화, 조세정책 등의 목적으로 인해 과세하는 것이 적절하지 않은 것으로 인정되는 금액을 손금에 산입하지 않는 항목을 말한다.

세법상 손금불산입항목을 법인이 비용으로 계상하지 아니하였을 경우에는 세무조정과정에서 이를 다시 가산하는 별도의 세무조정이 필요하지 않다. 그러나 세법상 손금불산입항목을 법인이 비용으로 계상한 경우에는 이를 세무조정과정에서 손금불산입으로 손금에서 차감하는 세무조정을 하여야 한다.

## (2) 손금불산입의 범위

법인세법에 규정된 손금불산입의 범위는 다음과 같다.

| 목 적 | 내 용 |
|---|---|
| 자본거래 및 이익처분 | · 잉여금의 처분을 손비로 계상한 금액(일정한 성과급은 제외)<br>· 주식할인발행차금<br>· 건설이자의 배당금(배당건설이자) |
| 제세공과금 중 일정한 것 | · 일정한 조세<br>· 각 세법에 규정된 의무불이행으로 납부하였거나 납부할 세액(가산세 포함)<br>· 벌금, 과료, 과태료, 가산금 및 체납처분비<br>· 일정한 공과금 |
| 미실현손실 | · 자산의 평가차손(일정한 평가차손은 제외) |
| 각종 한도초과액 등 | · 감가상각비, 접대비, 각종 기부금, 충당금, 준비금 한도초과액 및 비지정기부금 |
| 과다경비 등 | · 일정한 인건비<br>· 임원, 사용인이 아닌 지배주주(특수관계자 포함)에게 지급한 여비, 교육훈련비<br>· 공동경비 중 법정기준을 초과하여 지출한 금액 |
| 업무무관 비용 | · 업무와 관련 없는 비용 |
| 일정한 지급이자 | · 법인세법에 규정된 일정한 지급이자 |

### ① 잉여금의 처분을 손비로 계상한 금액(일정한 성과급은 제외)

잉여금의 처분이란 주주총회에서 잉여금을 처분하여 배당 또는 성과급 등으로 사외유출하고 남은 잉여금을 사내에 유보하여 적립하는 절차를 말한다. 잉여금처분은 과세소득을 처분하는 것이므로 과세소득을 계산할 때 손금으로 차감할 수 없다. 따라서 잉여금처분으로 배당금이나 상여금(성과급)을 지급하는 경우에 이를 손금불산입한다.

다만, 자기주식으로 지급하는 성과급, 주식매수선택권 행사에 따른 주가차액 보상금액, 성과배분상여금은 손금에 산입할 수 있다.

### ② 주식할인발행차금

주식할인방행차금은 상법 규정에 의하여 주식을 액면미달의 가액으로 발행하는 경우 그 미달하는 금액과 신주발행비의 합계액을 말하며, 이는 자본거래이므로 손금에 산입하지 않는다.

### ③ 법인세와 그 부가세(지방소득세, 농어촌특별세)

법인세(연결법인이 연결모법인에 지급하였거나 지급할 법인세 포함)는 이익의 처분항목이므로 손금에 산입할 수 없다. 또한 법인세는 세무조정이 끝난 후에 법인세가 확정되므로 손금으로 인정하면 순환논리에 빠진다는 과세기술상의 문제로 인하여 손금불산입한다. 법인세에 대한 부가세는 본세인 법인세의 성격에 따라 손금불산입한다.

**예제**

당기 결산서상 비용으로 계상한 법인세 등은 1,000,000이다. 다음 자료에 의하여 세무조정하시오.

**풀이**

☑ 세무조정 : 〈손금불산입〉 법인세 1,000,000 (기타사외유출)

☞ 법인세는 손금불산입하고, 귀속자가 국가이므로 기타사외유출로 처분한다.

### ④ 건설이자의 배당금(배당건설이자)

건설이자의 배당금이란 회사설립 후 정상적인 영업이 시작되기까지 장기간이 소요되어 장기간 이익배당을 할 수 없는 회사가 이익잉여금 잔액이 없이 배당을 하는 경우에 동 배당금을 말한다. 건설이자의 배당금은 출자금 일부의 반환 또는 선급배당의 성격이므로 손금산입할 수 없다. 기업회계기준에서도 이러한 경우 자본조정(배당건설이자)으로 계상하고 개업후 연 6% 이상의 이익을 배당하는 경우에는 그 6%를 초과한 금액과 동액 이상을 상각하도록 규정하고 있다.

### ⑤ 농업소득세

농업소득세(작물재배로 인하여 발생한 소득을 과세대한으로 하는 지방세)는 법인세와의 이중과세를 조정하기 위하여 법인세법에서 농업소득세액공제를 적용하고 있으므로 손금불산입한다.

### ⑥ 부가가치세 매입세액(일정한 것 제외)

부가가치세의 매입세액은 부가가치세 신고·납부시 매출세액에서 공제하므로 손금불산입한다. 부가가치세 매입세액을 공제받을 수 없는 경우에는 법인의 귀책사유가 있는지 여부에 따라 다음과 같이 처리한다.

| 구 분 | 내 용 |
|---|---|
| 손금불산입<br>(귀책사유가 있는 경우) | · 사업자등록전 매입세액<br>· 사업과 관련 없는 지출에 대한 매입세액<br>· 세금계산서 미수치, 부실기재분에 대한 매입세액<br>· 매입처별 세금계산서 합계표 미제출, 부실기재분에 대한 매입세액 |
| 손금산입<br>(귀책사유가 없는 경우) | · 접대비 관련 매입세액(접대비 한도 내에서 손금 산입)<br>· 비영업소형승용자동차의 구입 및 유지, 임차와 관련된 매입세액<br>· 면세사업과 관련된 매입세액<br>· 토지의 가치를 증가시키는 지출과 관련된 매입세액<br>· 영수증 수취분에 대한 매입세액<br>· 간주임대료에 대한 매입세액 |

⑦ 미판매제품에 대한 반출필의 개별소비세, 주세 미납액

⑧ 각 세법에 규정된 의무불이행으로 납부하였거나 납부할 세액(가산세 포함)

⑨ 벌금, 과료, 과태료, 가산금 및 체납처분비

⑩ 일정한 공과금

공과금은 손금에 산입하는 것이 원칙이나, 강제성이 없거나 제재목적의 공과금(폐수배출부담금 등)은 손금불산입한다.

⑪ 자산의 평가차손(일정한 평가차손은 제외)

⑫ 감가상각비, 접대비, 각종 기부금, 충당금, 준비금 한도초과액 및 비지정기부금

⑬ 일정한 인건비

⑭ 임원, 사용인이 아닌 지배주주(특수관계자 포함)에게 지급한 여비, 교육훈련비

⑮ 공동경비 중 법정기준을 초과하여 지출한 금액

⑯ 업무와 관련 없는 비용

⑰ 법인세법에 규정된 일정한 지급이자

# 제4절 기부금 조정

## 1 기부금 개요

### (1) 일반적인 기부금

기부금이란 특수관계 없는 자에게 법인의 사업과 직접 관련 없이 무상으로 지출하는 재산적 증여의 가액을 말한다. 기부금은 순자산을 감소시키는 거래로 인하여 발생하는 손비이기는 하나 법인의 사업과 직접 관련 없이 지출된다는 점에서 원칙적으로 손금으로 인정할 수 없다. 그러나 법인세법에서는 기업의 사회적 책임과 기업 활동의 원활한 수행을 위해서 또는 공익성이 있는 기부금에 대해서는 일정한 한도액 범위 안에서 손금으로 인정하고 있다.

법인이 무상으로 기부한 경우에도 당해 법인의 사업과 관련하여 특정고객에게 지출한 경우에는 접대비로, 불특정 다수인에게 지출하는 경우에는 광고선전비로 본다.

| 구 분 | 내 용 | | 한 도 |
|---|---|---|---|
| 기부금 | 업무와 관련 없는 지출 | | 한도 有 |
| 접대비 | 업무와 관련 있는 지출 | 특정고객을 위하여 지출 | |
| 광고선전비 | | 불특정 다수인을 상대로 지출 | 한도 無 |

### (2) 고가매입 · 저가양도에 따른 의제기부금

법인이 특수관계 없는 자에게 정당한 사유 없이 자산을 정상가액 보다 낮은 가액으로 양도하거나 정상가액보다 높은 가액으로 매입함으로서 그 차액 중 실질적으로 증여한 것으로 인정되는 금액은 기부금으로 의제한다. 따라서 고가매입·저가양도의 경우라도 정당한 사유가 있거나 정상가액 범위 내에서 매입 또는 양도하는 경우에는 기부금으로 보지 아니한다. 여기서 정상가액이란 시가에 시가의 30%를 가감한 범위 안의 가액을 말한다.

# 2 기부금 종류

## (1) 법정기부금

① 국가 또는 지방자치단체에 무상으로 기증하는 금품의 가액
② 국방헌금과 국군장병위문금품의 가액
③ 천재·지변으로 생긴 이재민을 위한 구호금품의 가액
④ 사립학교(병원에 대한 것은 제외), 비영리교육재단(사립학교의 신축·증설, 시설확충 및 그 밖에 교육환경 개선을 목적으로 설립된 비영리 재단법인에 한한다), 기능대학, 원격대학형태의 평생교육시설, 경제자유구역 및 제주국제자유도시의 외국교육기관설립·운영에 관한 특별법에 의하여 설립된 외국교육기관, 산학협력단에 시설비·교육비·장학금 또는 연구비로 지출하는 기부금
⑤ 국립대학병원, 서울대학교병원, 서울대학교치과병원, 대한적십자사가 운영하는 병원, 국립암센터, 지방의료원 등에 시설비·교육비 또는 연구비로 지출하는 기부금
⑥ 사회복지사업, 그 밖의 사회복지활동의 지원에 필요한 재원을 모집,배분하는 것을 주된 목적으로 하는 비영리법인으로서 연간 기부금 모금액 및 배분실적을 인터넷 홈페이지를 통해 공개하는 등 법령으로 정한 요건을 갖춘 법인에 지출하는 기부금

## (2) 지정기부금

■ 고유목적사업비로 지출하는 기부금

① 사회복지법인
② 유아교육법에 의한 유치원, 초·중등교육법 및 고등교육법에 의한 학교, 기능대학법에 의한 기능대학, 평생교육법에 의한 원격교육대학
③ 정부로부터 허가·인가를 받은 학술연구단체·장학단체·기술진흥단체·문화·예술단체 또는 환경보호운동단체
④ 종교의 보급 기타 교화를 목적으로 설립하여 주무관청에 등록된 단체

⑤ 의료법에 의한 의료법인

⑥ 민법 제32조에 따라 주무관청의 허가를 받아 설립된 비영리법인 중 일정한 요건을 충족한 것으로서 주무관청의 추천을 받아 재정경제부장관이 지정한 법인

⑦ 위 ①부터 ⑥의 저정기부금단체 등과 유사한 것으로서 기획재정부령이 정하는 지정기부금 단체 등: 국민건강보험공단, 대한적십자사, 사학진흥재단, 스카우트주관단체, 한국청소년연맹 등

■ **기타 공익목적 기부금**

① 유치원의 장, 초·중등교육법 및 고등교육법에 의한 학교의 장, 기능대학의 장 또는 원격대학의 장이 추천하는 개인에게 교육비·연구비 또는 장학금으로 지출하는 기부금

② 상속세및증여세법 제14조 각호의 요건을 갖춘 공익신탁으로 신탁하는 기부금

③ 사회·복지·문화·예술·교육·종교·자선·학술 등 공익목적으로 지출하는 기부금으로서 재정경제부령이 정하는 기부금(예: 불우이웃을 돕기 위하여 지출하는 기부금, 지역새마을사업을 위하여 지출하는 기부금, 국민체육진흥기금·근로자복지기금·발명진흥기금 또는 과학기술진흥기금으로 출연하는 기부금 등)

■ **일정한 조합비·협회비**

① 영업자가 조직한 단체로서 법인이거나 주무관청에 등록된 조합 또는 협회에 지급한 특별회비

② 임의로 조직된 조합·협회에 지급한 회비

■ **사회복지시설에 대한 기부금**

아동복지시설, 노인복지시설, 장애인복지시설, 모·부자복지시설, 정신보건시설 등 소득세법(시행령제 79조의2 ②)에 따른 사회복지시설에 기부하는 금품의 가액

### (3) 비지정기부금

이상에서 열거된 대학기부금·법정기부금·특례기부금 및 지정기부금 외의 기부금은 모두 비지정기부금에 해당한다(예: 동창회·향우회 기부금, 정치자금 기부금, 신용협동조합이나 새마을금고 등에 지출하는 기부금 등).

## 3 기부금의 평가 및 귀속시기

### (1) 기부금의 평가

기부금을 금전으로 제공한 경우 기부금의 가액은 금전가액이 되나, 금전 이외의 자산으로 제공한 경우 기부금의 가액은 그 자산의 제공당시 시가(시가가 장부가액보다 낮은 경우 장부가액)에 의한다. 다만, 대학법정 특례기부금의 경우에는 장부가액으로 한다.

| 구 분 | 평 가 방 법 |
|---|---|
| 법정기부금 | 장부가액 |
| 지정기부금·비지정기부금 | 시가, 단. 시가가 장부가액보다 낮은 경우에는 장부가액 |

### (2) 기부금의 손금귀속시기

기부금은 이를 지출한 사업연도의 기부금으로 한다(현금주위). 따라서 기부금을 지출하고 가지급금 등으로 이연계상한 경우에는 이를 그 지출한 당해 사업연도의 기부금으로 하고, 그 후의 사업연도에 있어서는 이를 기부금으로 보지 아니한다. 또한, 기부금을 지출하지 않고 미지급금으로 계상한 경우에는 실제로 이를 지출할 때까지는 기부금으로 보지 아니하며, 기부금을 지출하고 어음을 발행하여 지급한 경우에는 그 어음이 실제로 결제된 날(수표로 지급한 경우에는 그 수표를 교부한 날)이 속하는 사업연도의 기부금으로 한다.

| 구 분 | 회계처리 | 당 기 | 차 기 |
|---|---|---|---|
| 가지급금으로 계상한 기부금 | (차) 가지급금 ××× (대) 현금 ××× | 손금산입(△유보) 기부금에 가산 | 손금불산입(유보) |
| 어음으로 지급한 기부금 | (차) 기부금 ××× (대) 매입채무 ××× | 손금불산입(유보) | 손금산입(△유보) 기부금에 가산 |
| 미지급금으로 계상한 기부금 | (차) 기부금 ××× (대) 미지급금 ××× | 손금불산입(유보) | 손금산입(△유보) 기부금에 가산 |

## 4 기부금의 손금산입한도액

대학·법정·특례·지정기부금은 일정한 한도액 범위 내에서 손금에 산입하고 비지정기부금은 한도액 계산 없이 전액 손금불산입하고 기타사외유출로 처분한다.

| 구 분 | 손금산입한도액 |
|---|---|
| 법정 기부금 | (소득금액계－이월결손금 )×50% |
| 지정기부금 | (소득금액계－이월결손금－법정 기부금 손금산입액)×5% |

### (1) 소득금액계

소득금액계란 법정서식(기부금조정명세서)의 표현으로 대학·법정·특례·지정기부금을 손금에 산입하기 전의 소득금액을 말한다. 즉, 결산서상 당기순이익에서 기부금 한도초과로 인한 손금불산입과 기부금한도초과이월액의 손금산입을 제외한 모든 세무조정이 완료된 후의 차가감소득금에 기부금 한도액 계산 대상이 되는 대학·법정·특례·지정기부금을 가산한 금액이다.

| | |
|---|---|
| 결산서상 당기순이익<br>(+) 익금산입, 손금불산입<br>(−) 손금산입, 익금불산입 | → 기부금 한도초과액의 손금불산입과 기부금한도초과이월액의 손금산입을 제외한 모든 세무조정이 완료된 금액(비지정기부금의 손금불산입 조정은 포함됨) |
| 차가감소득금액 + 대학·법정·특례·지정기부금 = 소득금액계 | |
| (+) 기부금한도초과액<br>(−) 기부금한도초과이월액의 손금산입 | |
| 각 사업연도 소득금액 | |

### (2) 이월결손금

이월결손금이란 각 사업연도 개시일전 5년(2009.1.1 이후 최초로 개시하는 사업연도에 발생하는 결손금은 10년)이내에 사업연도에서 발생한 세무상 결손금으로서 그 후의 각사업연도의 소득금액 또는 과세표준 계산상 공제되지 않은 금액이다.

### (3) 법정 기부금 손금산입액

법정·특례기부금 손금산입액은 법정·특례기부금과 법정·특례기부금 손금산입한도액 중 적은 금액으로 한다.

## 5 기부금 한도초과 이월액 손금산입

당해 사업연도 각각의 기부금 한도 초광액은 당해 사업연도의 다음 사업연도 개시일부터 다음의 기간 이내에 종료하는 각 사업연도에 이월하여, 이월된 각 사업연도 각각의 기부금 한도미달액의 범위안에서 이를 손금에 산입한다.

| 구 분 | 이월공제 기간 |
|---|---|
| 법정기부금 | 5년 이내에 종료하는 각 사업연도에 이월하여 손금에 산입 |
| 지정기부금 | 5년 이내에 종료하는 각 사업연도에 이월하여 손금에 산입 |

# 제5절 과세표준 및 세액의 계산

## 1 과세표준의 계산

### (1) 계산구조

| 구분 | 항목 | 비고 |
|---|---|---|
| | 결 산 서 상 당 기 순 이 익 | |
| (+) | 익 금 산 입 , 손 금 불 산 입 | |
| (−) | 손 금 산 입 , 익 금 불 산 입 | |
| | 차 가 감 소 득 금 액 | |
| (+) | 기 부 금 한 도 초 과 액 | |
| (−) | 기부금한도초과이월액의 손금산입 | |
| | 각 사업연도 소득금액 | |
| (−) | 이 월 결 손 금 | ‣5년(10년)* 이내 발생한 세무상 결손금 중 미공제액 |
| (−) | 비 과 세 소 득 | ‣법인세법 및 조세특례제한법상 비과세소득 |
| (−) | 소 득 공 제 | ‣법인세법 및 조세특례제한법상 소득공제 |
| | 과 세 표 준 | |

* 2009. 1. 1 이후 최초로 개시하는 사업연도에 발생하는 결손금은 10년 이내

### (2) 이월결손금

삭 사업연도의 손금총액이 익금총액을 초과하는 경우에 그 초과하는 금액을 각 사연연도의 결손금이라 하며, 이러한 결손금이 차기로 이월된 경우 이를 이월결손금이라 한다. 이월결손금은 기간단위 과세의 단점을 보완하기 위하여 다른 사업연도의 소득에서 공제한다. 세법상 이월 결손금의 공제방법에는 이월공제와 소급공제 두 가지 방법이 있다.

① **이월공제** : 결손금이 발생한 사업연도 이후 사업연도의 소득에서 공제하여 납부할 세액을 감소시키는 방법

② **소급공제** : 결손금이 발생한 사업연도 직전 사업연도의 소득에서 공제하여 이미 납부한 세금을 환급받는 방법(중소기업만 해당)

**예제**

제5기 각 사업연도 소득금액은 100,000,000원이며, 당사의 각 사업연도소득금액(세무상 결손금)은 다음과 같다. 각 사업연도마다 발생한 결손금은 각 사업연도 소득금액 계산시 정상적으로 공제되었다.

| | | | |
|---|---|---|---|
| 제1기 | (−) 10,000,000 | 제3기 | 125,000,000 |
| 제2기 | 120,000,000 | 제4기 | (−) 20,000,000 |

**풀이**

과세표준 : (100,000,000−20,000,000) = 80,000,000원

☞ 제1기의 결손금은 제2기에 전액 공제되었으므로 제5기에 공제 가능한 이월결손금은 4기의 결손금이다.

## (3) 비과세소득

비과세소득이란 순자산을 증가시키는 익금이지만 조세정책적인 목적 등에 의하여 국가가 과세권을 포기한 소득을 말한다. 따라서 비과세소득은 과세소득에서 제외한다. 비과세소득은 각 사업연도 소득금액에 포함시킨 후 공제형식을 통하여 과세표준에서 제외하며, 각 사업연도 소득금액에서 이월결손금을 차감한 금액을 초과하는 비과세소득은 이월공제하지 않고 소멸한다.

## (4) 소득공제

소득공제란 과세표준 계산상 과세소득의 일부를 공제해 줌으로서 세부담을 경감시켜주는 제도를 말한다. 소득공제는 비과세소득과는 달리 일정한 요건을 충족한 경우에 한하여 적용되며, 각 사업연도 소득금액에서 이우러결손금과 비과세소득을 차감한 금액을 초과하는 소득공제액은 이월공제하지 않고 소멸한다.

# 3 세액 계산

## (1) 산출세액의 계산

### ① 사업연도가 1년인 경우

내국법인의 각 사업연도 소득에 대한 법인세 산출세액은 과세표준에 다음의 세율을 적용하여 계산한 금액으로 한다.

| 과세표준 | 세 율 |
|---|---|
| 2억원 이하 | 과세표준 × 10% |
| 2억원 초과 ~ 200억 이하 | 20,000,000 + (2억원 초과금액 × 20%) |
| 200억원 초과 | 3,980,000,000 + (200억원 초과금액 × 22%) |

### ② 사업연도가 1년 미만인 경우

산출세액 = (과세표준×12/사업연도의 월수)×세율×사업연도의 월수/12

### ③ 토지 등 양도소득에 대한 법인세

법인이 투기지역 안의 주택 및 비사업용 토지를 2009. 3. 16부터 2010. 12. 31까지 양도한 경우에는 그 양도소득에 10%를 곱하여 산출한 세액을 일반 법인세액에 추가하여 납부하여야 한다.

## (2) 납부세액 계산

법인세는 신고납부제도를 택하고 있기 때문에 납세의무자인 법인 스스로 납부하여야 할 세액을 계산하여 신고하고 이에 의하여 법인세가 확정된다.

| 구분 | 항목 | 비고 |
|---|---|---|
| | **산출세액** | |
| (−) | 최저한세적용대상공제감면세액 | |
| | **차감세액** | ▸ 최저한세 적용에 따른 조세감면 배제 |
| (−) | 최저한세적용제외공제감면세액 | |
| (+) | 가산세액 | |
| (−) | 기납부세액 | ▸ 중간예납세액, 수시부과세액, 원천징수세액 |
| (+) | 감면분추가납부세액 | ▸ 조특법상 사후관리 의무위반에 따른 추가납부세액 |
| | **차가감납부할세액** | |

### ① 세액감면

세액감면이란 특정한 사업 또는 자산에서 발생하는 소득에 대한 산출세액의 전액을 면제하거나 또는 산출세액의 일정률에 상당하는 금액을 경감하여 주는 것을 말한다.

### ② 세액공제

세액공제란 이중과세 방지 또는 조세정책적인 목적을 위하여 산출세액에서 일정금액을 공제하는 것을 말한다.

### ③ 최저한세

최저한세란 조세특례제한법상 조세감면을 받은 경우 모든 감면을 그대로 다 적용하게 되면 감면을 적용받지 못하는 법인과 조세부담의 불공평을 초래할 우려가 있어 조세감면이 적용된다 하더라도 조세감면을 받은 후의 세액이 최저한세에 미달하는 경우 그 미달액에 상당하는 부분에 대하여는 조세감면을 배제하는 제도를 말한다.

### ④ 가산세액

가산세란 세법에 규정하는 의무의 성실한 이행을 확보하기 위하여 세법에 규정하는 의무를 위반한 자로부터 산출세액에 가산하여 징수하는 금액을 말한다.

### ⑤ 기납부세액

각 사업연도 소득에 대한 법인세는 각 사업연도 종료일이 속하는 달의 말일부터 3월 이내에 신고·납부하는 것이 원칙이다. 다만, 세수의 조기확보 및 세원관리의 목적으로 사업연도 중에도 법인세를 미리 징수 또는 납부하는 중간예납, 원천징수, 수시부과와 같은 특별한 절차를 두고 있다.

### ⑥ 감면분 추가납부세액

조세특례제한법상 투자세액공제를 받은 법인이 그 투자완료일부터 2년이 경과되기 전에 당해 자산을 처분한 경우에는 처분한 날이 속하는 사업연도의 과세표준 신고시에 당해 자산에 대한 세액공제상당액과 다음의 이자상당가산액을 가산하여 납부하여야 한다.

| 이자상당가산액 = 공제받은 세액×기간×3/10,000 |
|---|

* 기간은 공제받은 사업연도의 과세표준신고일의 다음날부터 추징사유 발생일이 속하는 사업연도의 과세표준신고일까지의 일수

# 제6절 과세표준의 신고와 납부

## 1 과세표준의 신고

### (1) 신고기한

납세의무가 있는 법인은 각 사업연도의 종료일이 속하는 달의 말일부터 3개월 이내에 당해 사연연도의 소득에 대한 법인세의 과세표준과 세액을 납세지 관할세무서장에게 신고하여야 한다. 각 사업연도 소득이 없거나 결손금이 있는 법인의 경우에도 마찬가지 이다.

### (2) 제출서류

과세표준신고는 법인세과세표준 및 세액신고서에 의하되, 다음의 서류를 첨부하여야 한다.

| 구 분 | 내 용 | 미제출시 |
|---|---|---|
| 필수첨부 서 류 | ① 재무상태표<br>② 손익계산서<br>③ 잉여금처분계산서(결손금처리계산서)<br>④ 세무조정계산서(법인세 과세표준 및 세액조정계산서) | 무신고로 보아 신고불성실가산세 적용 |
| 기타서류 | ① 세무조정계산서 부속서류<br>② 현금흐름표(외부감사대상 법인에 한함) | |

## 2 법인세의 납부

법인은 각 사업연도의 소득에 대한 법인세를 법인세 과세표준 신고기간 내에 납부하여 한다.

### (1) 분납

납부할 세액이 1천말원을 초과하는 경우에는 다음의 금액을 납부기한이 경과한 날로부터 1개월(중소기업의 경우 2개월) 이내에 분납할 수 있다.

| 구 분 | 분납할 수 있는 금액 |
|---|---|
| ① 납부할 세액 2천만원 이하인 경우 | 1천만원을 초과하는 금액 적용 |
| ② 납부할 세액 2천만원 초과하는 경우 | 그 세액의 50% 이하의 금액 |

### (2) 물납

법인이 공공사업용으로 당해 공공사업 시행자에게 토지 등을 양도하거나 공익사업을 위한 「토지 등의 취득 및 보상에 관한 법률」 기타 법률에 의하여 수용됨으로서 발생하는 소득에 대한 법인세를 금전으로 납부하기 곤란한 경우에는 당해 토지 등의 대금으로 받은 채권으로 납부할 수 있다.

## 제7절 법인세 절세전략

### 1 고의적인 법인세 축소 신고 NO![5]

국세청에서는 법인세 신고시 고의적으로 세금을 탈루하는 행위에 대해서는 엄정하게 대처하고 있다.

☞ 수입금액 누락, 비용 과다계상, 조세 부당감면 등으로 세금을 탈루할 우려가 있는 대법인 및 자영업법인 등 7,897개 법인에 대해서는 사전에 개별정밀분석한 자료로 성실신고 안내

☞ 접대성 경비 분산처리 및 법인 신용카드 사적사용 등 변칙적으로 회계처리 할 개연성이 있는 41,635개 법인에 대해 전산분석 자료를 개별통지

☞ 개별정밀분석·전산분석 안내 사례는 다음과 같다.

5) 국세청 블로그(http://blog.naver.com/ntscaf), “고의적인 법인세 축소 신고 NO!”, 2009.

## 사례 1

법인자금을 부당하게 유출하여 기업주 재산 취득

○ 업황에 비해 신고소득률이 매우 낮은 법인의 기업주 및 가족의 재산변동 상황을 분석한 바, 기업주의 처(妻)는 특별한 소득원이 없는데도 불구하고 고가의 아파트를 다수 취득하는 등 매출누락금액을 아파트 취득에 사용한 것으로 추정

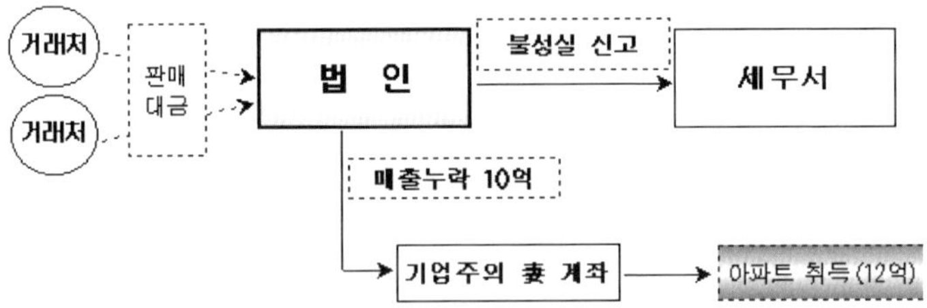


## 사례 2

국외특수관계자에게 기술사용료 과다지급

○ 국외특수관계자에게 지급한 기술사용료가 동종업종을 영위하는 비교대상기업에 비해 과다하고 기업주가 고액의 해외부동산을 취득한 사실에 비추어 기업자금 유출 혐의

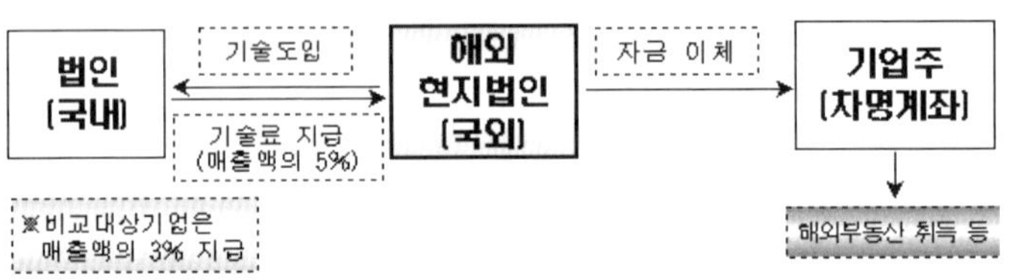

## 사례 3

대표이사에 대한 대여금을 선급금으로 회계처리

○ 대표이사에게 자금을 대여한 후 대여금을 회수한 것으로 허위기장하고 같은 날짜에 매입거래처에 수십억원의 선급금을 지급한 것처럼 변칙 처리하여 대표이사가 자금 유용 혐의

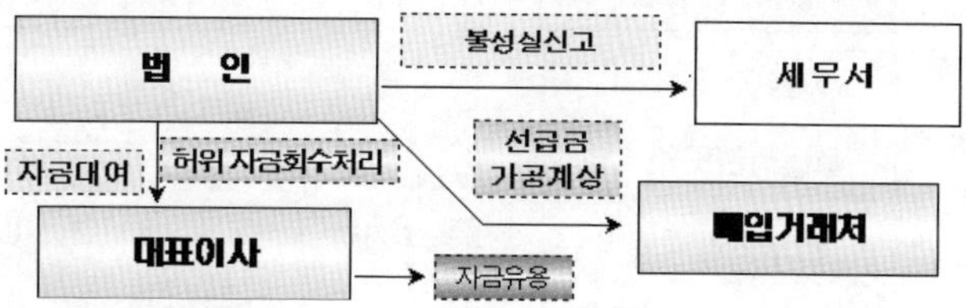


## 사례 4

연구인력개발비 세액 부당공제

○ 연구인력개발비에 연구개발전담부서 직원뿐만 아니라 전담부서 아닌 직원의 인건비를 포함하여 연구 및 인력개발비 세액공제를 과다하게 신청한 혐의

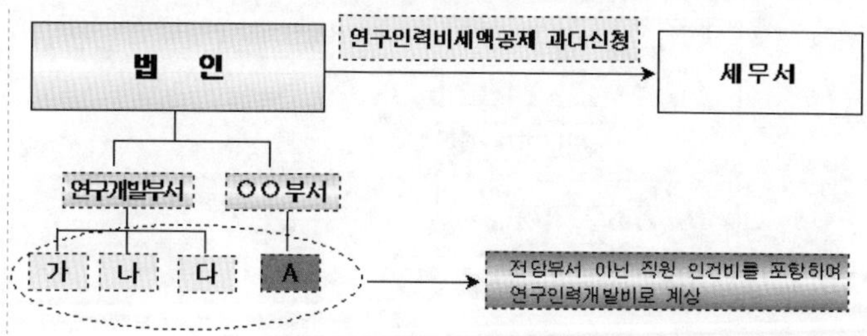

## 사례 5

접대비 등 소비성경비를 타계정으로 분산처리

○ 소비성경비 지출이 많은 법인이 실제 접대비 지출액을 타계정으로 분산 처리하여, 접대비 한도를 초과지출한 금액을 법인의 비용으로 부당손금 계상

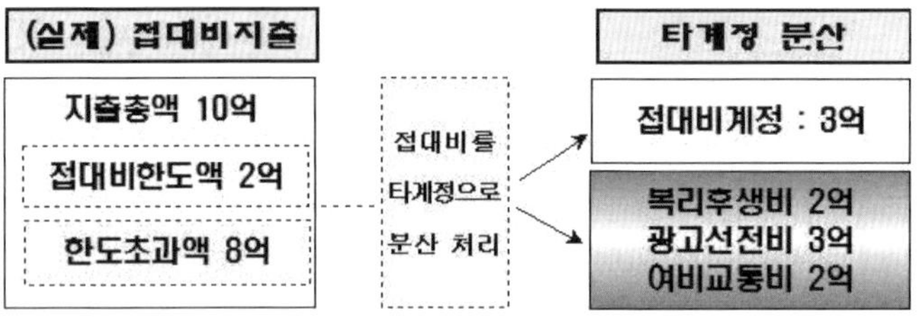


## 사례 6

자녀 해외유학경비 등 기업주 가족의 사적인 지출을 법인의 비용으로 계상

○ 기업주 가족의 사적인 지출(자녀 해외유학경비, 해외골프여행비, 성형수술비 등)을 법인의 비용으로 부당손금 계상

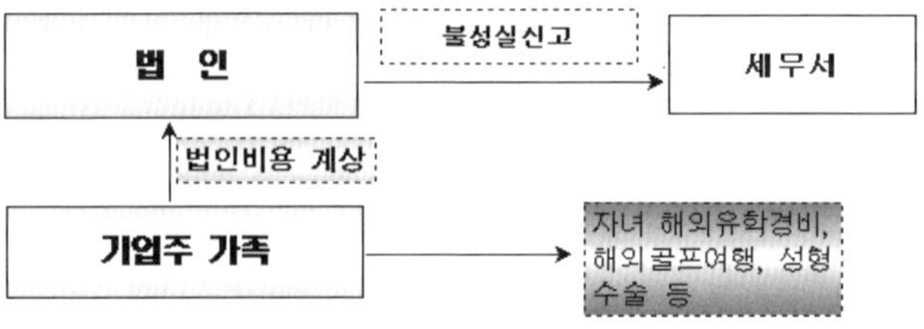


불성실 신고를 하게 되면 추후 높은 가산세 부담으로 오히려 더 큰 경제적인 불이익을 받게 되며, 탈루혐의가 큰 경우 세무조사 대상으로 선정하게 되므로 「성실한 신고가 최선의 절세」임을 잊지 말자!

# 연 습 문 제

**1.** 다음 중 법인세에 대한 설명 중 틀린 것은?

① 법인세는 과세주체가 국가인 국세이다.
② 법인세는 과세표준과 세액을 정부가 결정하는 정부부과조세이다.
③ 법인세는 법인의 순자산을 증가시킨 경우에는 이를 모두 과세대상소득으로 분류하는 순자산 증가설을 적용하고 있다.
④ 법인세는 경제적 이익을 본 법인이 직접 납부하는 직접세이다.

**2.** 다음 중 법인세의 납세의무가 없는 법인은?

① 영리법인　　② 국내원천소득이 있는 외국법인
③ 국가 및 지방자치단체　　④ 수익사업을 영위하는 비영리법인

**3.** 다음 중 법인세법상 납세지에 대한 설명으로 틀린 것은?

① 내국법인의 납세지는 등기부상의 본점 또는 주사무소로 한다.
② 외국법인의 납세지는 국내사업장의 소재지로 한다.
③ 법인은 그 납세지가 변경된 경우 그 변경된 날의 다음날부터 30일 이내에 변경후의 납세지관할 세무서장에게 변경신고를 하여야 한다.
④ 원천징수한 법인세의 납세지는 당해 원천징수의무자의 소재지로 한다.

**4.** 법인의 각 사업연도 소득금액의 계산방법을 올바르게 나타낸 것은?

① 익금총액 - 손금총액 = 소득금액
② 익금총액 - 비용총액 = 소득금액
③ 수익총액 - 비용총액 = 소득금액
④ 수익총액 - 손금총액 = 소득금액

5. 다음은 법인세의 사업연도에 관한 설명이다. 옳지 않은 것은?

① 사업연도를 신고하지 아니한 경우에는 매년 1월 1일부터 12월 31일까지이다.
② 사업연도는 1년을 넘지 않아야 한다.
③ 사업연도는 과세소득을 계산하는 시간적 단위인 과세기간을 의미한다.
④ 사업연도를 변경하고자 할 때에는 그 직전 사업연도 종료일로부터 1년이 내에 이를 납세지 관할세무서장에게 신고하여야 한다.

6. 법인세 납세의무자의 납세의무 범위에 관한 설명이다. 틀린 것은?

① 영리외국법인은 청산소득에 대한 법인세 납세의무가 있다.
② 영리내국법인은 소득의 발생원천을 가리지 않고 모든 소득에 대하여 법인세 납세의무를 진다.
③ 외국에 본점을 둔 영리법인은 국내원천소득에 한하여 법인세 납세의무를 진다.
④ 비영리내국법인은 수익사업에서 생긴 소득에 한하여 법인세 납세의무를 진다.

7. 다음 중 법인세법상 익금산입 항목이 아닌 것은?

① 자산의 임대료
② 부가가치세 매출세액
③ 자산수증이익
④ 자산의 양도금액

8. 다음 중 손금으로 인정되지 않은 것은?

① 차입금이자
② 고정자산에 대한 감가상각비
③ 고정자산의 수선비
④ 벌금, 과료, 과태료

9. 다음 중 익금불산입 항목이 아닌 것은?

① 채무면제이익
② 감자차익
③ 주식발행초과금
④ 국세의 과오납환급금에 대한 이자

**10.** 다음 자료에 의하여 주식회사 세진의 사업연도(1.1.-12.31.)의 소득금액을 계산하면?

| ① 기업회계상 당기순이익 45,000,000원<br>② 이익준비금의 자본전입으로 교부받은 액면가액 5,000원의 무상주 1,000주(익금산입항목)<br>③ 감가상각비부인액 2,000,000원(손금불산입항목)<br>④ 직전기 손금불산입된 선급이자 중 당기에 기간도래분 1,200,000원(손금산입항목)<br>⑤ 국세과오납환부이자 600,000원(익금불산입항목) |
|---|

① 45,200,000 ② 50,200,000 ③ 48,600,000 ④ 52,600,000

**11.** 다음 중 법인세법상 익금에 산입한 금액이 사외에 유출된 것이 분명한 경우에 귀속자에 따른 소득 소득처분사항이 틀린 것은?

① 주주 - 배당
② 임원 또는 사용인 - 상여
③ 법인 또는 사업을 영위하는 개인 - 기타사외유출
④ 귀속자가 불분명한 경우 - 기타사외유출

**12.** (주)세희는 보유하고 있는 토지(장부가액 1,000)에 대한 재산세 200을 납부하고 다 음과 같이 회계처리 하였다. 법인세법상 재산세는 손금으로 인정되는 항목이다. 다음자료에 의하여 세무조정을 하시오.

| (차) 토 지 200 | (대) 현 금 200 |
|---|---|

세무조정 : ______________________________

**13.** 외화단기대여금을 기말현재 기준환율에 의하여 환산하고 다음과 같이 회계처리 하였다(당사는 금융기관이 아님). 다음 자료에 의하여 세무조정 하시오.

| (차) 외화단기매여금 1,000,000 | (대) 외화환산이익 1,000,000 |
|---|---|

세무조정 : ______________________________

## 정답 및 해설

| 1 | ② | 2 | ③ | 3 | ③ | 4 | ① | 5 | ④ | 6 | ① | 7 | ② | 8 | ④ | 9 | ① | 10 | ② |
|---|---|---|---|---|---|---|---|---|---|---|---|---|---|---|---|---|---|---|---|
| 11 | ④ | | | | | | | | | | | | | | | | | | |

1. 법인세는 신고납부방식이다.
2. 국가 및 지방자치단체는 비과세법인으로 법인세를 과세하지 아니한다.
3. 법인은 그 납세자가 변경된 경우 그 변경된 날부터 15일 이내에 변경 후의 납세지 관찰세무서장에게 변경신고 하여야 한다.
5. 사업연도를 변경하고자 할 때에는 그 직전 사업연도 종료일로부터 3월 이내에 이를 납세지 관할세무서장에게 신고하여야 한다.
6. 영리외국법인은 청산소득에 대한 법인세 납세의무가 없다.
7. 부가가치세 매출세액은 익금불산입 항목이다.
8. 벌금, 과료, 과태료는 손금불산입한다.
9. 채무면제이익은 익금산입 항목이다.
10.

| | |
|---|---|
| 결산서상 당기순이익 | 45,000,000 |
| (+) 익금산입 | + 5,000,000 |
| (+) 손금불산입 | + 2,000,000 |
| (-) 손금산입 | - 1,200,000 |
| (-) 익금불산입 | - 600,000 |
| 차가감소득금액 | 50,200,000 |

11. 귀속자가 불분명한 경우는 대표자상여로 본다. 이는 대표자가 귀속자를 밝히지 못한 것에 대한 제재로서 대표자에게 소득세를 과세하기 위함이다.
12. ☑ 세무조정 : 〈손금산입〉 세금과 공과금 200(△유보)
    재산세는 기업회계기준상 비용이며 세무회계상 손금에 해당
    [회사] (차) 토 지 200 (대) 현 금 200
    [조정] (차) 세금과공과금(손금산입) 200 (대) 토 지(자산감소) 200
    [세법] (차) 세금과공과금 200 (대) 현 금 200
13. ☑ 세무조정 : 〈익금불산입〉 외화환산이익 1,000,000 (△유보)
    외화환산이익은 기업회계기준상 수익이지만, 세무회계상 익금이 아님

# 찾아보기

**[ㄱ]**
가산금 23, 50
가산법 200
가산세 23, 50
간접세 15
간주공급 213
간편장부대상자 160
갑종근로소득 115
강제징수 50
개인별과세 66
개인적 공급 214
거주자 32
결정제도 46
겸용주택 282
경로우대자공제 78, 82
경정제도 46
경정청구 46
고가주택 282
공과금 23
공제법 201, 234, 235
과세 신고 46
과세객체 22
과세거래 212
과세기간 206
과세대상 31, 38, 40, 202
과세물건 31
과세의무자 32
과세주체 22
과세표준 34
관세 15
교육비 공제 85
국세 15
Gross-up 176
근로소득 68
근로소득공제 125
근속연수공제 130
기본공제 78
기부금 특별공제 86
기준경비율 153
기타소득 68
기한 후 신고 46

**[ㄴ]**
납부제도 47
납세조합징수 49
내국세 15
누진세 15

**[ㄷ]**
단순누진세율 36
독립세 15

**[ㅁ]**
매입자발행세금계산서 230, 231
면세 222
면세포기 224
명목세율 34
목적세 15

물세 15

[ㅂ]
배당소득 68
법인격 없는 단체 72
법인세 32, 353, 355
보통세 15
보험료 공제 80, 83
복식부기의무자 160
부가세 15
부과과세제도 44
부녀자공제 78, 82
부동산임대소득 68
부양가족공제 78
분류과세 69
분리과세 70
비거주자 32
비경합성 13
비과세 52
비과세 퇴직소득 128
비과세 근로소득 116
비례세 15
비례세율 35
비배재성 13

[ㅅ]
사업상 증여 214
사업소득 68
사업자 203
사업자단위 신고·납부제도 208
사업자등록 209
사업장 207
상속세 32
상속재산의 분할 311
세금 11, 12, 15, 21
세금 징수 49
세금계산서 225, 228, 229
세무조정 360
세액공제 52
세원 31, 38
세율 34
소규모사업자 161
소득공제 52
소득세 32, 65
소득세의 납세지 73
소득세의 중간예납 96
소득세의 확정신고 94
소득원천설 67
소비세 32
소비지국 과세원칙 200
송달제도 46
수정신고 46
신고납부제도 66
신고납세제도 43
신용카드 소득공제 90
심사청구 53, 54, 55

[ㅇ]
양도소득 68
양도소득세 68, 275
연금소득 68
열거주의 과세 66
영세율 220
영수증 227
외부성 13
용역 203
용역의 공급시기 219
원천징수 49
원천징수의무자 73
유효세율 34
을종근로소득 116
의료비 공제 84

이자소득 68
익금산입 361, 362, 363, 364
인세 15
인적공제 78
인지세 258
일반징수 49
1세대 1주택 277
일용근로자 125
임대료 157

**[ㅈ]**
자가공급 213
자동확정제도 45
장애인공제 78, 82
재화 202
재화의 공급의제 213
전단계세액공제법 199
전자신고 23
제척기간 43
조세 불복 53
조세객체 31, 38, 40
조세벌 51
조세의 원칙 57
종가세 15
종량세 15
종합과세 66, 69
종합소득 68
종합소득공제 77
종합소득세 68
주사업장 총괄납부 208
주택자금 공제 80
중가산금 23
증여세 334
지방세 15
직접세 15
징수유예 50

**[ㅊ]**
체납액 22
체납자 22
체납처분비 22
초과누진세율 36, 66
추가공제 78
추가납부제도 47

**[ㅌ]**
탄력세율 35
퇴직소득 68, 128
퇴직소득세 68

**[ㅍ]**
평균세율 35
폐업시 잔존재화 214
표준세율 35

**[ㅎ]**
한계세율 35
홈택스 23
환급제도 48
환급청구제도 48

[저자 약력]

김 종 웅

서울대 문학사
연세대학교 경제학박사
캐나다 UWO 교환교수
지방세무직공무원 시험 출제위원
국세 이의신청 심사위원회 위원
대구경실련 공동대표
한국재정학회 연구이사
한국경제통상학회장
지역발전위원회 평가자문위원
고용노동부 평가자문위원
지방재정분석실시단 위원

현, 대구한의대 통상경제학부 교수
경북재정포럼 공동대표
한국경제통상학회 고문
경제연구 편집위원
경제학보 편집위원
일본 응용경제학회 편집위원
한국지방재정학회 이사

제2판
세무입문과 절세

초판발행 2014년 3월 10일
제2판인쇄 2015년 2월 23일
제2판발행 2015년 2월 27일

지은이 김종웅
펴낸이 박노일

총괄기획 김중용
편 집 심성보·김인숙

펴낸곳 pnc publishing and culture 피앤씨미디어

경기도 고양시 일산동구 강송로 153 310-1501
등록 제396-2012-000203호
전 화 070)7550-3758 팩 스 02)718-8554
홈페이지 www.pncmedia.co.kr 이메일 pnc@pncmedia.co.kr
ISBN 979-11-5730-125-6 93320



정 가 20,000원